1,000,000 Books

are available to read at

Forgotten Books

www.ForgottenBooks.com

Read online
Download PDF
Purchase in print

ISBN 978-0-267-93169-9
PIBN 11005147

This book is a reproduction of an important historical work. Forgotten Books uses state-of-the-art technology to digitally reconstruct the work, preserving the original format whilst repairing imperfections present in the aged copy. In rare cases, an imperfection in the original, such as a blemish or missing page, may be replicated in our edition. We do, however, repair the vast majority of imperfections successfully; any imperfections that remain are intentionally left to preserve the state of such historical works.

Forgotten Books is a registered trademark of FB &c Ltd.
Copyright © 2018 FB &c Ltd.
FB &c Ltd, Dalton House, 60 Windsor Avenue, London, SW19 2RR.
Company number 08720141. Registered in England and Wales.

For support please visit www.forgottenbooks.com

1 MONTH OF FREE READING

at

www.ForgottenBooks.com

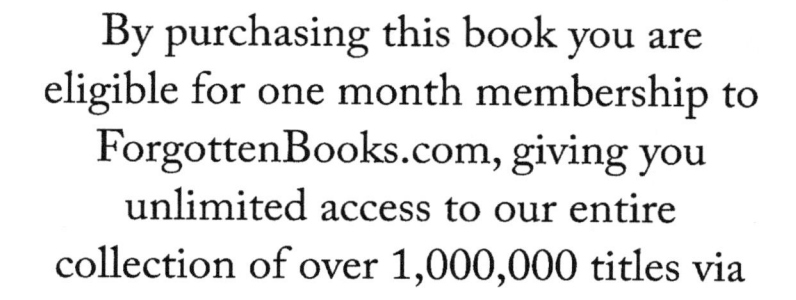

By purchasing this book you are eligible for one month membership to ForgottenBooks.com, giving you unlimited access to our entire collection of over 1,000,000 titles via our web site and mobile apps.

To claim your free month visit:
www.forgottenbooks.com/free1005147

* Offer is valid for 45 days from date of purchase. Terms and conditions apply.

English
Français
Deutsche
Italiano
Español
Português

www.forgottenbooks.com

Mythology Photography **Fiction**
Fishing Christianity **Art** Cooking
Essays Buddhism Freemasonry
Medicine **Biology** Music **Ancient Egypt** Evolution Carpentry Physics
Dance Geology **Mathematics** Fitness
Shakespeare **Folklore** Yoga Marketing
Confidence Immortality Biographies
Poetry **Psychology** Witchcraft
Electronics Chemistry History **Law**
Accounting **Philosophy** Anthropology
Alchemy Drama Quantum Mechanics
Atheism Sexual Health **Ancient History**
Entrepreneurship Languages Sport
Paleontology Needlework Islam
Metaphysics Investment Archaeology
Parenting Statistics Criminology
Motivational

QA
35
.H48

69342

Anfangsgründe
der
allgemeinen
Mathematik
und der
Arithmetik
zum
Gebrauch seiner Zuhörer

von

M. Johann Christian Ludewig Hellwig,

Oeffentlichen Lehrer der Mathematik der Herzogl. Pagen und auf den beyden Gymnasien zu Braunschweig; Mitgliede der Königl. Preuß. Gesellschaft zum Nutzen der Künste und Wissenschaften zu Frankfurth an der Oder.

Braunschweig,
gedruckt in der Fürstl. Waisenhaus-Buchdruckerey
auf Kosten des Verfassers.
1777.

Dem
Durchlauchtigsten
Herzog und Herrn,
HERRN
CARL,
Regierenden Herzog zu Braunschweig
und Lüneburg rc.

Seinem

gnädigsten Herzog und Herrn

widmet
diese Schrift
in tiefster und unterthänigster Ehrfurcht
der Verfasser.

Durchlauchtigster Herzog,
Gnädigster Fürst und Herr!

Ich würde die Grenzen dieser alleruntertänigsten Zueignungsschrift sehr weit überschreiten, wenn ich von den hohen Thaten Ew. Hochfürstl. Durchlaucht! nur diejenigen in möglichster Kürze auszeichnen wollte, welche die Verbesserung der Schulanstalten in Höchstderoselben Landen betreffen. Nur diejenige will ich daher anführen, die auf dieses Werk, das ich zu den Füßen Ew. Hochfürstl. Durchlaucht! zu legen wage, eine nähere Beziehung hat.

Im Jahr 1773. hatten Ew. Hochfürstl. Durchlaucht! die höchste Gnade, die schon sehr gute Anstalten der hiesigen beyden Gymnasien dadurch wichtig zu verbessern, daß Höchstdieselben ihnen einen besondern Lehrer der Mathematik gaben.

Ew.

Ew. Hochfürstl. Durchlaucht! waren so gnädig diese Stelle mir huldreichst anzuvertrauen.

Ich habe alle meine Kräfte angewendet, mich dieses höchsten Zutrauens würdig zu machen. Es haben sich auch verschiedene junge Leute gefunden, an denen ich mit Vergnügen und mit dem glücklichsten Erfolg gearbeitet habe.

Dis Werk, dem ich den höchsten Namen Ew. Hochfürstlichen Durchlaucht! vorzusetzen mich unterstanden habe, ist dieser höchsten Ehre nicht würdig. Dieser Gedanke wirkte in mir ein gegründetes Bedenken, ohnerachtet ich in Rücksicht dessen, daß es Rechenschaft von dem giebt, wie ich einem Theil des mir gnädigst anvertrauten Amts, ein Genüge zu leisten suche, gnädigste Vergebung hoffen konnte. Aber noch eine Ursache — der Wunsch, die Regungen meiner unterthänigsten Dankbegierde öffentlich an den Tag zu legen, bestimmte endlich meinen noch wankenden Willen völlig.

Ew. Hochfürstlichen Durchlaucht! haben mir von jeher unendlich viel Gnade erzeigt, mich nach dem gänzlichen Verlust des Meinigen gnädigst unterstützt, und erlaubt meine unterthänigste Zuflucht zu Höchstderoselben Gnade zu nehmen, wenn die Folgen meines Unglücks es nothwendig machten.

Ew.

Ew. Hochfürstlichen Durchlaucht! sagt mein von unterthänigster Dankbegierde innigst gerührtes Herz dafür den fußfälligsten Dank.

Der Beherrscher der Welt erhöre die aufrichtigsten Wünsche aller getreuen Unterthanen, und erhalte uns in der höchsten Person Ew. Hochfürstlichen Durchlaucht!, den gnädigsten, den besten Landesvater bis auf die spätsten Zeiten, bey der dauerhaftesten Gesundheit.

Ew. Hochfürstl. Durchlaucht! empfehle ich mich zu fortdauernder höchsten Gnade demüthigst, und ersterbe in tiefster Unterthänigkeit

Ew. Hochfürstl. Durchl.

Meines gnädigsten Herzogs und Herrn

Braunschweig,
den 7ten April, 1777.

alleruntertänigster Knecht,
Joh. Christ. Lud. Hellwig.

Schreiben
an den
Herrn Geheimenrath
Darjes
Hochlöbl. zu
Frankfurth an der Oder
statt
einer Vorrede.

Braunschweig
den 7ten April, 1777.

Verehrungswürdigster, theuerster Lehrer, Hochgeneigter Gönner!

Schon lange habe ich eine Gelegenheit gewünscht, Ihnen öffentlich den Dank zu sagen, den Ihr fürtreflicher Unterricht, Ihre kräftige Aufmunterung, Ihre thätliche Hülfe, Ihr freundschaftlicher Rath in den verwickelsten Vorfällen meines Lebens, auf das vollkommenste verdienet. Wie könnte ich also gegenwärtige ungenutzt vorbey lassen, da ich nicht im Stande bin, Ihnen den geringsten Theil Ihrer mir erzeigten Wohlthaten je zu erwiedern, wenn auch meine Kräfte meiner Dankbegierde weit angemessener wären, als sie es sind. Wie glücklich bin ich daher, bey der Lage meiner Umstände, überzeugt zu seyn, daß alle Ihre Handlungen, Verehrungswürdigster! aus einer Quelle entspringen, die nur des rechtschaffensten Mannes Eigenthum ist.

Ich hoffe von Ihrer Gütigkeit, Hochgeneigter Gönner! die Erlaubniß, mich dieser Zuschrift zugleich statt einer Vorrede bedienen zu dürfen.

Vor fast 3 Jahren, war dis Werk noch nicht bestimmt das erste zu seyn, das ich den Wellen des Meers der gelehrten Welt überlassen würde. Aber gemeiniglich vernichten vorzüglich glückliche oder unglückliche Begebenheiten, diejenigen Plans, die man entwarf, ehe sich jene ereigneten.

Ju

In der unglücklichen Nacht vom 18ten auf den 19ten October im Jahr 1774. brach in dem Hause, worin ich wohnte, durch die Unvorsichtigkeit meines Wirths, auf der Darre ein Feuer aus, welches so schnell um sich griff, daß ich mein und der Meinigen Leben kaum mit der grösten Gefahr retten konnte. Ich verlohr alles was ich hatte, und darunter meine Aufsätze, die bestimmt waren, mit der Zeit ans Licht zu treten. Dieser Verlust war mir der schmerzhafteste. Ich hatte verschiedene zu der Zeit entworfen, da ich noch mehrere Musse hatte, und an deren Wiederherstellung ich wegen veränderter Lage nicht denken kann.

Durch dis Unglük wurden meine Umstände ausserordentlich verwickelt, und ich wurde gezwungen meine mir vorher gemachte Plans theils gänzlich aufzugeben, theils mehr in die Enge zu ziehen. Ich entschloß mich daher in dem Kreise, den mir die Vorsehung angewiesen, und der in dem Unterricht der Jugend bestehet, zu bleiben, und in ihm so kräftig zu würken, als es nur immer möglich seyn würde.

Nach der Lage meines Amts war einer meiner ersten Wünsche, ein Compendium der Arithmetik, in dem mehr Gebrauch von der Buchstaben-Rechnung gemacht wäre, als gewöhnlich in den für Gymnasien bestimmten Compendien zu seyn pflegt, das mir so bequem zu meinen öffentlichen als Privat-Vorlesungen seyn möchte, und das übrigens meinen Zuhörern nicht viel kostete.

Diese

[...] habe ich dadurch zu erreichen gesucht, daß ich das Werk auf meine Kosten drucken lassen. Ich hoffe dadurch im Stande zu seyn, denjenigen meiner Zuhörer, deren äußere Umstände eingeschränkt sind, es umsonst zu geben. Bey diesen vom Glücke Verlaßnen ist die Aufmunterung zur Mathematik noch vorzüglich nöthig. Sie wollen ihre Studien aufs kürzeste einrichten, vernachläßigen aus diesem Grunde die Mathematik, da doch das Studium derselben ihnen bey ihren ökonomischen Absichten, die treflichsten Dienste thun würde.

Da öffentliche Vorlesungen gewöhnlich in einer bestimmten Zeit geendigt seyn sollen, so muß ein Compendium auch nach diesem Umstande eingerichtet und also nicht zu stark seyn. Daher übergehe ich in öffentlichen Vorlesungen, die in meinem Lehrbuche mit ※ ※ bezeichnete Paragraphen. In Privat-Vorlesungen aber, die deshalb verlangt werden, um eine ausführlichere Kenntniß von dieser Wissenschaft zu erhalten, nehme ich solche mit. Auf die Weise habe ich das Compendium zu meiner Bequemlichkeit für öffentliche und Privat-Vorlesungen eingerichtet. Ich habe so viel möglich dahin gesehen, daß im erstern Fall das System durch die ausgelaßnen §§. keinen Schaden gelitten.

Der Plan meines Lehrbuchs ist der, nach welchem Sie, Verehrungswürdigster! diese Theile in Ihren Anfangsgründen der Mathematik ausgearbeitet haben. Ich habe keine Gründe

gefun=

gefunden, ist außer der Einkleidung wenig zu ändern. Der einzige Unterschied besteht darin, daß ich schon in der allgemeinen Mathematik die ersten Gründe, worauf die Lehre von den Dignitäten beruht, vorgetragen habe. Der Begriff der allgemeinen Mathematik scheint dis Verfahren wenigstens zu erlauben, und eine andere Absicht machte es mir nothwendig. Ich wollte die allgemeine Theorie derjenigen Brüche, die ich Progreßional-Brüche genennet habe, den gemeinen Brüchen unmittelbar folgen lassen. Dis erforderte Gründe aus der Lehre von den Dignitäten, denen ich keinen bequemern Platz als in der allgemeinen Mathematik anweisen konnte. Anderer kleiner Vortheile, die mir diese Veränderung gemacht, zu geschweigen.

In Ansehung der Ausführung muß ich auch noch einige Erinnerungen machen.

Diejenigen, die den Unterschied der Arithmetik und der Algebra in dem Objekt, womit sie sich beschäftigen, oder in den Zeichen setzen, deren sie sich zu Erfindung der Größen bedienen, werden mir den Vorwurf machen, daß ich keine Arithmetik, sondern eine Algebra ausweise. Freylich fängt es an Mode zu werden, den Titel der Algebra allen den arithmetischen Werken zu geben, in welchen man sich der Buchstabenrechnungen häufig bedienet. Ich habe aber doch Bedenken getragen, diese Mode mitzumachen. Sieht man auf den Ursprung der Algebra zurück, so ist sie nichts als die Erfindungskunst der mathehematische Wahrheiten angewendet. Hieraus folgt, daß ihr Vortrag analytisch seyn müsse, und daß eine Algebra in welcher der Vortrag nicht vorzüglich so beschaffen ist, nichts anders sey, als vielleicht eine gute Arithmetik in einem algebraischen Kleide. Dies ist die gegründete Meynung der größten Mathematiker, und eine hinreichende Ursache, warum ich mich des glänzendern Titels der Algebra bey diesem Werke enthalten habe. Indessen ist mein Vortrag darin nicht blos synthetisch, sondern mit dem analytischen verbunden. Diese Verbindung scheint einem der größten Mathematiker unsrer Zeit, dem Herrn Hofrath Kästner *) die Pflicht eines Lehrers zu seyn, von der man durch eigne Erfahrung auch sehr bald überzeugt wird.

Die andere Erinnerung betreffe den häufigen Gebrauch, den ich in einer Arithmetik von der Buchstabenrechnung gemacht habe. Für Mathematiker ist sie überflüßig. Diese stimmen alle darin überein, daß man junge Leute mit der Geometrie, und mit diesem fürtreflichen und leichten Mittel die Mathematik gründlich und bald zu lernen, nicht zeitig genug bekannt machen könne. Aber es giebt Menschen die ihr Urteil auch von Dingen fällen, die über ihre Sphäre liegen. Diese verweise ich auf das Urteil eines unsterblichen Leibnitz **) und berühmten Kästners. ***)

Ohne

*) In der Vorrede zu des Herrn Hubelds Versuch einer analytischen Abhandlung von den Kegelschnitten.
**) In epist. ad Vaget: in otio Hanov. pag. 59.
***) In der Vorrede zu der ersten Auflage der arithmetischen und geometrischen Anfangsgründe.

hne Zweifel wird das Ansehen dieser Männer,
nen ich noch mehrere zugesellen könnte, das
urken, was Gründe nicht würken können;
eil sie nicht verstanden werden. Indessen habe
) mich in der allgemeinen Mathematik der Buch-
abenrechnung nur sehr wenig, und in den mei-
n Fällen nur deshalb bedienet, um meine Zu-
rer nach und nach dazu zu gewöhnen.

Vielleicht giebt es aber auch einige, die den
nsigen Gebrauch der Buchstabenrechnung für
eine Zuhörer zu schwer halten. Diesen bin ich
ne Antwort schuldig. Die mathematischen
orlesungen werden nur der ersten Classe gehal-
n. Aus dieser gehen die meisten sogleich auf
kademien. Meine Zuhörer sind also nicht zu
ng, um einen Vortrag zu fassen, der schwe-
r zu seyn scheint, als er würklich ist, und der
durch vollkommen erleichtert wird, daß ich
ich der Mittelstraße zwischen dem Socratischen
nd dem Akademischen Vortrage bediene. Unter
dern Mitteln, die Aufmerksamkeit zu befördern,
erden die meisten in Buchstaben vorgetragena
ätze in den Vorlesungen von meinen Zuhörern
die gewöhnliche Sprache übersetzt, und die
nwendung davon auf bestimmte Fälle gemacht.
iedurch überzeuge ich mich, daß man mit den
eichen richtige Gedanken verknüpft. Freylich
ebt es immer einige darunter, denen die Buch-
aben die unerklärlichsten Hyeroglyphen bleiben,
enn auch der Lehrer sich aufs tiefste zu ihnen
runter läßt. Aber auch diesen kann ein solcher

Vor-

Vortrag ungemein nützlich seyn. Er sagt ihnen, daß sie zu nichts weniger taugen als zu den Wissenschaften, und daß es Pflicht sey, die betretene Bahn zu verlassen, um sich der Welt auf einem andern Wege nützlich zu machen, wozu ein Körper ohne Geist hinreichend ist.

Für die Bequemlichkeit meiner Zuhörer bey der Wiederholung habe ich vielfach gesorgt. Einmal habe ich die Beweise so ausgearbeitet, daß in der Folge der Sätze keine nicht leicht auszufüllende Lücke geblieben, ohnerachtet man in einem zu Vorlesungen bestimmten Werke hiezu eben nicht verbunden ist. Ich habe ferner die auf einander folgende Sätze so geordnet, daß das Sinnliche dem Verstande zu Hülfe kommen muß, die Dependenz derselben leicht zu entdecken, und man könnte hierin zum Nutzen der Jugend würklich noch mehr thun, wenn der Zustand einer Druckerey mit unsern Ideen vollkommen harmonisch wäre. Ich habe endlich die schwerern Sätze mit Beyspielen hinreichend erläutert, ohne mir im Gegentheil den Vorwurf zuzuziehen, mein Werk durch Beyspiele aufgeschwollen zu haben. Alles dieses führe ich nur an, um dem Liebhaber der Kürze dadurch eine Stelle anzuweisen, von der er übersehen kann, daß mein Compendium von einem Alphabet füglich bis auf zwey Drittel heruntergesetzt werden könne, wenn nur die wesentlichen Absichten eines zu Vorlesungen bestimmten Werks dadurch erreicht werden sollen.

Der

…Überschuß ist zur Deutlichkeit meiner Zu-
…bey der Wiederholung.

Meine Methode, die allgemeine Theorie der
…ressionalbrüche vorzutragen, nahm daher
…Ursprung, daß ich diejenigen Wahrheiten,
…in der nächsten Verwandschaft stehen, nicht
…von einander trennen wollte. Ich konnte
…diesem Gesetze gemäß die Theorie der Digni-
…mit negativen Exponenten nicht eher als im
…Kapitel von einander setzen, und mußte
…den gewöhnlichen Weg verlassen. So be-
…nun der nehmige auch ist, so halte ich den-
…noch nichts weniger als für entbehr-
…sondern erklärt ihn an seinem Orte auch…

Von dem Entwurf der Algebra im Manu-
…den Sie, Verehrungswürdigster! für ei-
Prinzen verfertigten, den göttliche Ga-
…unbegrenzte Wißbegierde, tiefer unerm-
Forschungsgeist, und wahren Heldenmuth
…Bewunderung der Welt gemacht hätten, wenn
…Vorsehung nicht gefallen, Ihn früher zu
…höhern Bestimmung… und… weichen…
…besonders in der Lehre von dem Gleich-
…gen Gebrauch gemacht, wenn ich ihn nicht
meinen übrigen Sachen verlohren hätte. Ich
…mich darin viel Gutes, diese Mate-
…treffendes angetroffen zu haben. Aber
…war zu kurz, mir ihn wieder von Ihnen
…bitten…
Genug und vielleicht schon zuviel…
Fahren

Fahren Sie fort Verehrungswürdigster! mich Ihrer Liebe und Gewogenheit nicht unwerth zu schätzen. Ewig bin ich mit unendlicher Hochachtung und den lebhaftesten Regungen der Dankbarkeit

Verehrungswürdigster, theurster Lehrer,

Hochgeneigter Gönner!

Ihr

Braunschweig,
den 7ten April, 1777.

ganz gehorsamster Diener
und wahrer Verehrer.

Der Verfasser.

Vorbericht
von den
Mathematischen Wissenschaften
und deren
Eintheilung
überhaupt.

§. 1.

Erklärung. In so weit man mit verschiedenen Dingen einen gemeinschaftlichen Begriff verknüpft, in so weit heissen sie Dinge von einerley Art.

Werden einige Dinge von einerley Art zusammen gefaßt; so sagt man es sey vorhanden eine Anzahl von solchen Dingen.

In so ferne wir in einem Gegenstande eine Anzahl wahrnehmen, in so ferne legen wir demselben eine Größe bey.

Die verschiedenen Dinge von einerley Art, welche die Größe machen, heissen Theile der Größe, und der, welcher in einer Größe zuerst angenommen wird, heißt die Einheit.

§. 2.

Erklärung. Wo eine Größe ist, da ist eine Anzahl Einheiten. Ist es möglich sie zu bestimmen; so heißt die Größe eine endliche Größe, ist es nicht möglich, eine unendliche Größe.

§. 3.

§. 3.

Erklärung. Eine Größe (quantitas) ist so beschaffen, daß

A. ihre Theile in ihr zugleich würklich. Sie heißt *Quantitas simultanea.* In ihr ist

   a) der eine Theil ausser dem andern befindlich, man nennt sie eine ausgedehnte Größe. (Q. extensa.) In dieser

      a) sind die Theile so mit einander verknüpft, daß zwischen ihnen noch andere können gesetzt werden. Sie heißt eine unterbrochene Größe. (Q. interrupta.) Oder

      b) so, daß zwischen ihnen keine andere können gesetzt werden. Sie heißt eine stetige Größe. (Q. continua.) Oder

   b) Man kann den einen Theil nicht ausser den andern setzen. Eine solche Größe heißt eine nicht ausgedehnte Größe. (Q. intensa.)

B. ihre Theile in ihr nicht zugleich würklich, sondern in ihrer Würklichkeit nach und nach auf einander folgen. Sie heißt *Quantitas successiva.*

§. 4.

Erklärung. Wir haben die Größe einer Sache gefunden, wenn wir die Anzahl der Einheiten, welche in der Größe enthalten, bestimmt.

Diese bestimmte Anzahl der Einheiten macht

A. die ganze Größe, welche wir haben erfinden wollen. In diesem Fall haben wir die Größe genau gefunden. Oder sie macht

B. nur

Vorbericht.

B. nur einen Theil der Größe, welche wir haben erfinden wollen. In diesem Fall ist zwischen der Größe, die wir gefunden haben, und die wir haben erfinden wollen, ein Unterschied. Dieser Unterschied ist

a) so klein, daß er in Ansehung der ganzen Größe keine Betrachtung verdient, und man hat die Größe beynahe gefunden. Oder

b) Es ist der Unterschied nicht so klein, daß er ꝛc. Hier ist die Größe nicht einmal beynahe gefunden.

§. 5.

1) **Zusatz.** Wir müssen eine Größe, die sich nicht genau bestimmen läßt, beynahe zu bestimmen suchen.

2) Eine unendliche Größe kann höchstens nur beynahe bestimmt werden. (2)

§. 6.

Erklärung. Die Wissenschaft von Erfindung der Größen ist die **Mathematik**.

§. 7.

Zusatz. Die Theile der Mathematik entspringen also aus der Beantwortung folgender Fragen:

1) Wodurch geschieht die Erfindung? (8)

2) Wie sind die zu erfindende Größen beschaffen? (9)

3) Wie kann man die zu erfindende Größen betrachten? (10)

§. 8.

Erklärung. Die Erfindung der Größe geschieht, entweder

A. Durch

A. Durch Hülfe der Zeichen, indem wir gleichgeltende in gehöriger Ordnung für einander setzen, oder durch das Calculiren. Der daher entspringende Theil der Mathematik heißt die Rechenkunst oder die Arithmetik. Oder

B. Durch Betrachtung der Dinge selbst, indem wir solche mit einander vergleichen, und das was in ihnen unterschieden ist, unterscheiden.

Diese beyden Wege Größen zu erfinden haben einige Lehren mit einander gemein, welche abgehandelt werden in der allgemeinen Mathematik.

§. 9.

Erklärung. Die zu erfindende Größen sind (2. 3.)

A. endliche Größen. Daher die Mathesis endlicher Größen.

B. unendliche Größen. Daher die Mathesis unendlicher Größen.

C. Quantitates simultaneæ, und zwar
   a) ausgedehnte Größen, also entweder
      α) unterbrochene Größen. Diese sind kein Gegenstand eines bestimmten Theils der Mathematik. Oder
      β) stetige Größen. Daher die Geometrie. Oder
   b) nicht ausgedehnte Größen. Daher die Dynamik. Oder

D. Quantitates successivæ. Daher die theoretische Chronologie.

§. 10.

§. 10.

Erklärung. Die zu erfindende Größen kann man betrachten, entweder

A. vor sich. Daher die reine oder theoretische Mathematik. Oder

B. in so weit solche in gewissen Arten der Dinge zu finden. Daher die angewandte oder practische Mathematik.

§. 11.

1) **Zusatz.** Die Theile der theoretischen Mathematik sind daher

    1) Die allgemeine Mathematik.
    2) Die Arithmetik.
    3) Die Geometrie.
    4) Die theoretische Chronologie.
    5) Die Dynamik.

2) Die Theile der praktischen Mathematik sind mancherley. In den Vorlesungen will ich diejenigen anführen, welche bereits das Bürgerrecht erlangt haben.

§. 12.

Anmerkung. Wider den 1sten Zusatz des §. 11. können einige Einwürfe gemacht werden, die ich in den Vorlesungen anführen und beantworten will. Man lese des Herrn G. R. Darjes Vorbericht zur Mathematik, §. 26. 27. 30. 31. 32.

Erste Gründe
der
Allgemeinen Mathematik.

Das erste Capitel
von den
Eigenschaften der Größe, welche bey Erfindung derselben zu unterscheiden.

§. 1.

Erklärung. Alle Eigenschaften der Dinge, wodurch man solche erkennen und von einander unterscheiden kann, heissen Merkmale derselben.

§. 2.

Erklärung. Von einigen Dingen, z. B. von zweyen die wir A und B nennen wollen, kann

A. das eine für das andere substituirt, oder in die Stelle des andern gesetzt werden, ohne daß eine Veränderung wahrgenommen wird, und dann sagt man die Dinge sind einerley. Sie sind es entweder

a) in

a) in Ansehung ihrer Merkmale, und dann legt man den Dingen eine Aehnlichkeit bey. Oder

b) in Ansehung ihrer Größe. In diesem Fall legt man ihnen eine Gleichheit bey. Oder es kann

B. das eine nicht in die Stelle des andern gesetzt werden, ohne daß eine Veränderung wahrgenommen wird. In diesem Fall sind die Dinge verschieden, und zwar entweder

a) in Ansehung ihrer Merkmale. Hier sind die Dinge unähnlich; oder

b) in Ansehung ihrer Größe. Hier sind die Dinge A und B ungleich. Folglich ist eine dieser Größen, z. B. A.

aa) ganz genommen so groß als ein Theil von B. In diesem Fall ist A kleiner als B. Wenn dieses so kann

1) A etlichemal genommen der ganzen Größe B gleich werden. Hier ist A von B. ein aliquoter Theil. Oder

2) A etlichemal genommen kann nie der ganzen Größe B gleich werden. Hier ist A von B ein aliquanter Theil. Oder es ist

bb) ein Theil von A so groß als ganz B. In diesem Fall ist A größer als B.

§. 3.

Anmerkung. Das Zeichen der Aehnlichkeit ist ∽
Das Zeichen der Gleichheit , =
Das Zeichen der Ungleichheit , <>

Die

Allgemeine Mathematik.

Die Art sich ihrer zu bedienen, sollen Beyspiele begreiflich machen.

$A \backsim B$ heißt A und B sind ähnlich.
$A = B$, A und B , gleich.
$A \lessgtr B$, A und B , ungleich.
$A > B$, A ist größer als B.
$A < B$, A , kleiner , B.

§. 4.

Grundsätze. Es sey A das Ganze.

b; c und d alle Theile desselben.

+ das Zeichen der Verknüpfung.

so ist

1) $A = A$, $A \backsim A$, $A \cong A$.
2) $b + c + d = A$.
3) $b \lessgtr A$, $b + c \lessgtr A$.
4) $A > b$, $A > c$, $A > d$.
5) $b < A$, $c < A$, $d < A$.

§. 5.

Erklärung. Wenn wir untersuchen, wie viel die eine Größe größer oder kleiner, als die andere; so vergleichen wir diese Größen mit einander.

§. 6.

Zusatz. Wir können also keine Größen mit einander vergleichen, als diejenigen, deren Theile von einerley Art sind.

§. 7.

§. 7.

Lehrsatz. Wenn von zweyen Größen (A und C) eine jede so groß als eine dritte (B); so sind selbige unter einander selber gleich (d. i. $A = C$.)

Beweis. Es ist $A = B$
und $C = B$ $\Big)$ vermöge der Bedingung.

Daher kann für B in dem Ausdruck $A = B$ gesetzt werden C. (2) und folglich ist

$$A = C.$$

§. 8.

1) **Zusatz.** Es sey $M > a$
und $a = b$
—————————
So ist $M > b$.

2) Es sey $N < a$
und $a = b$
—————————
So ist $N < b$.

Das heißt: Was größer oder kleiner ist, als eine von zweyen gleichen Größen, das ist auch größer oder kleiner als die andere.

§. 9.

Erklärung. Größen sind in einer Verknüpfung, in so ferne in der einen eine Eigenschaft, welche ohne die andere nicht zu gedenken ist. Die Verknüpfung der Größen als Größen heißt eine Verhältniß.

Die Größen, welche als Größen in einer Verhältniß stehen, heissen Glieder der Verhältniß.

Die Eigenschaft, welche der einen in der Verhältniß stehenden Größe, in Ansehung der andern beygelegt wird, heißt der Name der Verhältniß.

§. 10.

Allgemeine Mathematik.

§. 10.

1) *Zusatz.* In einer jeden Verhältniß sind nur zwey Glieder. Hieraus kann man leicht ersehen, welches das erste, und welches das andere Glied sey.

2) Wir können also bey jeder Verhältniß sehen
auf das 1te Glied
, , 2te Glied
, den Namen der Verhältniß.

§. 11.

Lehrsatz. Der Name einer Verhältniß kann nichts anders ausdrücken als die Gleichheit oder die Ungleichheit der Glieder.

Beweis. Die Eigenschaft welche einer Größe als Größe in Ansehung einer andern beygelegt wird, ist nichts, als eine Bestimmung in der Vielheit der Theile, welche ohne eine andere Vielheit der Theile nicht zu gedenken ist. Von einer Vielheit kann in Ansehung einer andern nichts behauptet werden, als daß jene mit dieser einerley, oder nicht. Da nun das erste eine Gleichheit und das andere eine Ungleichheit ist; so folget, daß der Name in einer Verhältniß nichts anders ausdrücken könne, als die Gleichheit oder die Ungleichheit der Glieder.

§. 12.

Zusatz. Die Glieder einer Verhältniß müssen Größen von einerley Art seyn.

§. 13. Eine

Allgemeine Mathematik.

§. 7.

Lehrsatz. Wenn von zweyen Größen (A und C) eine jede so groß als eine dritte (B); so sind selbige unter einander selber gleich (d. i. A = C)

Beweis. Es ist $A = B$
und $C = B$ ⎫ vermöge der Bedingung.

Daher kann für B in dem Ausdruck A = B gesetzt werden C. (2) und folglich ist

$$A = C.$$

§. 8.

1) **Zusatz.** Es sey $M > a$
und $a = b$
———————
So ist $M > b$.

2) Es sey $N < a$
und $a = b$
———————
So ist $N < b$.

Das heißt: Was größer oder kleiner ist, als eine von zweyen gleichen Größen, das ist auch größer oder kleiner als die andere.

§. 9.

Erklärung. Größen sind in einer Verknüpfung, in so ferne in der einen eine Eigenschaft, welche ohne die andere nicht zu gedenken ist. Die Verknüpfung der Größen als Größen heißt eine Verhältniß.

Die Größen, welche als Größen in einer Verhältniß stehen, heissen Glieder der Verhältniß.

Die Eigenschaft, welche der einen in der Verhältniß stehenden Größe, in Ansehung der andern beygelegt wird, heißt der Name der Verhältniß.

§. 10.

Allgemeine Mathematik.

§. 10.

1) **Zusatz.** In einer jeden Verhältniß sind nur zwey Glieder. Hieraus kann man leicht ersehen, welches das erste, und welches das andere Glied sey.

2) Wir können also bey jeder Verhältniß sehen
auf das 1te Glied
⸺ ⸺ 2te Glied
⸺ den Namen der Verhältniß.

§. 11.

Lehrsatz. Der Name einer Verhältniß kann nichts anders ausdrücken als die Gleichheit oder die Ungleichheit der Glieder.

Beweis. Die Eigenschaft welche einer Grösse als Grösse in Ansehung einer andern beygelegt wird, ist nichts, als eine Bestimmung in der Vielheit der Theile, welche ohne eine andere Vielheit der Theile nicht zu gedenken ist. Von einer Vielheit kann in Ansehung einer andern nichts behauptet werden, als daß jene mit dieser einerley, oder nicht. Da nun das erste eine Gleichheit und das andere eine Ungleichheit ist; so folget, daß der Name in einer Verhältniß nichts anders ausdrücken könne, als die Gleichheit oder die Ungleichheit der Glieder.

§. 12.

Zusatz. Die Glieder einer Verhältniß müssen Grössen von einerley Art seyn.

§. 13. Eine

§. 13.

Eine Verhältniß kann betrachtet werden,

A. vor sich, und in diesem Fall.
    a) In Ansehung des Namens der Verhältniß. (14)
    b) In Ansehung der Glieder. (15)
B. In Beziehung auf eine andere. (16)

§. 14.

Erklärung. In einer Verhältniß kann der Name der Verhältniß genau bestimmt werden, oder nicht. Im ersten Fall heißt die Verhältniß eine endliche, im letztern Fall aber eine unendliche Verhältniß.

§. 15.

Erklärung. In einer Verhältniß sind,

A. die Glieder einander gleich. Ich nenne sie eine gleichgliedrige Verhältniß. Oder
B. die Glieder sind ungleich; sie heiße eine ungleichgliedrige Verhältniß. In dieser
    a) ist das erste Glied größer als das andere. Sie ist eine Verhältniß der grössern Ungleichheit. Oder
    b) das erste Glied ist kleiner als das andere. Diese heißt eine Verhältniß der kleinern Ungleichheit.

§. 16.

Erklärung. Denkt man eine Verhältniß in Beziehung auf eine andere; so haben beyde einerley Namen,

men, oder sie haben verschiedene Namen der Verhältniß. Im ersten Fall sind die Verhältnisse gleich und ähnlich, im andern Fall ungleich und unähnlich.

§. 17.

Lehrsatz. Wenn von zweyen Verhältnissen eine jede so groß als eine dritte; so sind sie einander selber gleich.

Beweis. Dieser kann, so wie der im §. 7. geführt werden, wenn wir statt A; B und C Verhältnisse setzen.

§. 18.

Erklärung. Haben zwey Verhältnisse einerley Namen, so sind sie einander gleich. (16.) Folglich können sie durch das Zeichen der Gleichheit (=) verknüpft werden, und man sagt, daß die Glieder dieser Verhältnisse in einer Proportion stehen.

§. 19.

1) **Zusatz.** In einer Proportion sind 4 Glieder. (10)

2) Die Proportion besteht entweder aus gleichgliedrigen, oder aus ungleichgliedrigen Verhältnissen, und wenn die eine Verhältniß einer Proportion gleichgliedrig; so ist es die andere auch u. s. f.

3) Man kann in einer Proportion die erste Verhältniß in den Ort der andern, und die andere Verhältniß in den Ort der erstern setzen.

4) Wenn man die Glieder einer ungleichgliedrigen Verhältniß verwechselt; so wird aus der Verhältniß der größern Ungleichheit eine Verhältniß der kleinern Ungleichheit, und umgekehrt.

B Geschieht

Geschieht daher diese Verwechselung in beyden Verhältnissen einer Proportion, so behalten die Glieder dieser beyden Verhältnisse ihre Proportion, und es geht in derselben weiter keine Veränderung vor, als daß die Proportion nun aus Verhältnissen der kleinern Ungleichheit zusammengesetzt ist, wenn sie vorher aus Verhältniß der größern Ungleichheit zusammengesetzt war, und umgekehrt.

§. 20.

Erklärung. In einer Proportion sind das andere Glied der ersten Verhältniß und das erste Glied der andern Verhältniß gleiche Größen, oder sie sind ungleiche Größen. Ist das erste, so heißt die Proportion eine stetige, eine zusammenhängende Proportion (Proportio continua); ist das andere, so heißt sie eine abgesonderte Proportion (Proportio discreta.)

§. 21.

Erklärung. In der stetigen Proportion steht in den beyden mittelsten Gliedern einerley Größe (20. 2.) welche daher die mitlere Proportionalgröße zwischen den beyden äußersten heißt.

In einer jeden Proportion heißt die im 4ten Gliede stehende Größe, die 4te Proportionalgröße, zu den im ersten, andern, und dritten Gliede befindlichen Größen.

In der stetigen Proportion heißt die im 4ten Gliede stehende Größe auch die 3te Proportionalgröße zu den beyden vorher gehenden.

§. 22.

Allgemeine Mathematik.

§. 22.

Zusatz. Wenn in einer abgesonderten Proportion das erste und das vierte Glied einerley Größen enthalten, so kann aus derselben nach §. 19. n. 3. eine stetige Proportion gemacht werden.

§. 23.

Lehrsatz. Wenn man weiß, wie sich eine Größe zu einer andern verhalten soll; so kann man durch Hülfe der ersten, die andere finden.

Beweis. Wenn wir das Verhalten der einen Größe zu der andern wissen, so ist uns bekannt, ob diese Größe der ersten gleich oder ungleich, und wenn dieses, um wie viel diese größer oder kleiner als die erste. (11) Wissen wir also das Verhalten der einen Größe zu der andern; so werden wir dadurch in den Stand gesetzt, daß wir die Anzahl der Einheiten in dieser Größe bestimmen, d. i. durch Hülfe der ersten Größe die andere erfinden können. (4. Vorb.)

§. 24.

1) **Zusatz.** Wenn man weiß, wie sich eine Größe zu einer andern beynahe verhalten soll; so kann man auch durch Hülfe der ersten die andere beynahe finden. Es kann also die Lehre von den Verhältnissen auch bey unendlichen Größen ihren Nutzen haben. (Vorb. 5. n. 2.)

2) Es kann das andere Glied in einer Verhältniß gefunden werden, wenn das erste Glied und der Name der Verhältniß gegeben werden u. s. f.

3) Die vierte Proportionalgröße kann gefunden werden, wenn das erste, andere und dritte Glied der Proportion bekannt sind. (21. 16. 23.)

B 2 §. 25.

§. 25.

Erklärung. Eine Reihe verschiedener Größen, welche in einerley Verhältniß fortgehen, heißt eine mathematische Progreßion, besteht sie aus Verhältnissen der kleinern Ungleichheit, so heißt sie eine

besteht, eine abnehmende Progreßion.

§. 26.

1) **Zusatz.** Drey in einer mathematischen Progreßion neben einander stehende Glieder machen eine stetige, und vier solcher Glieder eine abgesonderte Proportion. (20) Eine Progreßion kann also in verschiedene Proportionen zerlegt werden.

2) Wenn in einer Progreßion das erste Glied und der Name der Verhältniß gegeben werden; so kann man die übrigen Glieder finden. (24. n. 2.)

§. 27.

Anmerkung. Erwegt man genau, was in diesem Kapittel abgehandelt worden; so erhellet, daß man die Größen für sich, und in so ferne sie in einer Verhältniß, betrachten kan; daher die beyden folgenden Kapittel.

Allgemeine Mathematik.

Das zweyte Kapittel.

Von

Erfindung der Größen, wenn solche vor sich betrachtet werden.

§. 28.

Erklärung. In einer Größe, als Größe vor sich betrachtet, können wir nichts, als das Ganze und dessen Theile denken. (Vorh. I.) Sollen wir also eine Größe vor sich betrachtet, erfinden; so

A. werden uns Theile gegeben, um daraus das Ganze zu finden, und zwar werden uns gegeben

   a) alle Theile. Daher entspringt die Art Größen zu erfinden, oder die Rechnungsart, welche die Addition genennet wird. Oder

   b) etliche Theile. Diese sind

      a) lauter aliquante. Dadurch kann die Größe nicht bestimmt werden. (§. aa. n. 2.)

      b) lauter aliquote.

      c) aliquote und aliquante. } Da aber ein aliquoter Theil hinreichend, die ganze Größe zu bestimmen; (§. aa. n. 1.) so müssen entweder alle Theile der Größe gegeben werden, wenn man daraus die ganze Größe finden soll, oder nur

   ein einziger Theil. Dieser ist

B

aa) ein

aa) ein aliquanter Theil, folglich nicht hinreichend das Ganze zu bestimmen, oder

bb) ein aliquoter Theil, aus dem sich das Ganze bestimmen läßt. Hieraus entspringt die Rechnungsart, welche die Multiplikation genennet wird. Oder

B. es wird uns das Ganze gegeben, und wir sollen dessen Theile finden, und zwar

A. nur einen gewissen Theil. Diß geschieht in der Rechnungsart, welche die Subtraktion genennet wird. Oder

B. die Vielheit der Theile, welche die ganze Größe machen, und zwar

aa) nur überhaupt die Vielheit der Theile in der ganzen Größe. Diß ist dem Begriff der Größe zuwider. Oder

bb) wir sollen finden, wie viele Theile einer bestimmten Art in der ganzen Größe enthalten sind. Diß geschieht in der Rechnungsart, die man die Division nennet.

§. 29.

Zusatz. Es giebt daher nur vier Rechnungsarten, die Addition, Multiplikation, Subtraktion, und Division.

Von

Von der Addition.

§. 30.

Erklärung und Zusatz. Es ist also Addiren nichts anders als aus einigen gegebenen Größen eine andere finden, welche den gegebenen zusammen genommen gleich ist. (28. a. §. 4. n. 2.)

Es kommen daher bey der Addition folgende Größen vor:

1) Die gegebene Größen. Sie heissen, summirende Größen.
2) Die durchs Addiren zu findende Größe. Sie heißt, die Summe.

§. 31.

Anmerkung. Das Zeichen, wodurch angezeigt wird, daß Größen zu addiren, ist + und wird plus ausgesprochen. Soll A, B und C addirt werden, so schreibt man A + B + C.

§. 32.

1) **Zusatz.** Größen, die man addiren soll, müssen von einerley Art seyn, die von verschiedener Art lassen sich nur durch das Zeichen der Addition mit einander verbinden.

2) Gleiche Größen zu gleichen Größen addirt, geben gleiche, und zu ungleichen Größen addirt, ungleiche Summen. Im letztern Fall ist die erste der daher entstandenen Summen größer als die andere, wenn die erstere der ungleichen Größen größer als die andere. (2. 7.)

Allgemeine Mathematik.

§. 33.

Lehrsatz. Wenn zu ungleichen Größen, gleiche addirt werden; so verhalten sich die ungleichen Größen zu einander, wie die daher entspringende Summen. Es sey $A > B$,
und $C = C$
Folgl. $A + C$ u. $B + C$ die Summen;
So ist zu beweisen, daß A zu $B = A + C$ zu $B + C$.

Beweis. Da $A > B$; so sey m das, um welches A größer als B. Folglich $A = B + m$.
Es ist aber $B + m$ zu $B = B + m + C$ zu $B + C$. (16)
Folglich ist A zu $B = A + C$ zu $B + C$. (2)

§. 34.

Anmerkung. Aus den §. 32. n. 1. und §. 30. 31. erhellet, wie Größen zu einander zu addiren. Davon ein mehreres in den Vorlesungen.

Von der Subtraktion.

§. 35.

Erklärung und Zusatz. Es ist Subtrahiren nichts anders, als aus einer gegebenen Größe einen gewissen Theil dadurch finden, daß man einen andern Theil von der ganzen Größe absondert. (28. B. A.)

Es sind daher folgende Größen bey der Subtraktion zu unterscheiden.

1) Die gegebene Größe von der eine andere abgesondert werden soll. Sie heißt die zu verringernde Größe.

2) Der

2) Der Theil, welcher von der gegebenen Grösse abgesondert werden soll, od. die subtrahirende Grösse.

3) Der nach dieser Absonderung übrig gebliebene und zu findende Theil. Man nennt ihn die Differenz od. den Unterschied.

§. 36.

Anmerkung. Das Zeichen wodurch die Subtraktion angezeigt wird, ist — und wird ausgesprochen minus. Man schreibt es zwischen der zu verringernden und der subtrahirenden Grösse, so daß die erstere vor und die andere nach dem Zeichen zu stehen kömmt. Z. B. A — B wird ausgesprochen A minus B und zeigt an, daß B von A abgezogen werden soll, oder welches einerley; die Differenz von A und B.

§. 37.

1) **Zusatz.** In einer jeden Subtraktion ist die Differenz und die subtrahirende Grösse zusammen genommen der gegebenen Grösse gleich. Oder durch Zeichen: $M - a + a = M$.

2) Die Subtraktion löset das auf, was die Addition zusammen gesetzt, und die Addition setzt das zusammen, was die Subtraktion aufgelöset.

3) Grössen, welche von einander zu subtrahiren, müssen Grössen von einerley Art seyn; (32. n. 1.) bey denen von verschiedener Art, wird die Subtraktion nur durch Zeichen angezeiget.

4) Gleiche Grössen von gleichen Grössen subtrahirt geben gleiche; und von ungleichen subtrahirt ungleiche Differenzen, und wenn die erste von den ungleichen Grössen, von welchen gleiche subtrahirt

28 **Allgemeine Mathematik.**

2) Wenn man eine Reihe Punkte etliche mal unter einander schreibt; so kann dieses zur Erläuterung der Multiplikation dienen. Denn in dieser Figur   A . . . . B
. . . . .
C . . . . D

kann die Summe der Punkte in der Reihe A B das Multiplikandum, die Summe der Punkte in der Reihe A C den Multiplikator, und die Summe aller Punkte in A B C D das Produkt vorstellen, weil die Reihe A B so oft genommen werden muß, als die Reihe A C einzelne Punkte in sich enthält, wenn alle diese Punkte entstehen sollen. (b) Es entsteht aber auch eben diese Anzahl Punkte in A B C D und folgl. das vorige Produkt, wenn die Summe der Punkte in der Reihe A C so oft genommen wird, als in der Reihe A B einzelne Punkte enthalten. Daraus folgt:

a) daß es einerley sey, welchen von den beyden Faktoren eines Produkts, man als das Multiplikandum, oder als den Multiplikator ansehen wolle.

b) Daß in der Multiplikation auch 1 und das Multiplikandum, der Multiplikator und das Produkt, und überhaupt 1 und der eine Faktor, der andere Faktor und das Produkt in einerley Verhältniß stehen, und folglich eine Proportion machen. (a)

3) Gleiche Grössen durch gleiche Grössen multiplicirt geben gleiche, und ungleiche Grössen durch gleiche multiplicirt ungleiche Produkte; und ist die

die erstere der ungleichen Grössen, welche durch eine dergleichen multiplicirt worden, grösser als die andere, so ist auch das erste Produkt grösser als das andere, u. s. f.

4) Wenn Nichts durch eine Grösse multiplicirt wird; so ist das Produkt Nichts, oder a $\times$ 0 = 0.

5) Wenn eine Grösse durch 1 multiplicirt wird; so ist das Produkt = jener Grösse oder a $\times$ 1 = a.

§. 43.

Lehrsatz. Wenn ungleiche Grössen durch gleiche multiplicirt worden, so stehen die Multiplikanda und die Produkte in einerley Verhältniß.

Beweis. Dieser kann mit gehöriger Veränderung so geführt werden, wie der im §. 33.

§. 44.

Lehrsatz. Wenn ungleiche Grössen durch gleiche multiplicirt werden; so steht das erste Multiplikandum mit dem ersten Produkt, und das andere Multiplikandum mit dem andern Produkt in einerley Verhältniß.

Es sey A $>$ B
C $=$ C

Die Produkte AC u. BC.

So ist zu beweisen, daß A zu AC = B zu BC.

Beweis. Es ist 1 zu C = A zu AC
und 1 zu C = B zu BC) §. 42. a.

Folglich A zu AC = B zu BC. §. 17.

§. 45.

Aufgabe. Eine Grösse durch eine andere multipliciren.

Auflösung. Man unterscheide folgende Fälle:

A. Es kann die Anzahl der Einheiten in dem Multiplikator bestimmt werden. Hier nehme man

1) Das Multiplikandum so viel mal als der Multiplikator Einheiten in sich begreift. (42. b.)
2) Man verknüpfe die Theile so mit einander, daß sie eine Größe machen.

B. Es kann die Anzahl der Einheiten in dem Multiplikator nicht bestimmt werden. Hier können

a) die Einheiten in dem Multiplikando bestimmt werden. In diesem Fall nehme man
   1) den Multiplikator so oft, als das Multiplikandum Einheiten in sich begreift. (42.n.2.a)
   2) Verfahre man wie beym Fall A. h. 2. Oder

b) Es können auch die Einheiten in dem Multiplikando nicht bestimmt werden. In diesem Fall wird der Multiplikator mit dem Multiplikando, durch Hülfe des Zeichens der Multiplikation verknüpft. (41)

So ist die Multiplikation, so weit es möglich, bewerkstelliget.

Von der Division.

§. 46.

Erklärung und Zusatz. In der Division sollen wir finden, wie viele Theile einer bestimmten Art in der ganzen Größe enthalten sind. (28. bb.) Dis heißt aber eine Größe messen; daher folgende Größen bey der Division zu bemerken.

1) Die

Allgemeine Mathematik.

1) Die Größe, welche gemessen werden soll. Sie heißt das Dividend. Es sey $= D$.
2) Die bestimmte Größe, durch welche jene zu messen. Sie heißt der Divisor, oder das Maaß. Es sey $= d$.
3) Die Größe, welche durch die Division gefunden werden soll. Sie heißt der Quotient. Er sey $= Q$.

§. 47.

Anmerkung. $A : B$ oder $\frac{A}{B}$ sind Ausdrücke für die Division. In beyden Fällen ist A das Dividend, B der Divisor, ein jeder Ausdruck aber ein Quotient, von A durch B.

§. 48.

1) Zusatz. Es ist $D : d = Q$.
2) d ist in D enthalten Q mal.
3) Es ist $o : d = o$. (37. n. 5.)
4) 1 ist so oft in Q enthalten als d in D, daher in der Division 1 und der Quotient, der Divisor und das Dividend in einerley Verhältniß stehen (16) und folglich eine Proportion machen. (18)
5) Wenn das Dividend und der Divisor gleiche Größen, so ist der Quotient $= 1$.
6) Gleiche Größen durch gleiche Größen gemessen, geben gleiche, und ungleiche durch gleiche gemessen, ungleiche Quotienten; und ist die erste der ungleichen Größen, welche durch gleiche gemessen worden, größer als die andere; so ist auch der erste Quotient größer als der andere, u. s. f.
7) Das Maaß und des Dividends Theile müssen, in so weit diese durch jenes zu messen, Dinge von einerley Art seyn. Wenn also der Divisor

vom Dividend ein aliquoter Theil, so läßt sich die gegebene Größe durch das gesetzte Maaß genau messen. Ist aber der Divisor vom Dividend ein aliquanter Theil; so bleibt in der gegebenen Größe, nachdem sie gemessen worden, ein Ueberschuß (2. n. aa. 1. 2.) Er mag durch u bezeichnet werden.

8) Der Ueberschuß kann durch das gesetzte Maaß nicht weiter gemessen werden. Will man ihn messen; so muß man ein ander Maaß annehmen oder anzeigen, daß der Ueberschuß noch durch das gesetzte Maaß hätte sollen gemessen werden. Wenn daher $D : d = Q$ und es bleibt der Ueberschuß u; so ist $D : d = Q + \frac{u}{d}$

§. 49.

Lehrsatz. In der Multiplikation ist der eine Faktor ein Quotient aus dem Produkt durch den andern. *Beweis.* Es ist d in D enthalten Q mal, (48. n. 2.)
CD in ABCD enthalten AC mal
AC in ABCD enthalten CD mal } (42 n. 2)

Da nun Q deshalb ein Quotient von D durch d, weil d in D enthalten Q mal, so ist AC deshalb ein Quotient von ABCD durch CD, weil CD in ABCD enthalten AC mal. Eben so wird bewiesen, daß CD ein Quotient von ABCD durch AC. Da nun ABCD das Produkt, AC aber und CD die Faktoren desselben, so ist in der Multiplikation der eine Faktor ein Quotient aus dem Produkt durch den andern Faktor.

§. 50.

Zusätze. Wenn also P das Produkt, F der eine Faktor desselben, und f der andere; so ist

1) $F = P : f$.
2) $f = P : F$.

§. 51.

Allgemeine Mathematik.

§. 51.

Lehrsatz. In der Division ist das Dividend ein Produkt aus dem Quotient durch den Divisor, wenn der Divisor vom Dividend ein aliquoter Theil.

Beweis. Es ist AC in ABCD enthalt. CD mal (42. n. 2)
und d in D enthalt. Q mal (48. n. 2)
Da nun ABCD deshalb ein Produkt aus AC durch CD, weil darin AC enthalten CD mal, so ist auch D ein Produkt aus d durch Q, weil darin d enthalten Q mal. Daher ist in der Division das Dividend ein Produkt aus dem Quotient durch den Divisor, wenn der Divisor vom Dividend ein aliquoter Theil.

§. 52.

I. **Zusatz.** Es ist $D = dQ$. Daher
  1) 1 so oft in d enthalten als Q in D. Es haben also
  2) 1 und d, Q und D einerley Verhältniß zu einander (16) und machen folgl. eine Proportion. (18)
  3) Es ist $D : Q = d$ (49)

II. Es ist $D = Qd + u$. Wenn d von D ein aliquanter Theil.

III. Was die Multiplikation zusammensetzet, das wird durch die Division wieder aufgelöset; und was die Division aufgelöset, das wird durch die Multiplikation wiederum zusammengesetzt.

IV. Was sich durch ein Produkt theilen läßt, läßt sich auch durch einen jeden Faktor des Produkts theilen.

V. Wenn eine Größe durch 1 dividirt wird, so ist der Quotient = dem Dividend. (42. n. 5.)

§. 53.

Lehrsatz. Wenn ungleiche Größen durch gleiche gemessen worden, so haben die Größen, welche gemessen worden, und die daher entstandene Quotienten einerley Verhältniß.

Beweis. Dieser kann mit gehöriger Veränderung so geführt werden, wie der im §. 33. vorkommende.

§. 54.

Lehrsatz. Wenn ungleiche Größen durch gleiche sind gemessen worden, so hat die erste Größe, welche gemessen worden, zu ihren Quotienten diejenige Verhältniß, welche die andere von den gemessenen Größen zu ihren Quotienten hat.

Es sey $A > B$
$C = C$

die Quotienten $A:C$ u. $B:C$ so ist zu beweisen daß A zu $A:C = B$ zu $B:C$.

Beweis. Es ist 1 zu $C = A:C$ zu A $\}$ (52. n. 2.)
und 1 zu $C = B:C$ zu B

Folgl. $A:C$ zu $A = B:C$ zu B. (17)
Also A zu $A:C = B$ zu $B:C$. (19. n. 4.)

§. 55.

Aufgabe. Eine Größe durch eine andere zu messen.

Auflösung. Man unterscheide folgende Fälle.

A. Die Größe, wodurch eine andere zu messen, ist von der zu messenden Größe ein bestimmter Theil. Hier

1) zergliedere man die zu messende Größe, in so weit es möglich ist, in Theile, welche für sich betrachtet, dem bestimmten Maaße gleich.
2) Die Anzahl dieser Theile drücke man durch eine besondere Größe aus, welche so vielmal 1 in sich enthält, als in jener, Anzahl Theile enthalten sind. Dis ist der Quotient (48. n. 4.) so weit solcher zu finden möglich war. Wenn
3) ein

3) ein Ueberschuß bleibt, so verknüpfe man denselben mit dem bestimmten Maaß durch Hülfe des Zeichens der Division, und verbinde diesen Ausdruck durch das Zeichen der Addition mit dem Quotienten. (48. n. 8.) Ist aber

B. die Größe, wodurch eine andere zu messen, von der zu messenden Größe kein bestimmter Theil, so muß das Dividend mit dem Divisor durchs Zeichen der Division verbunden werden.

Dann ist die Division, so weit es möglich, bewerkstelligt.

Von den Dignitäten.

§. 56.

Erklärung. Wenn der Multiplikator und das Multiplikandum gleiche Größen; so heißt das daher entstandene Produkt das Quadrat, die andere Dignität, Potenz, Potestät, oder der andere Grad von einem dieser Faktoren. Der eine Faktor hingegen heißt von dem Quadrat die Wurzel und zwar bestimmt die Quadrat-Wurzel, die Wurzel der andern Dignität ꝛc.

§. 57.

Anmerkung. Es sey z. B. a = dem Multiplikando,
a = dem Multiplikator,
So ist aa = dem Produkt.

Hier ist aa das Quadrat von a, und a in Beziehung auf aa die Wurzel und zwar bestimmt die Quadrat-Wurzel, die Wurzel der andern Dignität u. s. f.

§. 58.

§. 58.

Erklärung. Wird das Quadrat oder die 2te Dignität wiederum durch die Wurzel multiplicirt; so entsteht ein Produkt, welches man den Cubus, Würfel, oder die dritte Dignität von jener Wurzel nennet. Die Wurzel aber heißt in Beziehung auf die 3te Dignität, die Wurzel der 3ten Dignität, oder die Cubik=Wurzel. Woraus leicht zu ersehen, welches die vierte, fünfte Dignität ꝛc. einer Größe oder welches die Wurzel derselben.

§. 59.

1) **Zusatz.** Wenn wir uns also die Dignitäten in ihrer natürlichen Folge auf einander vorstellen, und a zur Wurzel annehmen, so ist

$a =$ der 1sten Dignität oder die Wurzel,
$aa =$ ⸗ 2ten ⸗ ⸗ das Quadrat,
$aaa =$ ⸗ 3ten ⸗ ⸗ der Würfel,
$aaaa =$ ⸗ 4ten ⸗ ⸗ das Biquadrat ꝛc.

2) Die Anzahl der gleichen Faktoren einer Dignität bestimmt also den Grad derselben. Es kann also

3) ein und eben dieselbe Größe, bald diese, bald jene Dignität haben oder seyn, und es kann daher auch ein und eben dieselbe Größe bald als eine Dignität, bald als eine Wurzel angesehen werden. Will man

4) eine Größe zu einer bestimmten Dignität erhöhen; so darf man selbige nur so oft neben einander schreiben, als der Grad der Dignität anzeigt.

§. 60.

Willkührlicher Satz. Damit die im vorigen §. unter n. 4. angezeigte Art, die Dignität einer Größe auszudrücken, in manchen Fällen nicht zu weitläuftig werde,

werde; so hängt man an der Größe, die zu einer Dignität erhoben werden soll, oben zur rechten das Zeichen an, welches den Grad der Dignität ausdrückt. Z. B.

a ist zur 3ten Dignität erhoben, schreibt man a^3
  a : : 12ten : : : : : a^{12}
  a : : mten : : : : : a^m

und es ist a^m ein Produkt worin m Faktoren deren jeder $= a$ (59.)

§. 61.

Erklärung. Dasjenige Zeichen, welches den Grad der Dignität anzeigt, heißt der **Exponent der Dignität**. Er ist $= 1$, wenn an dem Ort des Exponenten gar kein Zeichen befindlich. (59)

§. 62.

1) **Zusatz.** Wenn Potenzen einerley Wurzel und einerley Exponenten haben; so sind sie Größen von einerley Art, und wenn sie entweder verschiedene Wurzeln, oder verschiedene Exponenten oder verschiedene Exponenten und verschiedene Wurzeln zugleich haben, so sind sie Größen von verschiedener Art. (1. Vor.)

2) Sind zwey Wurzeln einander gleich, so müssen auch die Dignitäten von einerley Grade einander gleich seyn, (42. n. 3.) Wir denken uns z. B. a und b als zwey Wurzeln und $a = b$, so ist $a^m = b^m$.

3) Da eine Dignität durch die Multiplikation aus ihrer Wurzel entsteht, (56) so finden wir die Wurzel derselben durch die Division. (52. n. III.) Wenn daher zwey Dignitäten von einerley Grade gleiche Größen; so sind auch die Wurzeln ein und eben desselben Grades gleiche Größen. (48. n. 6.)

§. 63.

§. 63.

Anmerkung. Der Exponent der Dignität einer Größe, die mit andern durch die Multiplikation verbunden ist, bezieht sich nur allein auf die Größe, der er unmittelbar angehängt worden. Soll er sich auch auf die übrigen beziehen; so müssen selbige eingeklammert, und dann der Exponent der Dignität hinzugesetzt werden. So heißt z. B. $5a^3$ so viel als daß a zur dritten Dignität erhoben, und diese Dignität 5 mal genommen worden. Hier bezieht sich der Exponent 3 nur blos auf a. Soll er sich auch auf die 5 beziehen, so schreibt man $(5a)^3$, und dann bedeutet dieser Ausdruck so viel, als daß 5a zur dritten Dignität erhoben worden. Daß dieser Ausdruck von dem vorigen verschieden ist, solches ist von selber klar.

§. 64.

Erklärung. Wenn die Dignität einer Größe mit andern durch die Multiplikation zusammenhängt, so heissen die Faktoren, auf die sich der Exponent der Dignität nicht bezieht, der Coefficient des ganzen Ausdrucks, worin die Dignität befindlich. Dieser Coefficient ist $= 1$, wenn er nicht durch ein besonder Zeichen ausgedrückt worden. (42. n. 5.)

§. 65.

Aufgabe. Dignitäten zu einander zu addiren, und von einander zu subtrahiren.

Auflösung. Wenn die zu einander zu addirende oder von einander zu subtrahirende Dignitäten

A. Größen von einerley Art, (62. n. 1.) so addire man ihre Coefficienten zu einander, subtrahire sie im letztern Fall von einander, und hänge der

der Summe oder der Differenz, die Dignität mit dem Zeichen der Multiplikation an. So ist z. B.

die Summe von $5a^3$ und $4a^3 = 9a^3$
                $6b^4$ und $b^4 = 7b^4$
                ma^n und $ca^n = (m+c)a^n$
die Differenz von $9a^3$ und $4a^3 = 5a^3$
                $7b^4$ und $b^4 = 6b^4$
                ma^n und $ca^n = (m-c)a^n$

Sind sie aber

B. Größen von verschiedener Art, so kann man das Addiren und Subtrahiren nur durch Hülfe der Zeichen $+$ und $-$ verrichten. (34. 39.)

So ist z. B.
die Summe von $5a^3$ und $3a^2 = 5a^3 + 3a^2$
die Differenz von $6b^4$ und $5c^4 = 6b^4 - 5c^4$

§. 66.

Aufgabe. Zwey oder mehrere Dignitäten durch einander zu multipliciren.

Auflösung. Die durch einander zu multiplicirende Dignitäten haben

A. einerley Wurzeln. In diesem Fall nehme man die gemeinschaftliche Wurzel und hänge derselben einen Exponent an, welcher = der Summe der Exponenten aller Faktoren.

So ist z. B. $a^3 \times a^2 \times a^4 = a^{3+2+4} = a^9$

Beweis. Es ist $aaa = a^3$
und $aa = a^2$] (60)

Daher $a^3 \times a^2 = aaa \times aa = aaaaa = a^5$
Da nun $a^4 = aaaa$
So ist $a^3 \times a^2 \times a^4 = aaaaaaaaa = a^9$

B. ver-

§. 67.

1) **Zusatz.** Es ist also $3a^2 \times 4a^5 = 12a^7$
$$5a^3 \times 6b^2 = 30a^3b^2$$
$$ma^n \times ca^x = mca^{n+x}$$

2) Es ist $a^m \times a^m = a^{m+m} = a^{2m}$ Daher ist $a^{2m} =$ der andern Dignität von $a^m = a^{2m}$ (56.) Eben so giebt $a^m \times a^m \times a^m = a^{3m} =$ der 3ten Dignität von a^m. Daher wird eine Dignität auf eine andere erhoben, wenn der Exponent der der Dignität, die zu einer andern erhoben werden soll, durch den Exponent der Dignität, wozu sie erhoben werden soll, multiplicirt wird, die Wurzel aber unverändert bleibt. Es giebt also

3) a^m zur qten Dignität erhoben a^{mq} von welcher folglich die Wurzel der qten Dignität $= a^m$

§. 68.

Aufgabe. Eine Dignität durch eine andere zu dividiren.

Auflösung. Die durch einander zu dividirende Dignitäten haben

A. **einerley Wurzeln.** Hier ist der Quotient $=$ der gemeinschaftlichen Wurzel, zu einer Dignität erhoben, deren Exponent $=$ dem Exponent des Dividends, weniger dem Exponent des Divisors. So ist z. B. $a^5 : a^2 = a^{5-2} = a^3$

Beweis. Es ist $aaaaa = a^5$
und $aa = a^2$
Da nun $aaaaa : aa = aaa$ (52. n. III.)
und $aaaaa : aa = a^5 : a^2$
So ist $a^5 : a^2 = aaa = a^3$

B. ver-

B. verschiedene Wurzeln. In diesem Fall geschieht die Division durch Hülfe des Zeichens dieser Rechnungsart. So ist z. B. a^4 dividirt durch b^2 $= a^4 : b^2$

§. 69.

Lehrsatz. Eine jede Größe in der Dignität o ist $= 1$.

Beweis. Es ist $n^m \times n^o = n^{m+o} = n^m$ (66)
$ n^m \times 1 = n^m$ (42. n. 5.)
$ \overline{n^m \times n^o = n^m \times 1}$
Da nun $n^m = n^m$
So ist $n^o = 1$ (48. n. 5. u. 52. n. III.)

Das dritte Kapittel

von

Erfindung der Größen, wenn solche in einer Verknüpfung oder in einer Verhältniß betrachtet werden.

§. 70.

Aufgabe und Auflösung. Es werden gegeben

I. Glieder einer gleichgliedrigen Verhältniß, um daraus zu finden

A. Glieder einer andern gleichgliedrigen Verhältniß. In diesem Fall darf man nur

1) zu den gegebenen Gliedern gleiche Größen addiren. (32. n. 2.)
2) Von den gegebenen Gliedern gleiche Größen subtrahiren. (37. n. 4.)

3) Die gegebene Glieder mit gleichen Größen multipliciren. (42. n. 3.)

4) Die gegebene Glieder durch gleiche Größen dividiren. (48. n. 6.)

B. Glieder einer ungleichgliedrigen Verhältniß. In diesem Fall darf man nur

1) zu den gegebenen Gliedern ungleiche Größen addiren. (Ebend.)

2) Von den gegebenen Gliedern ungleiche Größen subtrahiren.

3) Die gegebene Glieder mit ungleichen Größen multipliciren.

4) Die gegebene Glieder durch ungleiche Größen dividiren.

II. Glieder einer ungleichgliedrigen Verhältniß, um daraus zu finden

A. Glieder einer gleichgliedrigen Verhältniß. In diesem Fall muß man

1) zu dem gegebenen größern Gliede das kleinere, und zu dem kleinern das größere addiren.

2) Die Differenz der gegebenen Glieder zweymal nehmen.

3) Das gegebene größere Glied durch das kleinere, und das kleinere durch das größere multipliciren.

4) den Quotienten, welcher entsteht, in dem man die eine Größe durch die andere gemessen, zweymal nehmen.

B. Glie-

Allgemeine Mathematik.

B. Glieder einer andern ungleichgliedrigen Verhältniß. In diesem Fall darf man nur

1) zu den gegebenen Gliedern gleiche Größen addiren.
2) Von den gegebenen Gliedern gleiche Größen subtrahiren.
3) Die gegebene Glieder durch gleiche Größen multipliciren.
4) Die gegebene Glieder durch gleiche Größen dividiren.

§. 71.

Erklärung. Es sey das eine Verhältniß A zu C
andere ⠀ ⠀ B zu D.

Die daher entstandene Produkte AB u. CD. stehen in einer zusammen gesetzten Verhältniß, wie A zu C und wie B zu D.

Es sey eine Verhältniß A zu C. Man multiplicire ein jedes dieser Glieder durch sich selber, folglich A durch A, und C durch C; so sagt man daß die Produkte AA und CC, oder A^2 und C^2 in ratione duplicata, wie A zu C stehen.

A^3 und C^3 stehen also in ratione triplicata

A^4 und C^4 ⠀ ⠀ ⠀ ⠀ quadruplicata

A^m und C^m ⠀ ⠀ ⠀ ⠀ m. plicata

wie A zu C.

§. 72.

Lehrsatz. Der Name in einer Verhältniß, muß entweder durch die Subtraktion oder durch die Division, gefunden werden.

Be-

Beweis. Wodurch man erkennen kann, um wie viel das eine Glied der Verhältniß größer oder kleiner sey, als das andere, dadurch muß der Name der Verhältniß gefunden werden. (9. 11.) Es muß also der Name der Verhältniß dadurch gefunden werden, wodurch man, wenn das Ganze ist gegeben worden, die Theile, welche in dem Ganzen zu finden, bestimmen kann. (2.) Dieses kann aber auf keine andere Art geschehen, als durch die Subtraktion und Division. (28. B.) Daher muß der Name in einer Verhältniß, entweder durch die Subtraktion oder durch die Division gesucht werden.

§. 73.

Erklärung. Eine Verhältniß, deren Name durch die Subtraktion zu suchen, heißt eine **arithmetische Verhältniß**, und ihr Name der **Denominator**. Eine Verhältniß, deren Name durch die Division zu suchen, heißt eine **geometrische Verhältniß**, und ihr Name der **Exponent der Verhältniß**.

Eine Proportion oder Progreßion wird daher bald eine arithmetische, bald eine geometrische seyn, nachdem sie aus arithmetischen oder aus geometrischen Verhältnissen zusammen gesetzt ist. (18. 25.)

§. 74.

1) **Zusatz.** Alle Verhältnisse, Proportionen und Progreßionen sind entweder arithmetische oder geometrische.
2) In einer ungleichgliedrigen arithmetischen Verhältniß sey das größere Glied $= g$
   kleinere $= k$
   der Denominator $= d$ so ist

$$d =$$

Allgemeine Mathematik. 45

$$d = g - k$$
$$g = d + k = \begin{bmatrix}\text{dem I. Gliede im Verhältn. d. gr. Ungl.}\\ \text{dem II Gliede im Verhältn. d. kleinern}\end{bmatrix}$$
$$k = g - d = \begin{bmatrix}\text{dem I. Glied im Verhältniß der kleinern}\\ \text{d. II. Gl. im Verh. d. größern Ungleichh.}\end{bmatrix}$$

3) In einer gleichgliedrigen arithmetischen Verhältniß ist der Denominator $= 0$. (37. n. 5.)

4) Eine wachsende arithmetische Progreßion läßt sich durch k; $k + d$; $k + 2d$; $k + 3d$ u. s. f. eine abnehmende durch g; $g - d$; $g - 2d$; $g - 3d$ u. s. f. vorstellen.

5) In einer ungleichgliedrigen geometrischen Verhältniß sey der Exponent $= e$, das übrige wie beym arithmetischen, so ist

$$e = g : k \qquad g = ke \ (51) \qquad k = g : e \ (49)$$

6) In einer gleichgliedrigen geometrischen Verhältniß ist der Exponent $= 1$. (48. n. 5.)

7) Eine wachsende geometrische Progreßion läßt sich durch k; ke; ke^2; ke^3 u. s. f. eine abnehmende; durch g; $g : e$; $(g : e) : e$ u. s. f. vorstellen.

§. 75.

Anmerkung. Weil in einer arithmetischen Verhältniß der Name durch die Subtraktion und in der geometrischen durch die Division gesucht wird; so hat man sich auch des Zeichens der Subtraktion beym arithmetischen, und des Zeichens der Division beym geometrischen Verhältniß bedienet, um diese Verhältniß durch Zeichen von einander zu unterscheiden. Man setzt diese Zeichen zwischen den Gliedern der Verhältniß. So

zeigt

zeigt A — B an, daß A u. B in einer arithm. Verhältniß
A : B : : : : : geometrisch.
A — B = C — D ist eine arithmetische Proportion
A : B = C : D geometrische
A — B — C — D — E ꝛc. eine arithm. Progreßion
A : B : C : D : E ꝛc. eine geometrische

§. 76.

Lehrsatz. Aus dreyen gegebenen Gliedern einer Proportion, kann das vierte gefunden werden.

Beweis. 1) Da drey Glieder gegeben worden; so ist darunter eine Verhältniß, und ein einzelnes Glied. (18. 19. n. 1.)

2) Aus den beyden Gliedern der Verhältniß kann man den Namen finden. (74. n. 1. 2. u. 5.) Da nun

3) Die andere Verhältniß, worin noch das eine Glied fehlt, eben diesen Namen haben muß, (18.) so ist ein Glied und der Name der Verhältniß bekannt; folglich kann

4) auch dieses noch fehlende Glied gefunden werden. (74. n. 1. 2. u. 5.)

§. 77.

Lehrsatz. In einer arithmetischen Proportion ist die Summe des Iten und IVten Gliedes = der Summe des IIten und IIIten.

Es sey die Proportion $g - k = G - K$ so ist zu beweisen, daß $g + K = G + k$.

Beweis. Es ist $g = d + k$
und $K + d = G$ ⎤ (74. n. 2.)

Daher $g + K + d = d + k + G$ (32. n. 2.)

Da nun $d = d$

So ist $g + K = G + k$. (37. n. 4.)

§. 78.

§. 78.

Zusatz. Da I + IV = II + III. so ist

$$\left.\begin{array}{l}\text{I} = (\text{II} + \text{III}) - \text{IV.}\\ \text{II} = (\text{I} + \text{IV}) - \text{III.}\\ \text{III} = (\text{I} + \text{IV}) - \text{II.}\\ \text{IV} = (\text{II} + \text{III}) - \text{I.}\end{array}\right\} (37. n. 4)$$

§. 79.

Lehrsatz. In einer geometrischen Proportion ist das Produkt aus dem Iten Gliede ins IVte = dem Produkt aus dem IIten Gliede ins IIIte.

Es sey die Proportion $g : k = G : K$, so ist zu beweisen, daß $gK = Gk$.

Beweis. Es ist $\left.\begin{array}{l}g = ek\\ \text{und } Ke = G\end{array}\right]$ (74. n. 5.)

Daher $gKe = ekG$ (42. n. 3.)
Da nun $e = e$

So ist $gK = Gk$ (48. n. 6.)

§. 80.

1) **Zusatz.** Da I × IV = II × III so ist

$$\left.\begin{array}{l}\text{I} = (\text{II} \times \text{III}) : \text{IV.}\\ \text{II} = (\text{I} \times \text{IV}) : \text{III.}\\ \text{III} = (\text{I} \times \text{IV}) : \text{II.}\\ \text{IV} = (\text{II} \times \text{III}) : \text{I.}\end{array}\right\} (47. n. 6.)$$

2) Aus dreyen Gliedern einer Proportion kann man ein jedes fehlende 4te finden (78. 80. n. 1.) ohne eben nöthig zu haben dazu, wie im §. 76. gezeigt worden, den Namen der Verhältniß zu Hülfe zu nehmen.

§. 81.

§. 81.

Lehrſatz. Ein jedes Glied einer Proportion läßt ſich ſo verſetzen, daß es, einer Proportion unbeſchadet, eine andere Stelle in derſelben einnehmen kann.

Es ſoll x z. B. aus dem Iten, IIten und IIIten Gliede ins IVte und aus dieſem umgekehrt in die andern kommen können.

Beweis. Erſter Fall. Es ſey x zum II = III zum IV
ſo iſt II zum x = IV zum III (19. n. 4.)
und IV zum III = II zum x (19. n. 3.)
und III zum IV = x zum II.

Aus dem erſten Gliede einer Proportion kann die Größe alſo ins andere, dritte und vierte Glied kommen, ohne daß ſie aufhört eine Proportion zu ſeyn.

Zweyter Fall. Es ſey I zum x = III zum IV.

Dritter Fall.   ,   , I zum II = x zum IV.

Vierter Fall.   ,   , I zum II = III zum x.

Von welchen drey Fällen ſich jenes auf einerley Weiſe darthun läßt.

§. 82.

1) **Zuſatz.** Weiß man daher aus dem §. 78 u. 80. die Formel für ein Glied; ſo laſſen ſich die übrigen Glieder in beyden Proportionen durch Hülfe dieſer Formel, und der im §. 81. angegebenen Verſetzungen, finden.

2) Durch die im vorigen §. angegebene Verſetzungen kommen nie die Glieder der gegebenen Verhältniſſe von einander. Daher iſt die Frage natürlich:

ob

Allgemeine Mathematik.

ob die Glieder der Proportion auch auf eine solche Weise zu versetzen, daß dem ohnerachtet eine Proportion bleibt? Davon im §. 83.

§. 83.

Lehrsatz. In einer jeden Proportion verhält sich das Ite Glied zum IIten, wie das IIIte zum IVten.

Erster Fall. Von der arithmetischen Proportion. Sie sey $g - k = G - K$ so ist zu beweisen, daß das Verhältniß von $g - G = k - K$.

Beweis. Es sind $g \lessgtr G$ von diesen subtrahire man $d = d$ so sind die Differenzen $g-d$ u. $G-d$. Nun aber verhält sich $g - G = (g-d) - (G-d)$ (38.)

Da nun $g - d = k$
und $G - d = K$ $\Big]$ (74. n. 2.)

so verhalt sich auch $g - G = k - K$.

Zweyter Fall. Von der geometrischen Proportion läßt sich dis durch Hülfe des §. 53. und §. 74. n. 5. auf eben die Weise darthun, welches in den Vorlesungen geschehen soll.

§. 84.

Lehrsatz. In einer jeden Proportion kann die vierte Proportionalgröße gefunden werden, wenn gleich die Glieder in der ersten Verhältniß von einer andern Art sind, als die Glieder in der andern Verhältniß.

Beweis. Die vierte Proportionalgröße kan durch Hülfe des Namens der Verhältniß gefunden werden.

D (76.)

(76.) Dieser bezieht sich aber nicht auf die Art, von welcher die Glieder der Verhältniß. (11.) Folglich hat dieses, daß die Glieder in der andern Verhältniß von einer andern Art sind, als die Glieder in der ersten Verhältniß, in Erfindung der vierten Proportionalgröße keinen Einfluß. Daher kan die vierte Proportionalgröße gefunden werden, wenn gleich die Glieder in der ersten Verhältniß von einer andern Art sind, als die Glieder in der andern Verhältniß.

§. 85.

Anmerkung. Wenn künftig von Verhältnissen, Proportionen und Progreßionen ohne eine nähere Bestimmung, ob sie arithmetische oder geometrische sind, die Rede ist; so sollen darunter geometrische verstanden werden.

Das vierte Kapittel.
Von
Erfindung der Größen, in so weit solche unendlich.

§. 86.

Der im §. 2. des Vorberichts gegebene Begriff einer endlichen und unendlichen Größe, war hinreichend, den Theil der Mathematik, dessen Gegenstand die endliche Größe, von dem zu unterscheiden, dessen Gegenstand die unendliche Größe; und diß war dort unsere Absicht. Nunmehro wollen wir diese Begriffe mehr aus einander setzen.

§. 87.

§. 87.

Erklärung. Eines Dinges Schranken oder Grenzen nennen wir das, über welches nichts mehr gedacht werden kann, was zu demselben gehört. In so ferne ein Ding Schranken hat, in so ferne heißt es endlich, in so ferne es keine hat, unendlich.

§. 88.

1) **Zusatz.** Ein Ding kann in einer gewissen Absicht endlich, und in einer andern unendlich seyn.

2) Das Ding hat keine Schranken, und es können die Schranken eines Dinges nicht bestimmt werden, sind von einander verschiedene Sätze.

§. 89.

Erklärung. Können die Schranken eines Dinges nicht bestimmt werden, so ist dieses schlechterdings oder nur bedingt unmöglich. Ist das erste, so ist klar, daß dis eine Folge von dem seyn müsse, daß das Ding keine Schranken hat, oder welches einerley, daß das Ding unendlich. Ist das andere, so kann das Ding zwar Schranken haben, es wird aber die Bestimmung derselben durch gewisse Umstände gehindert. In diesem letztern Fall sagt man, das Ding sey unbestimmt, unrichtig wird es auch von einigen unendlich genennet.

§. 90.

Erklärung. Wenden wir den §. 87. gegebenen Begriff des endlichen und unendlichen auf die Größe an; so ist klar, daß die Schranken derselben in einer bestimmten Anzahl Einheiten bestehen. Es ist also eine endliche Größe diejenige, die eine bestimmte

Anzahl Einheiten, und eine unendliche Größe, die dergleichen nicht in sich begreift. Ist die unendliche Größe, größer als jede angebliche Größe; so heißt sie unendlich groß (Q. infinite magna) ist sie kleiner als jede angebliche Größe; so heißt sie unendlich klein (Q. infinite parva.) Eine unendliche Größe, die weder unendlich groß, noch unendlich klein, will ich eine eingeschränkt unendliche Größe nennen.

§. 91.

1) Zusatz. Wer sich eine unendliche Größe als etwas würkliches und schon vorhandenes vorstellt, der denkt etwas wiedersprechendes. Denn ist sie würklich; so ist sie bestimt, dis kann sie nicht seyn, ohne eine bestimmte Anzahl ihrer Theile, und hat sie diese; so ist sie endlich. Man muß sich also vorstellen, daß der Zustand einer unendlichen Größe beständig verändert werde.

2) Der Zustand einer Größe kann als Größe nicht verändert werden, woferne sich die Anzahl der Einheiten in derselben nicht verändert. Die Anzahl der Einheiten wird verändert, wenn Einheiten hinzukommen, wenn Einheiten weggenommen werden. Im ersten Fall wächst die Größe, im andern Fall nimmt sie ab. Eine unendliche Größe muß also ununterbrochen ohne Ende ab- oder zunehmen, woraus aber doch nicht folgt, daß jede Größe, welche ohne Ende wächst, unendlich groß werde. (90.)

3) Man kann also eigentlich nicht sagen, daß eine Größe unendlich groß sey, sondern man müßte sagen, die Größe sey von der Beschaffenheit, daß sie ohne Ende wachse. Braucht man aber jenen Ausdruck;

Druck. So stellt man sich gleichsam eine Grenze vor, der sich die Größe durch die beständige Vermehrung immer nähert, und nimmt diese Grenze statt der Größe in einem Zustande, den man für ihren letzten ansieht, ob es gleich wiederum keinen solchen letzten giebt. Bey dem Ausdruck einer unendlich kleinen Größe bildet man sich eine solche Grenze des Abnehmens ein. Diese Gedanken wird man in des Herrn H. R. Kästners Anfangsgründen der Analysis des Unendlichen im §. 4. u. folg. fürtreflich auseinander gesetzt finden.

4) Eine Größe, welche unendlich groß, läßt sich nicht einmal beynahe bestimmen. Von der eingeschränkt unendlichen Größe läßt sich dis nicht behaupten.

§. 92.

1) Anmerkung. Die Anzahl aller Wassertropfen in der ganzen Schöpfung, wird so wenig ein Beyspiel einer unendlich großen Anzahl Wassertropfen, als ein einziger ein unendlich kleiner Theil in Ansehung aller Gewässer derselben seyn. Man muß also die unendlich große Größe, von der sehr großen, und die unendlich kleine Größe, sehr wohl, von derjenigen geringen Größe unterscheiden, die in Ansehung des Ganzen keine Betrachtung verdient, und daher für nichts gehalten wird. Diese letztere nennt man zuweilen auch unendlich klein, so wie die sehr große zuweilen unendlich groß. Man sollte sich aber bey solchen, der Ausdrücke des unendlichen enthalten, weil es Gelegenheit zu einer Verwirrung der Begriffe giebt.

2) Der Begriff einer eingeschränkt unendlichen Größe (90) scheint nur einen Widerspruch in sich zu fassen. Im §. 182. der Arithmetik wird man ein Beyspiel, von Größen dieser Art, haben.

§. 93.

Lehrsatz. Größen, deren Unterschied unendlich klein, sind gleiche Größen.

Beweis. Man nehme den Unterschied der Größen A und B unendlich klein an, und dann setze man den Fall, daß sie nicht gleiche Größen; sie haben daher einen Unterschied der d heissen mag. Der Unterschied ist also bestimmt und daher nicht kleiner als eine jede angebliche Größe, folglich nicht unendlich klein, welches wider die Voraussetzung. Daher Größen unter den angegebenen Bedingungen nicht ungleich, sondern gleich sind.

§. 94.

1) *Zusatz.* Wird zu einer endlichen Größe eine unendlich kleine addirt, oder davon subtrahirt, so ist im ersten Fall die Summe, und im andern Fall die Differenz = dieser endlichen Größe.
2) Eine unendliche kleine Größe, zu einer unendlich kleinen addirt, oder davon subtrahirt, giebt nur wieder eine unendlich kleine Größe.
3) Eine unendlich kleine Größe kann daher in Ansehung einer endlichen Größe für nichts gehalten werden.
4) Eine unendlich kleine Größe hat zu einer endlichen keine Verhältniß.
5) Eine endliche Größe kann aus einer unendlich kleinen dadurch entstehen, daß diese unendliches mal genommen wird. Es giebt daher

6) eine

6) eine unendlich kleine Größe, durch eine endliche multiplicirt, ein Produkt, welches unendlich klein.

§. 95.

Lehrsatz. Es ist möglich eingeschränkt unendliche Größen beynahe zu bestimmen.

Beweis. Eine unendliche Größe begreift keine bestimmte Anzahl Einheiten in sich, (90.) daher sie nicht genau zu bestimmen. (91. n. 1.) Da aber eine eingeschränkt unendliche Größe, nicht größer oder kleiner, als jede Größe die sich angeben läßt, (ebend.) so faßt es keinen Widerspruch in sich, ihrem Werthe nach und nach näher zu kommen, folglich auch so nahe, daß der Unterschied derselben zwischen ihr und einer endlichen Größe keine Betrachtung verdient. Daher ist es möglich eine eingeschränkt unendliche Größe beynahe zu bestimmen. (Vorb. 4.)

§. 96.

Zusatz. Wollen wir also eingeschränkt unendliche Größen erfinden, so müssen wir Verhältnisse endlicher Größen suchen, welche jene beynahe bestimmen.

§. 97.

Aufgabe. Aus einer gegebenen eingeschränkt unendlichen Größe eine endliche zu finden, deren Unterschied von jener, so klein, daß er keine Betrachtung verdient.

Auflösung. 1) Man nehme von der gegebenen Größe nach Gefallen einen gewissen aber doch kleinen und endlichen Theil, und durch diesen messe man jene.

2) Da die Größe unendlich, so muß ein Ueberschuß bleiben. Von diesem nehme man wiederum willkührlich

führlich einen kleinen und endlichen Theil, und messe dadurch den gefundenen Ueberschuß

3) Durch die Fortsetzung dieser Arbeit wird endlich ein Ueberschuß entstehen, welcher so klein, daß er keine Betrachtung verdient.

4) Man werfe diesen Ueberschuß also weg, und multiplicire die gefundene Quotienten mit den Größen, welche als Maaße angenommen worden.

5) Man addire endlich diese Produkte, so muß die Summe eine solche Größe seyn, deren Unterschied von der gegebenen unendlichen, so klein, daß er keine Betrachtung verdient.

Beweis. Wenn die gefundene Quotienten durch diejenigen Größen, welche als Maaße angenommen multiplicirt, und solche zu einander addirt worden; so ist die Summe = der gegebenen Größe welche gemessen worden weniger den weggeworfenen Ueberschuß. Dieser Ueberschuß ist aber vermöge der Auflösung so klein, daß er keine Betrachtung verdient. Folglich ist auch die gefundene Summe eine Größe, deren Unterschied von der gegebenen unendlichen so klein, daß er keine Betrachtung verdient.

§. 98.

Aufgabe. Das Verhalten einer endlichen Größe zu einer eingeschränkt unendlichen beynahe zu bestimmen.

Auflösung. 1) Man suche eine endliche Größe, deren Unterschied von der gegebenen welche eingeschränkt unendlich, so klein, daß er keine Betrachtung verdient. (97.)

2) Diese gefundene endliche Größe setze man in der Ver-

Verhältniß an die Stelle der gegebenen eingeschränkt unendlichen, so wird man

3) Das Verhalten der endlichen Größe, welche gegeben worden zu der eingeschränkt unendlichen beynahe bestimmen können.

§. 99.

Zusatz. Hieraus ist leicht zu ersehen, wie eingeschränkt unendliche Größen durch Hülfe einer Verhältniß endlicher Größen zu erfinden.

§. 100.

Anmerkung. Wenn man bey einigen Mathematikern in der Lehre des unendlichen, Sätze findet, welche den Sätzen, die bey andern in dieser Lehre vorkommen, zu widersprechen scheinen, und man untersucht die Quelle dieser Schein-Widersprüche, so findet sie sich in den verschiedenen Begriffen des Unendlichen. Diese verschiedene Begriffe habe ich bestimmt, und für den einen einen besondern Ausdruck nemlich des eingeschränkt unendlichen gebildet. Ich hoffe dadurch allen Schein-Widersprüchen begegnen zu können.

§. 101.

Erklärung. In der Differenzial-Rechnung heißt die unendlich kleine Größe von x das Differenzial derselben. Man bezeichnet es durch ein vor der Größe geschriebenes d, daher heißt dx das Differenzial von x. Das Differenzial einer Größe finden, heißt eine Größe differenziiren. Hierauf stützt sich die Differenzial-Rechnung. Alle dx welche zusammen genommen, wiederum x machen, oder die Summe derselben heißt das Integral von dx. Man be-

bezeichnet es durch ein vor der Größe dx geschriebenes ∫, nemlich durch ∫dx, welches das Integral von dx und folglich = x. Das Integral einer Größe finden, heißt sie integriren; und dies geschieht in der Integral-Rechnung.

§. 102.

1) Zusatz. Es giebt nur Differenzialien für veränderliche Größen. (91. n. 2.) Wenn daher a eine unveränderliche oder beständige Größe; so hat sie kein Differenzial, oder es ist da = 0.

2) Eine Größe ist in Ansehung ihres Differenzials und daher das Integral in Ansehung des Differenzials unendlich groß, und kann daher nie dadurch entstehen, indem das Differenzial endliche mal genommen wird.

3) Es wird also mdx nie = x wenn m eine endliche Größe, so groß sie auch immer seyn mag (94. n. 5.) und mdx wird immer unendlich klein bleiben. (94. n. 6.)

4) Wenn x und y endliche veränderliche Größen so ist die Summe xdy + ydx unendlich klein (94. n. 2.)

5) Es ist ydx : dx dy = y : dy. (43.) Da nun dy in Verhältniß gegen y unendlich klein; so ist auch dx dy in Verhältniß gegen ydx unendlich klein und um so mehr gegen ydx + xdy, und kann daher für nichts angesehen werden.

6) Es giebt daher unendliche Stufen des unendlich kleinen, und was in einem Betracht unendlich klein ist, kann in einem andern Betracht unendlich groß seyn.

Ende der allgemeinen Mathematik.

Erste

Erste Gründe
der
Arithmetik.

Der erste Abschnitt.
Von
Erfindung der Größen durch das Calculiren überhaupt.

Das erste Kapittel.
Von der
Art seine Gedanken durch geschickte Zeichen auszudrücken, in Anwendung auf die Mathematik.

§. 1.

Erklärung. Die Arithmetik ist die Wissenschaft von Erfindung der Größen durch das Calculiren, d. i. durch die Substitution gleichgültiger Zeichen. (8. Vorb.) Daher ist es nöthig etwas aus der Lehre von den Zeichen, in so ferne sie auf die Größe anzuwenden, beyzubringen.

§. 2.

§. 2.

Erklärung. Solche sinnliche Dinge, deren Anblick vermögend von andern Dingen Gedanken zu erregen, werden Zeichen dieser Dinge genennet. Das Sinnliche des Zeichens heißt das Materielle und der Gedanke, welcher durch das Sinnliche zu erregen, das Formelle des Zeichens.

Zeichen, welche aus andern Zeichen als Zeichen zusammen gesetzt, werden zusammen gesetzte Zeichen genennet, und diejenigen, welche nicht aus Zeichen als Zeichen zusammen gesetzt, heissen einfache Zeichen.

§. 3.

Lehnsatz. Wer seine Gedanken durch geschickte Zeichen ausdrücken will, der muß

1) Mit den ersten Merkmalen einer Sache einfache Zeichen verknüpfen.

2) Verschiedene Merkmale mit verschiedenen, und einerley Merkmale mit einerley Zeichen ausdrücken.

3) Diese Zeichen durch Hülfe anderer Zeichen so mit einander verbinden, daß wir dadurch die Art und Weise, wie Merkmale in der gegebenen Sache verknüpfet sind, erkennen können. Sollten

4) Die auf diese Weise zusammen gesetzte Zeichen zu weitläuftig werden; so muß man solche wiederum durch einfache ausdrücken, und alsdann

5) Diese einfache Zeichen durch Hülfe anderer in einer solchen Ordnung verbinden,

in

Arithmetik.

in welcher die Merkmale der Dinge, welche dadurch bezeichnet worden, verknüpfet sind.

§. 4.

Zusatz. Bey einer jeden Größe können wir die Art der Dinge, in welcher sie zu finden, und die Anzahl der Einheiten, woraus sie besteht, unterscheiden. (1. Vorb.) Es folgt also daß wir dreyerley Zeichen haben müssen, um eine vorkommende Größe auszudrücken, und zwar

1) ein Zeichen von der Art der Dinge, welche dieser Größe beygelegt wird.
2) Ein Zeichen der Einheit.
3) Ein Zeichen welches die Verbindung der Einheiten anzeigt.

§. 5.

Erklärung. Die Zeichen wodurch die Einheiten in einer Größe ausgedruckt werden, nennt man Zahlen oder Zähler. Sie heißen genannte Zahlen, wenn die Rede von Größen einer bestimmten Art ist; und ungenannte Zahlen, wenn nur überhaupt von Größen geredet wird.

Die Zeichen wodurch die Arten der Dinge, welche man den Größen beylegt, ausgedruckt werden, heißen Namen der Größen, oder auch die Nenner.

§. 6.

Willkührliche Sätze in Ansehung dieser Zeichen.

I. Das Zeichen der Einheit ist 1.

II. Das Zeichen wodurch die Einheiten verbunden werden, um ihre Vielheit auszudrücken, ist das Zeichen der Addition +

III. Will

III. Will man die Nenner der Größen ausdrücken; so erfordert die Absicht entweder

A. daß wir die Arten, von welchen die Größen sind, genau bestimmen. In diesem Fall bedienet man sich der gewöhnlichen Benennung der Dinge. Oder

B. wir wollen nur überhaupt anzeigen welches Größen von einerley Art sind. In diesem Fall bedienet man sich der Buchstaben, und zwar:

a. Der ersten Buchstaben des Alphabets, wenn die Größen bekannt.

b. Der letzten Buchstaben desselben, wenn die Größen unbekannt.

IV. Wenn verschiedene Größen als eine gedacht werden sollen; so werden sie mit dem Zeichen ( ) eingeschlossen.

§. 7.

Wenn eine Größe viele Einheiten in sich enthielte; so würden die §. 6. angezeigte Zeichen zu weitläuftig werden. Daher die §. 3. angeführte allgemeine Regel von Abkürzung der Zeichen, auf die Erfindung eines kürzern Ausdrucks für die Zeichen der Größen anzuwenden. Dies kann geschehen.

1) Wenn wir eine gewisse Anzahl der Einheiten durch einfache Zeichen ausdrücken.

2) Wenn wir dem Orte in welchem das Zeichen der Einheit einer Größe steht, eine Bedeutung von einer gewissen Anzahl der Einheiten geben.

3) Wenn wir die beyden vorher angezeigten Mittel mit einander verbinden.

§. 8.

Arithmetik

§. 8.

1) **Anmerkung.** Das erste Mittel die Größen durch kürzere Zeichen auszudrücken, kann durch die Römischen Zeichen der Größen, das andere durch den calculum dyadicum, und das dritte durch verschiedene andere calculos, besonders aber durch den calculum decadicum erläutert werden. Von den beyden erstern in den Vorlesungen ein mehreres.

2) Den calculum decadicum will ich hier erläutern.

Nach §. 6. ausgedrückte Größen.		Nach §. 7. n. 1.
1	=	1.
1+1	=	2.
1+1+1	=	3.
1+1+1+1	=	4.
1+1+1+1+1	=	5.
1+1+1+1+1+1	=	6.
1+1+1+1+1+1+1	=	7.
1+1+1+1+1+1+1+1	=	8.
1+1+1+1+1+1+1+1+1	=	9.

Wenn wir nun die Zeichen von 1 bis 9, welche auch Ziffern heissen, nach und nach in verschiedenen Oertern mit einander verbinden; so sind wir im Stande dadurch eine jede gegebene Größe zu bezeichnen. Es ist aber nöthig ein Zeichen zu haben, aus welchem zu erkennen, in dem wie vielsten Ort ein Zeichen gedacht werden soll. Man braucht dazu das 0, welches man Null ausspricht, wenn die Ordnung der Oerter nicht schon durch andere Ziffern bestimmt wird.

3) Die Folge der Oerter rechnet man von der rechten zur linken. So schreibt man z. B.

Arithmetik.

200 wenn die 2 im dritten Ort,
30 wenn die 3 im andern Ort, und
345 wenn die 3 im dritten, die 4 im andern, und

4) Nach dieser Theorie schreibt man nun
9+1 welche Größe man Zehn ausspricht durch 10.
2×(9+1) , , , Zwanzig , , 20.
3×(9+1) , , , Dreyßig , , 30.
4×(9+1) , , , Vierzig , , 40.
5×(9+1) , , , Funfzig , , 50.
6×(9+1) , , , Sechszig , , 60.
7×(9+1) , , , Siebenzig , , 70.
8×(9+1) , , , Achtzig , , 80.
9×(9+1) , , , Neunzig , , 90.
(9+1)×(9+1) , , Hundert , , 100.
2×(9+1)×(9+1) , Zweyhundert , 200.
3×(9+1)×(9+1) , Dreyhundert , 300.
und so ferner bis
(9+1)×(9+1)+(9+1) , Zehnhundert
oder Tausend , 1000.

Wenn man nun statt der in obigen Zeichen befindlichen Nullen, die vorher gegangene einfache Zeichen von 1 bis 9 setzt; so ist man im Stande, alle zwischen Zehn und Tausend befindliche Zahlen zu bezeichnen.

§. 9.

1) Zusatz. Hieraus ist leicht zu begreifen wie zweytausend, dreytausend u. s. f. zu schreiben.

2) Daß von zweyen gleichen Ziffern, deren Oerter unmittelbar neben einander liegen, sich der Werth des zur linken, gegen den Werth des zur rechten liegenden Zeichens verhalte, wie 10 : 1; daher auch die Ursache von der Benennung dieses Calculs abzunehmen.

3) Daß

Arithmetik.

3) Daß im ersten Ort die Einser, im andern die Zehner, im dritten die Hunderter, im vierten die Tausender, im fünften die Zehntausender u. s. f. befindlich.

§. 10.

Erklärung. 1000 mal 1000 heißt eine **Million** und wird geschrieben 1000000.

1000000 mal 1000000 heißt eine **Billion** und wird geschrieben 1000000000000.

1000000 mal 1000000000000 heißt eine **Trillion**, und wird geschrieben 1000000000000000000.

Woraus leicht zu ersehen, was eine **Quadrillion, Quintillion, Sextillion,** u. s. f.

§. 11.

1) **Anmerkung.** Wie eine, nach dieser Art die Größen zu bezeichnen, ausgesprochene Zahl zu schreiben, oder eine geschriebene auszusprechen, welches man numeriren heißt, solches will ich in den Vorlesungen zeigen.

2) Daß es ganz willkührlich sey, sich der einfachen Zeichen von 1 bis 9 zu bedienen, wenn diese nicht bereits durch den Gebrauch eingeführt worden, solches kann in den Vorlesungen an verschiedenen andern möglichen Calculs gezeigt werden.

Arithmetik.

Das zweyte Kapittel
von
den allgemeinen Eigenschaften der Erfindung der Größen durch das Calculiren.

§. 12.

Erklärung. Zeichen, mit welchen man einerley Gedanken verknüpfet, werden **gleichgültige Zeichen** genennet.

§. 13.

1) **Zusatz.** Da man seine Gedanken auf verschiedene Art bezeichnen kann; so können gleichgültige Zeichen in Ansehung des Materiellen verschieden seyn, (2.)

2) Zwey verschiedene Zeichen, welche gleiche Größen ausdrücken, sind vollkommen gleichgültige Zeichen. (2. A. M.)

3) Zwey verschiedene Zeichen, welche ungleiche Größen ausdrücken, sind in Ansehung eines gewissen Theils gleichgültige Zeichen. (2. A. M.) Daher können

4) Verschiedene Zeichen, welche gleiche Größen ausdrücken, völlig, und welche ungleiche Größen ausdrücken, in Ansehung eines gewissen Theils, für einander substituirt werden. (Ebend.)

§. 14.

Anmerkung. Etwas zur Uebung in der Substitution der Zeichen.

Arithmetik.

$$\begin{array}{l} \text{Es sey } a+b+c > b+c \\ \text{und } b+c = M \\ \hline \text{So ist } a+b+c > M \\ \text{und } a+M > b+c \\ \text{Wenn nun } a+M = Q \\ \text{So ist } Q > b+c \\ \text{und auch } Q > M. \end{array}$$

§. 15.

Erklärung. Wenn zwey Größen eine solche Relation gegen einander haben, daß sie $= 0$ oder Nichts, sobald sie zusammengefaßt oder addirt werden, im Fall es an und vor sich gleiche Größen sind, oder daß ihre Summe die Differenz derselben, wenn sie ungleiche Größen; so sagt man, daß sie entgegen gesetzte Größen, und zwar, daß die eine, eine positive, die andere aber eine negative Größe sey. Denkt man sie aber ausser diese Relation, so heissen sie absolute Größen.

§. 16.

1) **Zusatz.** Da $M - a + a = M$ (37. n. 1. A. M) So ist $-a + a = 0$. Daher sind $-a$ und $+a$ entgegen gesetzte Größen, und es ist einerley, ob man $+a$ für die positive und $-a$ für die negative nimmt, oder umgekehrt. Gebräuchlich ist es die mit $+$ bezeichnete positive, und die mit $-$ bezeichnete, negative Größen zu nennen. Absolute Größen bedürfen also keiner besondern Bezeichnung.

2) Wenn $+A > +B$ und $D =$ dem Unterschiede, so ist $+A = +B + D$.
Folgl. $+A - B = +B + D - B = +D$.
Eben so folgt, daß $-A + B = -D$.

3) Wenn

3) Wenn man also zwey ungleiche Größen, deren eine positiv, die andere aber negativ mit einander verknüpft; so entsteht eine Größe, die diesen verknüpften Größen gleich, wenn man die kleinere von der größern abzieht, und mit dem Ueberschuß das Zeichen verknüpft, welches die größere hat. Hieraus erhellet, wie positive Größen zu negativen zu addiren.

4) $+A-B$ hat also einen doppelten Sinn, und heißt bald so viel, daß von A die Größe B subtrahirt werden soll, bald bedeutet es eine aus einer positiven und aus einer negativen Größe, zusammengesetzte Größe.

§. 17.

Anmerkung. Wenn eine Verbindung positiver und negativer Größen gemacht wird, so wird, wenn eine positive zuerst zur linken steht, derselben das Zeichen $+$ nicht vorgesetzt, sondern darunter, verstanden. So wird z. B. $+a-b+c$ geschrieben $a-b+c$.

Der

Der zweyte Abschnitt.
Von
Erfindung der Größen für sich betrachtet durch das Calculiren.

Das erste Kapittel.
Von den vier Rechnungsarten.

I. Von der Addition.

§. 18.

Aufgabe. Größen durch Hülfe der Zeichen zu addiren.

1) Auflösung. Man zähle die Einheiten so lange zusammen bis man eine Größe erhält, die durch ein einfaches Zeichen auszudrücken.
2) Diese erhaltene Größe drücke man alsdann durch dieses Zeichen aus.
3) Diß setze man so lange fort, bis in der Summe keine Zeichen mehr befindlich, die durch einfachere auszudrücken, alsdann sind die Größen durch Hülfe der Zeichen addirt.

§. 19.

I. Anmerkung. Die Anwendung dieser allgemeinen Regel auf besondere Fälle, und die dazu nöthigen Handgriffe, sollen in den Vorlesungen gezeigt werden.

72 Arithmetik.

II. Beyspiele der Addition

1) Ungenannter Größen

a) nach dem 1sten Fall §. 7.

   MDCLXVII
   CCLXVIII
   CLXVI
   DLXVII
   ―――――――
   MMDCLXVIII

b) nach dem 2ten Fall:

1	11
10	101
101	111
1111	1011
―――	―――
10111	11010

c) nach dem 3ten Fall und zwar im calculo decadico:

   6730
   2854
   90345
   23476
   ―――――
   123405

2) Genannter Größen, und zwar

A. solcher, deren Arten genau bestimmt sind. (§. n. III. A.)

  4 Pist. + 3 Thlr. + 15 Sgr. + 2 Mat.
  3 P.   + 2 Thlr. + 11 Sgr. + 1 Mat.
 16 P.   + 3 Thlr. + 7 Sgr. + 2 Mat.
 ――――――――――――――――――――――――
 24 Pist. + 4 Thlr. + 10 Sgr. + 2 Mat.

B. solcher,

B. solcher, deren verschiedene Arten nur mit allgemeinen Zeichen ausgedrückt. (6. n. III. B.)

$$6a + 3b + 4c + 9d + 8x + 3z$$
$$4a + b + 5c + 7d + 6x + 2y$$
$$\overline{10a + 4b + 9c + 16d + 14x + 3z + 2y}$$

C. Wenn das negative und positive mit den beyden vorigen Fällen verknüpft ist:

A. 8 Pist. $+ 3$ Thlr. $- 6$ Sgr. $- 5$ Pf.
   6 Pist. $- 4$ Thlr. $+ 18$ Sgr. $- 10$ Pf.
   $\overline{14\text{ Pist.} - 1\text{ Thlr.} + 11\text{ Sgr.} - 3\text{ Pf.}}$

B. $6a - 3b + 5c + 8d + 4e + 9f$
   $9a - 8b - 5c - 6d - 10e - 8g$
   $\overline{15a - 11b \; 0 \; + 2d - 6e + 9f - 8g}$

II. Von der Subtraktion.

§. 20.

Aufgabe. Größen durch Hülfe der Zeichen von einander zu subtrahiren.

Auflösung. Die von einander zu subtrahirende Größen sind

I. Von einerley Art, und zwar ist
a) die zu verringernde nicht kleiner als die subtrahirende.

In diesem Falle nehme man von jener so viele Einheiten als diese in sich enthält, und drücke den Ueberschuß den Regeln der Zeichenkunst gemäß aus; so ist dieser, die Differenz. Oder es ist

b) die zu verringernde kleiner als die subtrahirende.

In

In diesem Fall verbinde man beyde Größen durch das Zeichen der Subtraktion. NB. die Behandlung dieses Falls wird unten näher bestimmt werden. Oder es sind die von einander zu subtrahirenden Größen

II. Nicht von einerley Art. In diesem Fall kann man sie

    a) in Größen von einerley Art verwandeln. Dann entstehen die Fälle a und b. Oder es ist

    b) diese Verwandlung nicht möglich.

Hier kann man die Subtraktion dieser Größen nur durch das Zeichen dieser Rechnungsart bewerkstelligen.

Wenn endlich

III. Eine oder eine jede der von einander zu subtrahirenden Größen aus Theilen von verschiedner Art besteht, diese Größen aber doch so beschaffen sind, daß sie alle in Theile von einerley Art aufgelöset werden können; so kann es sich zutragen, daß ein Theil der subtrahirenden Größe mehrere Theile einer gewissen Art hat, als die zu verringernde, ohnerachtet die zu verringernde Größe im Ganzen größer ist, als die subtrahirende. In diesem Fall wird man durch Beobachtung folgender Regeln seine Absicht erreichen.

1) Man fange die Subtraktion von den kleinsten Sorten an, und setze sie nach und nach bey den größern fort. Wenn

2) nun die zu verringernde Größe kleiner als die subtrahirende, so nehme man eins von der nächst größern Art weg, und verwandele solches in eine Größe von der Art, von welcher die Subtraktion geschehen sollte, und addire solche

Arithmetik.

solche zu der so eben zu verringernden Größe; so wird man

3) die Subtraktion allezeit nach a verrichten können, wenn sonst die Größen der Zeichenkunst gemäß ausgedrückt worden.

§. 21.

Anmerkung. Nach dieser Theorie wird es möglich seyn alle vorkommende Größen von einander zu subtrahiren, so bald man von ihren Theilen nur deutliche Begriffe hat. In den Vorlesungen will ich die Handgriffe bey dieser Rechnungsart erklären. Die Subtraktion negativer und positiver Größen möchte noch einer Erläuterung bedürfen, daher ich diese noch besonders entwickeln will.

§. 22.

Aufgabe. Positive und negative Größen von einander zu subtrahiren.

Auflösung.

Erster Fall. Haben die von einander zu subtrahirende Größen einerley Zeichen, das heißt, sind sie beyde negativ oder beyde positiv, sind sie Größen von einerley Art, und es ist die zu verringernde Größe nicht kleiner als die subtrahirende; so ist die Subtraktion keinen Schwürigkeiten unterworfen, sondern geschieht nach §. 20. a.

Zweyter Fall. Bey allen übrigen Fällen würde die Subtraktion eben so geschehen können, wenn nur zu der zu verringernden Größe, die subtrahirende hinzugefügt werden könnte, ohne daß die zu verringernde in Ansehung der Größe dadurch verändert würde. Es giebt aber dieses Mittel, die

die Natur der entgegengesetzten Größen von selber an die Hand, (15.) daher kann die Subtraktion negativer und positiver Größen in allen Fällen geschehen.

§. 23.

1) Zusatz. Wenn also von $+a$ zu subtrahiren $+b$ so wird $+a = +a+b-b$ wovon $+b$ subtrahiret werden kann und $+a-b$ zur Differenz läßt. Wenn daher

2) $a < b$ welches der Fall b im 20. §. so ist die Differenz eine Größe welche entsteht, in dem man die zu verringernde Größe von der subtrahirenden abzieht, und die Differenz negativ nimmt. (16. n. 2.)

3) Wenn von $+a$ zu subtrahiren $-b$ so ist $+a = +a-b+b$ wovon $-b$ subtrahiret werden kann, und $+a+b$ zur Differenz läßt.

4) Wenn von $-a$ zu subtrahiren $+b$ so ist $-a = -a+b-b$, wovon $+b$ subtrahiret werden kann, und $-a-b$ zur Differenz läßt.

5) Wenn von $-a$ zu subtrahiren $-b$ so ist $-a = -a-b+b$ wovon $-b$ subtrahiret werden kann, und $-a+b$ zur Differenz läßt. Wenn daher

6) $-a < -b$ welcher Fall auch zu b im 20. §. gehört; so ist die Differenz eine Größe welche entsteht, wenn man die zu verringernde Größe von der subtrahirenden abzieht, und die Differenz positiv nimmt.

7) Aus allen diesen erhellet daß die Differenz dieser Größen eine Summe nach §. 16. n. 3. aus der zu verringernden Größe, und der subtrahi-

Arithmetik. 77

trahirenden, wenn das Zeichen der subtrahirenden zuvor ins entgegengesetzte verwandelt worden.

§. 24.

Anmerkung. Einige Beyspiele zur Subtraktion
1) Ungenannter Größen.
   a) Nach dem ersten Fall §. 7.

   MMDCLXXXVIII.
   DCCLXVII.
   ―――――――――
   MDCCCCXXI.

   b) Nach dem 2ten Fall:

   1.0.0 1 1.0 0 0 1
   1 1 1 0 1 0 0 1
   ―――――――――
   1 0 0 1 0 0 0

   c) Nach dem 3ten Fall und zwar im calc. dec.

   9 8.0 2.0.0.0 3.2 6 8
       5 9 1 3 6 5 1 4 6 3
   ―――――――――――――
   9 2 1 0 6 3 5 1 8 0 5

2) Genannter Größen, und zwar solcher

   A. deren Arten genau bestimmt sind:

36. Pist.	+3 Thlr.	+11. Ggr.	+4 Pf.
12 Pist.	+4 Thlr.	+8 Ggr.	+6 Pf.
23 Pist.	+4 Thlr.	+2 Ggr.	+10 Pf.

   B. Deren verschiedene Arten mit allgemeinen Zeichen ausgedrückt:

8a	5b	4f	6e	7g
12a	2b	5f	5e	3h
−4a	3b	−f	e	7g −3h

   C. Wenn

Arithmetik.

C. Wenn das negative und positive mit den vorigen Fällen verknüpft wird.

A. 14 Pist. — 1 Thlr. + 12 Sgr. — 9 Pf.
    6 Pist. — 4 Thlr. + 18 Sgr. — 4 Pf.
────────────────────────────────
    8 Pist. + 3 Thlr. — 6 Sgr. — 5 Pf.

B. 6a — 5b + 7c — 5d — 7e — 5f + 7g
    6a — 5b + 5c + 7d — 5e — 7f — 7g
────────────────────────────────
  ✶ ✶ + 2c — 2d — 2e + 2f + 14g

— 7h ✠ 7k ✠ 5m — 7n — 5p ✠ 7q — 5r
✠ 7h — 5k — 7m ✠ 5n ✠ 7p — 6x ✠ 3y
────────────────────────────────
— 14h ✠ 12k ✠ 12m — 12n — 12p ✠ 7q ✠ 6x — 5r — 3y

III. Von der Multiplikation.

§. 25.

Größen durch Hülfe der Zeichen in einander multipliciren heißt: das Multiplikandum so oft nehmen, als der Multiplikator Einheiten in sich begreift, (42. A. M.) und diese Größe der Zeichenkunst gemäß ausdrücken, daher ist diese Rechnungsart, im Grunde nichts anders als eine Addition, die freylich ihre Handgriffe haben muß, wodurch das Resultat leichter gefunden wird, als durch die Addition. Diese will ich in den Vorlesungen dergestalt aus einander legen, daß man sich in allen vorkommenden Fällen, wird zu helfen wissen, daher ich hier nur noch die Multiplikation negativer und positiver Größen erklären will.

§. 26.

Lehrsatz. Werden zwey Größen durch einander multiplicirt, deren Zeichen einerley, so ist das Zeichen des Produkts +; sind aber ihre Zeichen verschieden; so ist das Zeichen desselben —

Beweis.

Arithmetik.

Beweis. Wenn die durch einander zu multiplicirende Größen a und b, so sind folgende Fälle denkbar.

1) Wenn $+\,b$ zu multipliciren durch $+\,a$. In diesem Falle ist es klar, daß das Produkt $= +\,ab$.

2) Wenn $+\,b$ zu multipliciren durch $-\,a$; so ist das Produkt $= -\,ab$. Denn

Es ist $+\,b \times -\,a$ entweder $+\,ab$ oder $-\,ab$. Dis mag so lange, bis das wahre Produkt bekannt, durch $\mp\,ab$ ausgedrückt werden.

Wenn nun $+\,a - a = 0$ (16. n. 1.)

Und $+\,b \times 0 = 0.$ (42. n. 4. A. M.)

so ist $+\,b \times (+\,a - a) = 0$.

Es ist aber $+\,b \times +\,a = +\,ab.$ (n. 1.)

Und $+\,b \times -\,a = \mp\,ab.$

Folgl. $+\,b \times (+\,a - a) = +\,ab \mp ab = 0$

Es kann aber $+\,ab \mp ab$ nur $= 0$ seyn, wenn das letztere Produkt negativ angenommen wird (16. n. 1.) Daher ist

$+\,b \times (+\,a - a) = +\,ab - ab$ und

Folgl. $+\,b \times -\,a = -\,ab.$

3) Wenn $-\,b$ zu multipliciren durch $+\,a$, so läßt sich wie zuvor darthun, daß das Produkt $-\,ab$ sey.

4) Wenn $-\,b$ zu multipliciren durch $-\,a$; so ist das Produkt $= +\,ab.$ Denn

Arithmetik.

Es sey $-b \times -a = \mp ab$ bis das wahre Produkt bekannt.

Da nun $-b \times (+a - a) = 0$
und $-b \times +a = -ab$. (n. 3.)
und $-b \times +a = \mp ab$

So ist $-b \times (+a - a) = -ab \mp ab = 0$.

Es kann aber $-ab \mp ab$ nur $= 0$ seyn, wenn das letztere Produkt positiv angenommen wird. (16. n. 1.) Daher ist

$-b \times (+a - a) = -ab + ab$ und folgl. $-b \times -a = +ab$.

§. 27.

1) *Zusatz.* Lauter positive Faktoren geben ein positives Produkt.
2) Wenn unter den Faktoren ein negativer Faktor, so ist das Produkt negativ.
3) Negative Faktoren in gerader Anzahl geben ein positives und in einer ungraden Anzahl ein negatives Produkt.
4) Wenn daher negative und positive Faktoren zusammen kommen, und es ist unter denselben eine gerade Anzahl negativer Faktoren; so ist das Produkt positiv; ist aber darunter eine ungerade Anzahl negativer Faktoren; so ist das Produkt negativ.

§. 28.

Anmerkung. Ich will die Multiplikation entgegengesetzter, durch allgemeine Zeichen ausgedrückter Grössen, mit einigen Beyspielen erläutern:

$$\begin{array}{r}2a-3\\a+2\\\hline 4a-6\\2a^2-3a\\\hline 2a^2+a-6\end{array}\qquad\begin{array}{r}3a^2-2ab-b^2\\2a-4b\\\hline -12a^2b+8ab^2+4b^3\\6a^3-4a^2b-2ab^2\\\hline 6a^3-16a^2b+6ab^2+4b^3\end{array}$$

Noch einige Beyspiele zur Uebung.

1) Es ist $(4a^2-6a+9)\times(2a+3) = 8a^3+27$.

2) $(2a^4x^2-3b^4y^2)\times(2a^4x^2+3b^4y^2) =$
   $\qquad 4a^8x^4-9b^8y^4$

3) $(2a^2-3ab-4b^2)\times(3a^2-2ab+b^2) =$
   $\qquad 6a^4-13a^3b-4a^2b^2+5ab^3-4b^4$

4) $(a+b)\times(a+b) = (a+b)^2 = a^2+2ab+b^2$

5) $(3a^m+5b^n)\times(2a^m-6b^n) = 6a^{2m} -$
   $\qquad 8a^mb^n - 30b^{2n}$

IV. Von der Division.

§. 22.

Eine Größe durch eine andere messen, heißt untersuchen, wie oft eine Größe in einer andern enthalten sey. Diß ist der in der allgemeinen Mathematik angenommene Begriff, und es ist das allgemeine dieser Rechnungsart dort schon hinreichend gelehrt worden. Das besondere liegt in den verschiedenen Fällen, in welchen diese Rechnungsart angewendet wird, und in den Handgriffen, den Quotient leichter zu erhalten, als in der A. M. gezeigt worden. Hier ist der Ort, die verschiedenen Fälle auseinander zu setzen und die Handgriffe zu erklären. Ich finde aber nur nöthig, diß in den Vorlesungen zu thun, weil

man

man fast aus allen Compendien der Mathematik davon eine hinreichende Kenntniß erlangen kann. Nur muß ich hier noch anzeigen, daß diese Rechnungsart im gemeinen Leben auf zweyerley Art angewendet wird. Einmal geschieht dis nach dem oben gegebenen Begriff, und dann ist der Quotient eine gemeine Zahl: ferner geschieht es bey der Aufgabe, eine Größe in etliche gleiche Theile zu theilen, um zu finden, wie viel auf einen Theil komme. In diesem Fall sind die Theile des Quotienten mit den Theilen des Dividends von einerley Art, der Divisor aber ist eine gemeine Zahl. Nun noch etwas von der Division entgegen gesetzter Größen.

§. 30.

Lehrsatz. Werden Größen durch einander dividirt; so ist das Zeichen des Quotienten solcher Größen, die einerley Zeichen haben, $+$, und das Zeichen eines Quotienten solcher Größen, die verschiedene Zeichen haben $-$. Das heißt

$$-:- \text{ giebt } +$$
$$+:+\;;\;+$$
$$+:-\;;\;-$$
$$-:+\;;\;-$$

Beweis. Wird $-$ durch $-$ dividirt; so ist der Quotient entweder $-$ oder $+$. Es sey der Quotient $-$, so müßte er durch den Divisor $-$ multiplicirt, wiederum das Dividend $-$ hervorbringen, (51. A. M.) Es bringt $-$ durch $-$ multiplicirt aber nicht das Dividend $-$ hervor, (26) folglich ist der Quotient nicht $-$ und also muß er $+$ seyn. Eben so kann bewiesen werden, daß $+$ durch $+$ dividirt $+$, und $-$ durch $+$ dividirt, oder $+$ durch $-$ dividirt, $-$ geben müsse.

§. 31.

Arithmetik.

§. 31.

Anmerkung. Einige Beyspiele der Division mit allgemeinen positiven und negativen Größen.

Es sey das Dividend $= 2a^2 + a - 6$
der Divisor $= (2a - 3)$
so ist der 1ste Theil
des Quotienten $= + a$ folgl. das Produkt
aus dem Divisor in den ersten
Theil des Quotienten $= 2a^2 - 3a$
Daher der Rest $= + 4a - 6$ welches wiederum getheilt durch den Divisor $(2a - 3)$ den 2ten
Theil des Quotienten $= + 2$ giebt; folgl.
ist das Produkt aus dem Divisor
in den 2ten Theil des Quotienten $= 4a - 6$
Daher der Rest $= 0 0$ und
folgl. der ganze Quotient $= a + 2$

Es sey ferner das Dividend $= 8a^3 + 27$
der Divisor $= (4a^2 - 6a + 9)$
so ist der 1ste Th. des Quot. $= + 2a$
folgl. das Produkt $= 8a^3 - 12a^2 + 18a$
der Rest $= + 12a^2 - 18a + 27$ und
diesen wieder dividirt durch $(4a^2 - 6a + 9)$ so ist
der 2te Theil des Quotienten $= + 3$
folgl. das Produkt $= + 12a^2 - 18a + 27$
und der Rest $= 0 0 0$
Daher der ganze Quotient $= 2a + 3$, den man während der Operation nach und nach hinter den beym Dividend gemachten Strich setzen kann.

§. 32.

Erklärung. Diejenigen Zahlen, welche durch nichts als durch 1 gemessen werden können, nennet man Prim-Zahlen, diejenigen aber welche noch ein ander Maaß als 1 haben, heißen zusammengesetzte Zahlen. Haben zwey Zahlen außer 1 kein gemeinschaftliches Maaß; so heißen sie Prim-Zahlen unter sich, haben sie aber noch ein anderes gemeinschaftliches Maaß außer 1; so heißen sie unter sich zusammengesetzte Zahlen.

§. 33.

1) **Zusatz.** Zusammengesetzte Zahlen sind Produkte aus andern Zahlen. (52. n. 1. A. M.) Diese sind wiederum Prim oder zusammengesetzte Zahlen, und im letztern Fall also wiederum Produkte. Hieraus folgt, daß eine jede zusammengesetzte Zahl als ein Produkt aus lauter Prim-Zahlen anzusehen sey. Die Prim-Zahlen, durch deren Multiplikation in einander eine zusammengesetzte Zahl entsteht, heißen in Beziehung auf diese, einfache Faktoren.

2) Die Faktoren einer Prim-Zahl sind nur 1 und die Prim-Zahl selber.

§. 34.

I. **Anmerkung.** Wir haben kein ander allgemeines Mittel, auszumachen, ob eine Zahl eine Primzahl sey, als dasjenige, welches uns der Begriff der Primzahl unmittelbar darbietet, nemlich den Versuch ob sich eine gegebene Zahl durch eine kleinere ohne Rest theilen lasse. Je größer nun die gegebene Zahl ist, desto schwerer und weitläuftiger ist

der

der Verſuch. Freylich iſt es unnöthig mit allen Zahlen die kleiner ſind als die gegebene den Verſuch anzuſtellen. Denn wenn unter dieſen einige Zahlen befindlich, welche Produkte dererjenigen Zahlen ſind, mit welchen ſchon ein Verſuch angeſtellt worden; ſo wird ſich die gegebene Zahl durch das Produkt nur alsdann verlangtermaßen theilen laſſen, wenn ſie ſich durch einen jeden Faktor deſſelben theilen läßt. (52. n. IV. A. M.) Nehmen wir alſo den Verſuch in der Ordnung vor, daß wir zuerſt mit den Zahlen verſuchen welche Faktoren der übrigen, aber keine Produkte aus andern; ſo iſt der Verſuch mit ſolchen Zahlen, welche Produkte anderer ſind, ganz unnöthig. Dergleichen Zahlen aber die keine Produkte aus andern, ſind Primzahlen; daher mit dieſen nur die Diviſion zu verſuchen iſt. Hieraus erhellet der Nutzen einer Tabelle, worin die Primzahlen in ihrer Ordnung auf einander folgen, die um ſo viel vortheilhafter ſeyn wird, je weiter ſie geht. Herr Profeſſor Lambert liefert in ſeinen Zuſätzen zu den Logarithmiſchen und Trigonometriſchen Tabellen eine ſolche Tabelle die von 1 bis 101999 geht.

II. Von 1 bis 10 ſind, 1. 2. 3. 5. 7. Prim-, die andern aber zuſammengeſetzte Zahlen. Von einigen zuſammengeſetzten Zahlen, welche gröſſer als 10 ſind, laſſen ſich einige leicht zu bemerkende Kennzeichen angeben. Ich will nur folgende anführen:
1) Jede Zahl die in der Stelle der Einſer eine 0. 2. 4. 6. oder 8 hat, iſt eine zuſammengeſetzte Zahl, und läßt ſich durch 2 theilen. Eine ſolche Zahl heißt eine gerade Zahl, die andern heißen ungerade Zahlen.

2) Jede

2) Jede Zahl, von welcher die Summe der Ziffern so beschaffen, daß sie durch 3 zu theilen, läßt sich auch durch 3 theilen.

3) Jede Zahl, die in der Stelle der Einser eine 0 hat, läßt sich durch 5 theilen. Da sie sich aber auch durch 2 theilen ließ n. 1.; so läßt sie sich auch durch $2 \times 5 = 10$ theilen.

4) Jede Zahl, die in der Stelle der Einser eine 5 hat, läßt sich durch 5 theilen.

5) Wenn die Einser in einer Zahl verdoppelt, die übrigen Ziffern der höhern Ordnungen geben, oder von ihnen um eine 7, oder um ein vielfaches von 7 unterschieden sind; so läßt sich die Zahl durch 7 theilen.

6) Wenn eine Zahl eine gerade Anzahl Oerter einnimmt, und es sind die Ziffern in denselben einander gleich; so läßt sich die Zahl durch 11 theilen, u. s. f.

§. 35.

Aufgabe. Alle diejenigen Zahlen, welche eine zusammengesetzte Zahl messen, oder einer Zahl mögliche Faktoren in ganzen Zahlen zu finden.

Auflösung 1. Theile man die Größe deren Faktoren man suchen will, durch die niedrigste Primzahl, die dies ohne Rest thun kann.

2. Beym Quotienten wiederhole man dies, und setze die Divisionen so lange fort, bis der Quotient eine Primzahl wird; so sind alle Divisoren und der letzte Quotient die einfachen Faktoren dieser Größe, oder die Faktoren der Größe in Primzahlen. Wenn man nun

3. Diese einfache Faktoren durch die Multiplikation zwiefach, dreyfach u. s. f. verbindet, so bekömmt man

man alle mögliche Faktoren, oder Theiler dieser Größe.

§. 36.

I. **Anmerkung.** Es wären die Faktoren der Zahl 210 zu suchen.

Nach no. 1. ist 210 : 2 = 105.
    »   »   2. » 105 : 3 = 35.
                 35 : 5 = 7.

Es sind also die einfachen Faktoren 2. 3. 5. 7. Nach Nro. 3.

a) Die aus der zwiefachen Verbindung der einfachen Faktoren entstandene zusammengesetzte Faktoren sind:

$$2 \times 3 = 6.$$
$$2 \times 5 = 10.$$
$$2 \times 7 = 14.$$
$$3 \times 5 = 15.$$
$$3 \times 7 = 21.$$
$$5 \times 7 = 35.$$

b) Die aus der dreyfachen Verbindung der einfachen ꝛc. sind:

$$2 \times 3 \times 5 = 30.$$
$$2 \times 3 \times 7 = 42.$$
$$2 \times 5 \times 7 = 70.$$
$$3 \times 5 \times 7 = 105.$$

Daher sind 2. 3. 5. 6. 7. 10. 14. 15. 21. 30. 35. 42. 70. und 105. alle mögliche Divisoren der Zahl 210. in ganzen Zahlen.

II. Soll die im vorigen §. gegebene Aufgabe aufgelöset werden; so kann man in gewissen Fällen genöthigt seyn, die Division mit vielen Prim-Zahlen vergebens zu versuchen, und dann würde die Auflösung

viele

viele Zeit wegnehmen. Hat man aber schon einen Theiler gefunden, so darf man nunmehro nur noch den Theiler des Quotienten suchen; da aber der Quotient kleiner als die gegebene Zahl mit der wir den Versuch anstellen, so wird die Schwürigkeit immer mehr und mehr abnehmen.

Herr Professor **Lambert** liefert in den schon gedachten Zusätzen ꝛc. eine Tabelle, in der man den kleinsten Divisor einer zwischen 1 und 102000 fallenden Zahl findet. Es sind aber aus derselben, einer compendieusern Einrichtung wegen, alle diejenigen Zahlen herausgeblieben, die durch 2. 3. oder 5 zu theilen, weil ihre Merkmale sogleich in die Augen fallen. (34. II. n. 1. 4.) In den Vorlesungen will ich die Einrichtung dieser Tabelle erklären, und hier nur noch Ihren Gebrauch bey der im vorigen §. gegebenen Aufgabe, mit einem Beyspiele erläutern. Man verlangte z. B. alle mögliche Faktoren der Zahl 17017; so schlage man sie in der Tabelle auf, und man findet ihren kleinsten Divisor, nemlich 7. in der ihr zugehörigen Stelle. Da 17017 : 7 = 2431, so suche man diese Zahl wiederum in der Tabelle auf, und es findet sich 11 als der niedrigste Divisor. Da nun 2431 : 11 = 221 so sucht man 221 auf und findet 13 als den niedrigsten Divisor. Da ferner 221 : 13 = 17; so sucht man 17 auf. Es steht aber in der zur 17 gehörigen Stelle ein Strich, welches anzeigt, daß sie eine Primzahl. Daher sind 7. 11. 13. 17. die einfachen Faktoren von 17017, aus denen sich nunmehro die zusammengesetzten leicht finden lassen.

§. 37.

Arithmetik.

§. 37.

Aufgabe. Einiger unter sich zusammen gesetzter Zahlen gemeinschaftliches größtes Maaß zu finden.

Auflösung 1. Man suche die einfache Faktoren einer jeden Zahl. (35)

2. Diejenigen Factoren, welche diese Größen mit einander gemein haben, multiplicire man durch einander.

3. Das Produkt ist das gemeinschaftliche größte Maaß dieser Zahlen.

§. 38.

1. **Zusatz.** Enthalten die Größen, deren gemeinschaftliches größtes Maaß man finden will, nicht einerley Faktoren; so ist dis ein Kennzeichen, daß diese Größen nicht unter sich zusammengesetzte.

2. Die Quotienten, welche entstanden, indem unter sich zusammengesetzte Zahlen durch ihr gemeinschaftliches größtes Maaß dividirt worden, müssen unter sich Primzahlen seyn, und folglich ausser 1 kein gemeinschaftliches Maaß haben.

§. 39.

1. **Anmerkung.** Es sollte das gemeinschaftliche größte Maaß der Zahlen 330; 210 und 75 gefunden werden.

Nach no. 1. $330 = 2 \times 3 \times 5 \times 11$
$210 = 2 \times 3 \times 5 \times 7$
$75 = 3 \times 5 \times 5$

2. $3 \times 5 = 15$. Daher ist

3. 15 das gemeinschaftliche größte Maaß der Zahlen 330; 210 und 75.

2. Die Auflösung der im §. 37. befindlichen Aufgabe ist allgemein, man hat aber noch eine andere, wenn man das gemeinschaftliche größte Maaß zweyer Zahlen finden will, die uns in vielen Fällen leichter zu unsern Zweck führt. Davon im folgenden §.

§. 40.

Aufgabe. Das gemeinschaftliche größte Maaß zweyer unter sich zusammengesetzter Zahlen zu finden.

Auflösung 1. Man dividire die größere durch die kleinere: bleibt kein Rest; so ist die kleinere das gemeinschaftliche größte Maaß von beyden.

2. Bleibt ein Rest, so dividire man den vorigen Divisor durch den Rest, und dis setze man so lange fort bis nach der Division kein Rest bleibt. Wenn dis; so ist

3. Der letzte Divisor das gemeinschaftliche größte Maaß von beyden.

Beweis 1. Es sey g die größere und k die kleinere Zahl, und $g : k = Q$, so ist k das gemeinschaftliche größte Maaß von beyden. Denn k theilt g und giebt zum Quotienten Q; k aber durch k getheilt giebt 1. (48. n. 5. A. M.) Daher giebt g und k durch k getheilt, die beyden Quotienten Q und 1. Woraus zur Genüge erhellet, daß in diesem Fall die kleinere das gemeinschaftliche größte Maaß von beyden sey. Man setze aber

2. daß $g : k = Q$ u. daß nach der Division R übrig bleibe
  $k : R = q$ . . . . . r
  $R : r = t$ . . . . . kein Rest bleibe;
so ist r das gemeinschaftliche größte Maaß von g und k. Denn es ist

kQ

$$\left.\begin{array}{r}kQ + R = g\\qR + r = k\\rt = R\end{array}\right\} \quad (52.\,\mathfrak{A}.\,\mathfrak{M}.)$$

Folgl. ist $kQ + rt = g$ und $qrt + r = k$.

Also $(qrt+r)\,Q + rt = g = Qqrt + Qr + rt$.

Es ist aber $(Qqrt + Qr + rt) : r = Qqt + Q + t$.

Folgl. ist auch $g : r = Qqt + Q + t$.

Es ist aber auch $(qrt + r) : r = qt + 1$.

Folglich auch $k : r = qt + 1$.

Daher lassen sich sowol g als k durch r dividiren, und daher ist r das gemeinschaftliche Maaß derselben.

Soll aber auch r das größte Maaß seyn; so müssen die Quotienten $Qqt + Qt$ und $qt + 1$ unter sich Primzahlen seyn, und folglich außer 1. kein gemeinschaftliches Maaß haben, (38. n. 2.) und dis findet sich auch, wenn man mit $Qqt + Q + t$ und $qt + 1$ so verfährt, wie man oben mit g und k verfahren. Daher wird auf vorangezeigte Weise das gemeinschaftliche größte Maaß zweyer Zahlen gefunden.

§. 40. a.

Anmerkung. Ueber diese Materie kann man mit vielen Nutzen die §§. LXXI bis LXXVIII des ersten Theils der Anfangsgründe der Algebra des Hrn. Clairaut nach der Uebersetzung des Herrn Mylius nachlesen.

Das

Das zweyte Kapittel
von
den Brüchen überhaupt
besonders
von den Progreßional-Brüchen und einigen
Arten derselben
den
Decimal- und Sexagesimal-Brüchen.

§. 41.

Erklärung. Wenn man von einem Ganzen, welches in gleiche Theile eingetheilet worden, einen oder etliche Theile besonders nimmt; so sind diese besonders genommene Theile eine Größe, die man einen **Bruch** oder eine **gebrochene Größe** nennet.

§. 42.

1. Zusatz. Will man also einen Bruch ausdrücken, so muß man ein Zeichen haben, welches anzeigt, in wie viel Theile das Ganze getheilt worden, und ein andres, aus dem zu ersehen ist, wie viel solcher Theile vorhanden sind. Dieses heißt der **Zehler** und jenes der **Nenner** oder die **Benennung** des Bruchs.

2. Es wäre daher $(\frac{1}{n} \times z)$ ein Ausdruck für einen Bruch, worin das ganze in n Theile getheilet, von welchen z Theile vorhanden wären, folglich n der Nenner und z der Zehler desselben, $\frac{1}{n}$ aber des Bruchs Einheit.

3. Eines

Arithmetik.

3. Eines Bruchs Einheit ist also ein Quotient, welcher entstanden indem 1 durch den Nenner des Bruchs dividirt worden. Daher wird

4. Der Bruch ein z mal größerer Quotient seyn, als seine Einheit, und da dis geschieht, wenn das Dividend im Bruch z mal größer, als das Dividend in der Einheit des Bruchs; so ist der Bruch $= \frac{z}{n} = \frac{1}{n} \times z$. Es ist also

5. Ein jeder Bruch (B) $=$ einem Quotient (Q) dessen Zehler (z) $=$ dem Dividend (D) und der Nenner (n) $=$ dem Divisor (d)

6. Da $Q : 1 = D : d$ (48. n. 4. A. M.)
so ist $B : 1 = z : n$ und
Da $B = \frac{z}{n}$
so ist $\frac{z}{n} : 1 = z : n$.

7. Ein Bruch dessen Zehler und Nenner einerley Zeichen haben (15) ist eine positive und derjenige, dessen Zehler und Nenner verschiedene Zeichen haben, eine negative Größe. (30)

Daher ist $\frac{+z}{+n} = +\frac{z}{n}$ und $\frac{-z}{-n} = +\frac{z}{n}$

Aber $\frac{-z}{+n}$ oder $\frac{+z}{-n} = -\frac{z}{n}$

8. Der Bruch wird größer, wenn der Zähler wächst, indem der Nenner unverändert bleibt, oder wenn der Nenner abnimmt, indem der Zehler unverändert bleibt.

9. Der Bruch wird kleiner, wenn der Zehler abnimmt, indem der Nenner unverändert bleibt, oder wenn der Nenner bey unverändertem Zehler wächst.

10. Haben also verschieden: Brüche einerley Zehler und verschiedene Nenner, so sind diejenigen Brüche
die

die größten, welche die kleinsten Nenner haben, und haben Brüche einerley Nenner und verschiedene Zehler, so sind diejenigen die größten, welche die größten Zehler haben, und umgekehrt.

11. Es ist z < n.

§. 43.

Erklärung. Ist z nicht < n, so nennt man den Ausdruck zwar auch einen Bruch, wegen den aber §. 41. festgesetzten Begrif eines Bruchs, einen unächten oder uneigentlichen Bruch.

§. 44.

1. Zusatz. In einem uneigentlichen Bruch ist also $z = n$, oder $z > n$, und ein Bruch, worin $z < n$ ist ein eigentlicher oder ächter Bruch.

2. Ist $z = n$, so ist $\frac{z}{n} = 1$. (48. n. 5. A. M.)

3. Ist $z > n$, so ist, wenn G eine ganze Zahl, und n ein aliquoter Theil von z der Bruch $\frac{z}{n} = G$. Ist aber n ein aliquanter Theil von z und B bedeutet einen Bruch, so ist $\frac{z}{n} = G + B$. Eine solche aus einer ganzen und aus einem Bruch zusammen gesetzte Größe heißt eine **vermischte Größe**.

4. Woraus leicht zu ersehen, wie ein uneigentlicher Bruch in eine ganze oder in eine vermischte Zahl zu verwandeln.

5. Ist $n = 1$ so ist $\frac{z}{n} = z$ (52. n. V. A. M.) Wir können daher einer jeden ganzen Größe die Gestalt eines Bruchs geben, ohne ihre Größe zu verändern.

6. Alle

Arithmetik.

6. Alle uns bis hieher bekannte Größen, müssen entweder ganze, Brüche, oder vermischte Größen seyn.

§. 45.

Lehrsatz. Wenn in den Brüchen $\frac{z}{n}$ und $\frac{Z}{N}$

$$z : n = Z : N$$

so ist $\frac{z}{n} = \frac{Z}{N}$

Beweis. Es ist $\frac{z}{n} : 1 = z : n$

und $\frac{Z}{N} : 1 = Z : N$ ⎬ (41. n. 6.)

Da nun $z : n = Z : N$ (verm. der Beding.)

so ist auch $\frac{z}{n} : 1 = \frac{Z}{N} : 1$ (17. A. M.)

Folglich $\frac{z}{n} : \frac{Z}{N} = 1 : 1$ (83. A. M.)

Da nun $1 = 1$

So ist auch $\frac{z}{n} = \frac{Z}{N}$ (19. n. 2. A. M.)

§. 46.

Lehrsatz. Wenn der Bruch $\frac{z}{n} =$ dem Bruch $\frac{Z}{N}$

so ist $z : n = Z : N$.

Beweis. Es ist $\frac{z}{n} : 1 = z : n$

und $\frac{Z}{N} : 1 = Z : N$

da nun $\frac{z}{n} = \frac{Z}{N}$ (vermöge d. Beding.)

und $1 = 1$

so ist auch $\frac{z}{n} : 1 = \frac{Z}{N} : 1$

Und folgl. auch $z : n = Z : N$.

§. 47.

§. 47.

1. **Zusatz.** Man kann aus den Gliedern einer geometrischen Proportion zwey gleiche Brüche, und aus zweyen gleichen Brüchen eine geometrische Proportion machen.

2. Wenn zwey gleiche Brüche einerley Zehler haben; so sind auch ihre Nenner gleich, und haben sie gleiche Nenner, so sind auch ihre Zehler gleich.

§. 48.

Lehrsatz. Wenn Brüche einerley Nenner haben, so verhalten sie sich zu einander, wie ihre Zehler. Daher $\frac{z}{n} : \frac{3}{n} = z : 3$.

Beweis. Es ist $\frac{z}{n} : 1 = z : n$ folgl. $\frac{z}{n} : z = 1 : n$

und $\frac{3}{n} : 1 = 3 : n$ also $\frac{3}{n} : 3 = 1 : n$

Folglich ist $\frac{z}{n} : z = \frac{3}{n} : 3$ und

also $\frac{z}{n} : \frac{3}{n} = z : 3$.

§. 49.

Zusatz. Wenn also Brüche einerley Nenner haben, so läßt sich ihr Verhältniß durch ganze Zahlen bestimmen. Könnte man also, Brüchen mit verschiedenen Nennern, einerley Nenner geben, ohne daß dadurch ihre Größe verändert würde; so würde dieses ein Mittel seyn, aller Brüche Verhältniß durch ganze Zahlen anzugeben. Die ist vortheilhaft. Daher §. 56.

§. 50.

Arithmetik

§. 50.

Lehrsatz. Wenn man den Zehler und Nenner eines Bruchs, durch einerley Größe multiplicirt; so sind die Produkte Zehler und Nenner eines Bruchs, welcher dem gegebenen Bruche gleich.

Es sey der gegebene Bruch $= \frac{z}{n}$

Die Größe, wodurch sowol z als n zu multipliciren $= m$

so ist zu beweisen, daß $\frac{z}{n} = \frac{zm}{nm}$

Beweis. Es sind $z \lessgtr n$; man multiplicire sie durch $m = m$ so sind die Produkte zm und nm

Folgl. ist $z : n = zm : nm$ (43. K. M.)

Und also $\frac{z}{n} = \frac{zm}{nm}$ (47)

§. 51.

Zusatz. Wenn man daher den Zehler und Nenner eines Bruchs durch eine Größe dividirt; so sind die Quotienten, Zehler und Nenner eines Bruchs, welcher dem gegebenen gleich. Dis erhellet auch aus §. 53. A. M.

§. 52.

Erklärung. Wenn man den Zehler und Nenner eines Bruchs, ohne die Größe desselben zu verändern, durch kleinere ganze Größen ausdrückt, so heißt man dis einen Bruch aufheben.

§. 53.

1. **Zusatz.** Das Aufheben eines Bruchs ist nur dadurch denkbar, daß man von dem Zehler und Nenner ei-

G

nes

nes Bruchs etwas subtrahirt, oder sie dividirt. (28. B. I. M.) Ob beyde Wege, und in wie ferne sie möglich, muß eine nähere Untersuchung ausweisen.

2. Wenn der Zehler und Nenner eines Bruchs unter sich zusammengesetzte Größen; so läßt sich der Bruch dadurch aufheben, daß man den Zehler und Nenner desselben durch ihr gemeinschaftliches Maaß dividirt. (32. §1.) Die Quotienten sind die Zehler und Nenner des Bruchs, welcher dem aufgehobenen gleich.

3. Es ist vor sich klar, daß es in vielen Fällen nützlich seyn könne, einen Bruch durch den möglich kleinsten Zehler und Nenner auszudrücken. (41.) Daher die folgende Aufgabe.

§. 54.

Aufgabe. Einen Bruch, dessen Zehler und Nenner zusammengesetzte Zahlen unter sich, dergestalt aufzuheben, daß der dem aufgehobnem gleichgültige Bruch, durch den möglichst kleinsten Zehler und Nenner ausgedrückt werde.

Auflösung 1. Man suche das gemeinschäftliche größte Maaß des Zehlers und des Nenners des aufzuhebenden Bruchs (37. 40.) und dann

2) dividire man mit demselben sowol den Zehler als auch den Nenner des Bruchs, so geben

3) die Quotienten den möglichst kleinsten Zehler und Nenner eines Bruchs, welcher dem gegebenen gleich. (51)

§. 55.

Anmerkung. So wird aus dem Bruch $\frac{35}{90}$ der gleichgültige Bruch $\frac{7}{18}$

aus dem Bruch $\frac{abc}{mc}$ der gleichgültige Bruch $\frac{ab}{m}$

$\frac{ab+cb}{mb}$ $\frac{a+c}{m}$

§. 56.

Arithmetik.

§. 56.

Aufgabe. Zwey Brüche von unterschiedener Benennung unter einerley Benennung zu bringen, so daß die unter einerley Benennung gebrachte Brüche, jenen gleich sind. (49.)

Auflösung. Wenn die zu verwandelnde Brüche

$$\frac{a}{b} \text{ und } \frac{c}{d}$$

so multiplicire man sowol a als b durch d
ferner c , d , b
so entstehen daher die Brüche $\frac{ad}{bd}$ und $\frac{cb}{db}$ welche den Brüchen $\frac{a}{b}$ und $\frac{c}{d}$ gleichgültig, und unter einerley Benennung gebracht worden.

Beweis. Daß der Bruch $\frac{ad}{bd} = \frac{a}{b}$ und $\frac{cb}{db} = \frac{c}{d}$ erhellet aus 56. und daß sie einerley Benennung haben, aus 70. II. A. A. W.

§. 57.

1. **Zusatz.** $\frac{am}{bm}$ und $\frac{c}{d}$ geben also, unter einerley Benennung gebracht, die diesen, gleichgültige Brüche $\frac{amd}{bmd}$ und $\frac{bmc}{bmd}$. Da aber $\frac{amd}{bmd} = \frac{ad}{bd}$ und $\frac{bmc}{bmd} = \frac{bc}{bd}$ so sind auch $\frac{ad}{bd}$ und $\frac{bc}{bd}$ unter einerley Benennung gebrachte Brüche, welche den gegebenen $\frac{am}{bm}$ und $\frac{c}{d}$ gleichgültig, die aber durch kleinere Zehler und Nenner ausgedrückt werden, als die Brüche $\frac{amd}{bmd}$ und $\frac{bmc}{bmd}$. Es rühret aber

aber die Abkürzung offenbar daher, daß der gegebene Bruch $\frac{am}{bm}$ aufgehoben werden kann, und dann den kürzer ausgedrückten Bruch $\frac{a}{b}$ giebt. Will man also nach 56.

2. Zwey Brüche, von welchen der eine, oder beyde noch aufgehoben werden können, unter einerley Benennung bringen, und ihre Zähler und Nenner durch die möglichst kleinsten Größen ausdrücken; so müssen die gegebene Brüche entweder vorher nach 54 aufgehoben, und dann unter einerley Benennung gebracht werden, oder sie müssen wie sie gegeben worden unter einerley Benennung gebracht und dann nach 54 aufgehoben werden. Der erstere Weg ist kürzer.

3. $\frac{a}{mn}$ und $\frac{c}{mq}$ geben daher unter einerley Benennung gebracht $\frac{amq}{mnmq}$ und $\frac{cmn}{mnmq}$. Da aber beyde Brüche durch m aufgehoben werden können; so entstehen die Brüche $\frac{aq}{mnq}$ und $\frac{cn}{mnq}$ welche den gefundenen gleichgültig, unter einerley Benennung, aber durch kleinere Zehler und Nenner ausgedrückt, als die Brüche $\frac{amq}{mnmq}$ und $\frac{cmn}{mnmq}$. Es rührt bis offenbar daher, daß m das gemeinschäftliche Maaß der Nenner mn und mq. Will man also

4. Zwey Brüche, deren Nenner unter sich zusammengesetzte Zahlen, und von welchen keiner aufgehoben werden kann, unter einerley Benennung bringen, und ihre Zehler und Nenner durch die möglichst kleinste Zahlen ausdrücken; so suche man das gemeinschaftliche größte Maaß dieser Nenner (37. 40.) dividire damit

Arithmetik.

damit ihre Nenner, und multiplicire nachher den Zehler und Nenner des ersten Bruchs, durch den Quotienten aus dem Nenner des andern, und den Zehler und Nenner des andern Bruchs durch den Quotienten aus dem Nenner des ersten, so wird man seine Absicht erreichen.

5. Man muß also um zweyen unter einerley Benennung zu bringenden Brüchen, auch die möglichst kleinsten Nenner zu geben, untersuchen, ob einer oder beyde Brüche aufzuheben. Dis muß geschehen (Zuſ. 2.) und dann untersucht werden, ob die Nenner dieser Brüche Prim- oder zusammengesetzte Zahlen unter sich. Im erstern Fall verfährt man nach §6. und im andern nach dem 4ten Zusatz.

6. $\frac{a}{m}$ und $\frac{b}{dm}$ geben unter einerley Benennung gebracht $\frac{ad}{dm}$ und $\frac{b}{dm}$. Werden also zwey Brüche unter einerley Benennung gebracht, deren Nenner unter sich zusammengesetzte Zahlen, und der kleinere ist das gemeinschaftliche größte Maaß beyder, so bleibt der Bruch mit dem größern Nenner unverändert, des andern Bruchs Zehler aber und Nenner, werden durch den Quotient multiplicirt, welcher entsteht, wenn man den größern Nenner durch den kleinern dividirt.

7. $\frac{a}{b}$ und G sind so viel als $\frac{a}{b}$ und $\frac{G}{1}$ (44. n. 5.) und unter einerley Benennung gebracht $\frac{a}{b}$ und $\frac{bG}{b}$. Es wird also

8. Eine ganze Größe in einen Bruch von einer gegebenen Benennung verwandelt, wenn man sie durch den gegebenen Nenner multiplicirt, und dis Produkt

dukt als den Zehler, den gegebenen Nenner aber als den Nenner des Bruchs ansieht.

§. 58.

Aufgabe. Das Verhältniß zweyer Brüche, und das Verhältniß eines Bruchs zu einer ganzen Größe, durch ganze Zahlen bestimmen.

Auflösung.

I. Das Verhältniß zweyer Brüche zu bestimmen.

A. Haben die Brüche einerley Nenner; so verhalten sie sich zu einander wie ihre Zehler. (48)

B. Haben sie verschiedene Nenner; so kann man sie in gleichgültige Brüche verwandeln, die einerley Nenner haben. (56) Folglich verhalten sie sich, wie die Zehler dieser ihnen gleichgültigen und unter einerley Benennung gebrachten Brüche.

II. Das Verhältniß eines Bruchs zu einer ganzen Größe zu bestimmen.

Man verwandle die ganze Größe in einen Bruch dessen Nenner = dem Nenner des Bruchs (57, n. 8) so hat man, statt des gegebenen Bruchs und der ganzen Größe, zwey Brüche, die jenen gleichgültig und von einerley Benennung, daher verhalten sich jene, wie die Zehler dieser Brüche.

§. 59.

1. Zusatz. $\frac{a}{b} : \frac{c}{b} = a : c$.

2. $\frac{a}{b} : \frac{a}{c} = \frac{ac}{bc} : \frac{ab}{bc} = ac : ab = c : b$.

3.

3. $\frac{a}{b} : \frac{c}{d} = \frac{ad}{bd} : \frac{bc}{bd} = ad : bc.$

4. $\frac{a}{b} : G = \frac{a}{b} : \frac{bG}{b} = a : bG.$ u. s. f.

§. 60.

Aufgabe. Drey und mehrere Brüche von verschiedener Benennung, unter einerley Benennung zu bringen; so daß die unter einerley Benennung gebrachten den gegebenen gleich sind.

Auflösung.

Erster Fall. Wenn unter den Nennern der gegebenen Brüche keine zusammengesetzte Zahlen unter sich.

Man multiplicire den Zehler und Nenner eines jeden Bruchs, durch das Produkt aus den Nennern der übrigen. Z. B.

$$\frac{a}{b} \qquad \frac{c}{d} \qquad \frac{m}{n} \qquad \frac{q}{r}$$

Den Zehler und Nenner des 1sten durch d n r.
, , , , , , , , , , , , , , , , , , 2ten ; b n r.
, , , , , , , , , , , , , , , , , , 3ten ; b d t.
, , , , , , , , , , , , , , , , , , 4ten ; b d n.

so entstehen die den obigen gleichgültige Brüche

$$\frac{adnr}{bdnr} \qquad \frac{cbnr}{dbnr} \qquad \frac{mbdr}{nbdr} \qquad \frac{qbdn}{rbdn}$$

Zweyter Fall. Wenn unter den Nennern der gegebenen Brüche einige zusammengesetzte Zahlen unter sich; so würde man die Aufgabe auch nach der beym ersten Fall gegebenen

Vorschrift auflösen können, aber grössere Zehler und Nenner bekommen, als nöthig.

Wie dieser Fall so aufzulösen, um die gegebene Brüche bequem unter einerley und auf die niedrigste Benennung zu bringen, solches soll in den Vorlesungen gezeigt werden.

§. 61.

Aufgabe. Verschiedene Brüche zu addiren und von einander zu subtrahiren.

Auflösung 1. Haben die gegebene Brüche einerley Nenner; so addire man in dem ersten Fall ihre Zehler und in dem andern Fall subtrahire man sie von einander, und setze unter der Summe und im andern Fall unter der Differenz den gemeinschaftlichen Nenner.

2. Haben sie verschiedene Nenner; so muß man sie zuvor unter einerley Benennung bringen, und alsdenn verfahren, wie im vorigen Fall.

§. 62.

1. **Zusatz.** Man kann also auch aus einer vermischten Grösse einen uneigentlichen Bruch machen, und von einer ganzen Grösse einen Bruch abziehen (44. n. 3. 57. n. 8.)

2. Da die Erfindung eines Gliedes der arithmetischen Proportion durch die Addition und Subtraktion bewerkstelliget wird; (78. A. M.) so kann man nunmehro auch ein jedes Glied einer arithmetischen Proportion finden, wenn die gegebene Glieder lauter Brüche, oder Brüche und ganze Grössen enthalten.

§. 63.

Arithmetik.

§. 63.
Anmerkung.

1) $\frac{a}{b} + \frac{c}{b} = \frac{a+c}{b}$ 4) $\frac{a}{b} - \frac{c}{d} = \frac{ad-bc}{bd}$

2) $\frac{a}{b} - \frac{c}{b} = \frac{a-c}{b}$ 5) $G + \frac{b}{c} = \frac{Gc+b}{c}$

3) $\frac{a}{b} + \frac{c}{d} = \frac{ad+bc}{bd}$ 6) $G - \frac{b}{c} = \frac{Gc-b}{c}$

7) Wenn $\frac{a}{b} - \frac{c}{d} = \frac{e}{f} - x$ so ist

$$x = \frac{((cf+ed)b) - adf}{bdf}$$

§. 64.

Aufgabe. Einen Bruch durch eine ganze Zahl multipliciren.

n mache einen Bruch, dessen Zeh⸗
aus dem Zehler des Bruchs in
und dessen Nenner = dem Nenner

dukt.

Beweis. Es sey der Bruch $= \frac{z}{n}$ und die ganze Größe $= G$.

Folgl. $\frac{z}{n} \times G = P =$ dem Produkt.

so ist $1 : \frac{z}{n} = G : P$ (42. b, A. M.)

Da nun $1 : \frac{z}{n} = n : z$ (58. n. II.)

So ist $n : z = G : P$

Folglich $P = \frac{zG}{n}$ (80. A. M.)

G 5   §. 65.

§. 65.

I. **Zusatz.** Es ist $\frac{z}{n} \times G = \frac{zG}{n} = \frac{zG:G}{n:G} = \frac{z}{n:G}$

α) Man multiplicirt daher auch einen Bruch durch eine ganze Größe, wenn man ihren Nenner dividirt und den Zehler unverändert läßt. Diese Art einen Bruch durch eine ganze Zahl zu multipliciren gibt das Produkt im kleinern Zehler und Nenner, als nach §. 64. wenn die ganze Größe vom Nenner ein aliquoter Theil ist.

β) $\frac{z}{n} \times n = \frac{z}{n:n} = \frac{z}{1} = z$,

γ) Ein Bruch, dessen Nenner ein Bruch ist, läßt sich durch einen Bruch ausdrücken, dessen Zehler sowol, als sein Nenner ganze Zahlen sind, und da eine vermischte Größe, in einen uneigentlichen Bruch verwandelt werden kann, (62.) so läßt sich auch ein Bruch, dessen Nenner eine vermischte Größe ist, durch einen Bruch ausdrücken, dessen Zehler sowol als sein Nenner ganze Zahlen sind.

II. $\left(\frac{a}{b} \mp \frac{c}{d}\right) m = \frac{(ad \mp bc)m}{bd}$

III. $\left(a \mp \frac{c}{d}\right) m = \frac{(ad \mp c)m}{d}$

IV. $\left(\frac{a}{b:c}\right) m = \frac{amc}{b}$

V. $\frac{a}{b + \frac{c}{d}} = \frac{a}{(bd+c):d} = \frac{ad}{bd+c}$

§. 66.

Arithmetik.

§. 66.

Aufgabe. Einen Bruch durch eine ganze Zahl dividiren.

Auflösung. Man mache einen Bruch, dessen Zehler = dem Zehler des Bruchs, dessen Nenner = dem Produkt aus dem Nenner des Bruchs durch die ganze Zahl. Dieser Bruch ist der Quotient.

Beweis. Es sey $\frac{z}{n}$ = dem Bruch und G = der ganzen Größe.

Folgl. $\frac{z}{n}$: G = Q = dem Quotient

so ist G : $\frac{z}{n}$ = 1 : Q. (48. n. 4. A. M.)

da nun G : $\frac{z}{n}$ = Gn : z so ist auch

Gn : z = 1 : Q.

Folgl. $\frac{z}{Gn}$ = Q. (50. A. M.)

§. 67.

I. **Zusatz.** Es ist $\frac{z}{n}$: G = $\frac{z}{Gn}$ = $\frac{z : G}{Gn : G}$ = $\frac{z : G}{n}$

1) Man dividirt daher auch einen Bruch durch eine ganze Zahl, wenn man ihren Zehler durch die ganze Zahl dividirt, und den Nenner unverändert läßt. Wobey mit gehöriger Veränderung zu bemerken, was 65. n. 1. erinnert worden.

2) Ein Bruch dessen Zehler ein Bruch ist, läßt sich durch einen Bruch ausdrücken, dessen Zehler sowol als sein Nenner ganze Zahlen sind, und da eine vermischte Größe x. (65. n. 1. 3.)

II.

II. $\left(\dfrac{a}{b} \mp \dfrac{c}{d}\right) : m = \dfrac{ad \mp bd}{bdm}$

III. $\left(a \mp \dfrac{c}{d}\right) : m = \dfrac{ad \mp c}{dm}$

IV. $\dfrac{a}{b:c} : m = \dfrac{ac}{bm}$

V. $\dfrac{a:b}{c} : m = \dfrac{a}{cbm}$

§. 68.

Aufgabe. Eine ganze Zahl durch einen Bruch zu dividiren.

Auflösung. Ein Bruch dessen Nenner = dem Zehler des Bruchs, der Zehler aber ein Produkt aus dem Nenner des Bruchs durch die ganze Zahl wird der verlangte Quotient seyn.

Beweis. Es sey $G : \dfrac{z}{n} = Q$

so ist $\dfrac{z}{n} : G = 1 : Q$

da nun $\dfrac{z}{n} : G = z : Gn$

so ist auch $z : Gn = 1 : Q$.

Folgl. $\dfrac{Gn}{z} = Q$.

§. 69.

Aufgabe. Einen Bruch durch einen Bruch zu multipliciren.

Auflösung. Man mache einen Bruch dessen Zehler das Produkt beyder Zehler, und dessen Nenner das Produkt beyder Nenner. Dieser ist das Produkt beyder Brüche.

Beweis.

Arithmetik.

Beweis. Es sey der Bruch $\frac{a}{b}$ der eine Faktor und $\frac{c}{d}$ der andere und P das Produkt.

so ist $\quad 1 : \frac{a}{b} = \frac{c}{d} : P.$ (42. K. A. M.)

da nun $\quad 1 : \frac{a}{b} = b : a.$

so ist $\quad b : a = \frac{c}{d} : P.$ Es

ist aber $\quad b : \frac{c}{d} = a : P.$ (83. A. M.)

da nun $\quad b : \frac{c}{d} = bd : c$ so ist

auch $\quad bd : c = a : P$ und

Folgl. $\quad \frac{ac}{bd} = P.$

§. 70.

I. Zusatz. Es ist $\frac{ad}{b} \times \frac{c}{d} = \frac{adc}{bd} = \frac{ac}{b} = \frac{(ad:d)c}{b}$

Ferner $\quad \frac{b}{ad} \times \frac{d}{c} = \frac{bd}{adc} = \frac{b}{ac} = \frac{b}{(ad:d)c}$

und $\quad \frac{ad}{bc} \times \frac{c}{d} = \frac{adc}{bcd} = \frac{a}{b} = \frac{ad:d}{bc:c}$

Dieses sind einige der vorzüglichsten Fälle, in denen man das Produkt durch kleinere Zehler und Nenner bekommen kann, als durch die allgemeine Auflösung 69.

II. Es ist $\left(\frac{a}{b} \mp \frac{c}{d}\right) \times \frac{m}{n} = \frac{(ad \mp bc)m}{bdn}$

$\left(a \mp \frac{c}{d}\right) \times \frac{m}{n} = \frac{(ad \mp c)m}{dn}$

$\frac{a}{b:c}$

$$\frac{a}{b:c} \times \frac{m}{n} = \frac{acm}{bn}$$

$$\frac{a:c}{b} \times \frac{m}{n} = \frac{am}{bcn}$$

$$\frac{a^m}{b} \times \frac{a^c}{n} = \frac{a^{m+c}}{bn}$$

$$\frac{a^m}{b^n} \times \frac{a^x}{b^y} = \frac{a^{m+x}}{b^{n+y}} \quad (66. \text{ A. M.})$$

und so ferner.

III. Verbinden wir den §. 56. 58. A. M. mit §. 69. so ist es mit keinen Schwürigkeiten verknüpft einen Bruch zu einer gegebenen Dignität zu erheben. Es ist daher

$\frac{a}{b}$ zur mten Dignität erhoben oder $\left(\frac{a}{b}\right)^m = \frac{a^m}{b^m}$

$\frac{a^m}{b^n}$ zur qten Dignität erhoben oder $\left(\frac{a^m}{b^n}\right)^q = \frac{a^{mq}}{b^{nq}}$

§. 71.

Lehrsatz. Wenn ein Bruch durch einen andern multiplicirt worden; so verhält sich der eine Bruch zum Produkt, wie der Nenner des andern zum Zehler des andern.

Beweis. Es sey der eine Bruch $= \frac{a}{b}$

der andere $= \frac{c}{d}$

so ist das Produkt $= \frac{ac}{bd}$ (69.)

und $\frac{a}{b} : \frac{ac}{bd} = abd : abc$ (59. n. 4.)

da nun $abd : abc = d : c$

so ist auch $\frac{a}{b} : \frac{ac}{bd} = d : c$

Und

Arithmetik.   111

Und eben so kann auch bewiesen werden, daß
$$\frac{c}{d} : \frac{ac}{bd} = b : a.$$

§. 72.

1. **Zusatz.** Ist also $d > c$ und $b > a$ und sind folgl. $\frac{a}{b}$ und $\frac{c}{d}$ eigentliche Brüche, so muß sowohl $\frac{a}{b}$ als auch $\frac{c}{d} > \frac{ac}{bd}$ oder ein jeder Faktor größer als das Produkt seyn. Ist aber

2. $c > d$ und $b > a$ folgl. $\frac{c}{d}$ ein uneigentlicher und $\frac{a}{b}$ ein eigentlicher Bruch; so ist das Produkt größer als der Faktor welcher ein eigentlicher Bruch, und kleiner als der Faktor welcher ein uneigentlicher Bruch. Ist aber

3. $c > d$ und $a > b$ und sind folgl. beyde Faktoren uneigentliche Brüche; so ist das Produkt größer als ein jeder von den Faktoren.

4. Das Quadrat eines eigentlichen Bruchs ist kleiner als die Wurzel. Dis gilt von allen Dignitäten. Folglich ist die Dignität eines eigentlichen Bruchs nie eine ganze Größe, und eine ganze Größe, kann nie einen eigentlichen Bruch zur Wurzel haben.

5. $\frac{a}{b} : \left(\frac{a}{b}\right)^2 = b : a$ u. überh. $\frac{a}{b} : \left(\frac{a}{b}\right)^n = b^{n-1} : a^{n-1}$

6. $\frac{a}{b}$ aus $\frac{c}{d}$ ist $= \frac{ac}{bd}$

§. 73.

Aufgabe. Einen Bruch durch einen Bruch zu dividiren.

Auf-

Auflösung. Man mache einen Bruch, dessen Zehler = dem Produkt aus dem Zehler des Dividends in den Nenner des Divisors, und dessen Nenner = dem Produkt aus dem Nenner des Dividends in den Zehler des Divisors. Dies ist der Quotient.

Beweis. Es sey $\frac{a}{b} : \frac{c}{d} = Q$ u. $\frac{c}{d} = B$.

So ist $\frac{a}{b} : B = Q = \frac{a}{bB}$ (66.)

Es ist aber $\frac{a}{bB} = \frac{a}{b \cdot \frac{c}{d}} = \frac{a}{bc:d}$ (64.)

Folgl. ist $\frac{a}{bc:d} = Q$.

Da nun $\frac{a}{bc:d} = \frac{ad}{bc}$ (65. n. 3.)

So ist auch $\frac{ad}{bc} = Q$.

§. 74.
Zusatz.

I. Es ist $\frac{a}{b} : \frac{c}{b} = \frac{ab}{cb} = \frac{a}{c}$

$\frac{a}{b} : \frac{a}{c} = \frac{ac}{ab} = \frac{c}{b}$

$\frac{ab}{c} : \frac{a}{d} = \frac{abd}{ac} = \frac{bd}{c} = \frac{(ab:a)d}{c}$

$\frac{a}{bc} : \frac{d}{c} = \frac{ac}{bdc} = \frac{a}{bd} = \frac{a}{(bc:c)d}$

$\frac{ab}{cd} : \frac{a}{d} = \frac{abd}{cda} = \frac{b}{c} = \frac{ab:a}{cd:d}$

Dieses sind wiederum einige der vorzüglichsten Fälle in denen man den Quotient durch kleinere Zehler und Nenner bekommen kann, als durch die allgemeine Auflösung 73.

II. Da

Arithmetik. 113

II. Da die Erfindung eines Gliedes in der geometrischen Proportion durch die Multiplikation und Division bewerkstelliget wird (80. A. M.) so kann man nunmehro auch ein jedes Glied einer geometrischen Proportion finden, wenn die gegebene Glieder lauter Brüche, oder Brüche und ganze Zahlen sind.

Wenn also $\frac{a}{b} : \frac{c}{d} = \frac{e}{f} : x$

so ist $x = \frac{bce}{adf}$

III. Es ist $\left(\frac{a}{b} \mp \frac{c}{d}\right) : \frac{m}{n} = \frac{(ad \mp bc)n}{bdm}$

IV. $\left(a + \frac{c}{d}\right) : \frac{m}{n} = \frac{(ad+c)n}{dm}$

IV. $\frac{m}{n} : \left(a + \frac{c}{d}\right) = \frac{dm}{(ad+c)n}$

V. $\frac{a}{b:c} : \frac{m}{n} = \frac{acn}{bm}$

VI. $\frac{a:c}{b} : \frac{m}{n} = \frac{an}{bcm}$

VII. $\frac{a:c}{b:d} : \frac{m}{n} = \frac{adn}{bcm}$

VIII. $\frac{a^m}{b} : \frac{c}{a^n} = \frac{a^{m+n}}{bc}$

IX. $\frac{a^m}{b^x} : \frac{b^y}{a^t} = \frac{a^{m+t}}{b^{x+y}}$

X. Es

Auflösung. Man mache einen Bruch, dessen Zehler = dem Produkt aus dem Zehler des Dividends in den Nenner des Divisors, und dessen Nenner = dem Produkt aus dem Nenner des Dividends in den Zehler des Divisors. Dies ist der Quotient.

Beweis. Es sey $\frac{a}{b} : \frac{c}{d} = Q$ u. $\frac{c}{d} = B$.

so ist $\frac{a}{b} : B = Q = \frac{a}{bB}$ (66.)

Es ist aber $\frac{a}{bB} = \frac{a}{b \cdot \frac{c}{d}} = \frac{a}{bc : d}$ (64.)

Folgl. ist $\frac{a}{bc:d} = Q$.

Da nun $\frac{a}{bc:d} = \frac{ad}{bc}$ (65. n. 3.)

So ist auch $\frac{ad}{bc} = Q$.

§. 74.
Zusatz.

I. Es ist $\frac{a}{b} : \frac{c}{b} = \frac{ab}{cb} = \frac{a}{c}$

$\frac{a}{b} : \frac{a}{c} = \frac{ac}{ab} = \frac{c}{b}$

$\frac{ab}{c} : \frac{a}{d} = \frac{abd}{ac} = \frac{bd}{c} = \frac{(ab:a)d}{c}$

$\frac{a}{bc} : \frac{d}{c} = \frac{ac}{bdc} = \frac{a}{bd} = \frac{a}{(bc:c)d}$

$\frac{ab}{cd} : \frac{a}{d} = \frac{abd}{cda} = \frac{b}{c} = \frac{(ab:a)}{cd:d}$

Dieses sind wiederum einige der vorzüglichsten Fälle in denen man den Quotient durch kleinere Zehler und Nenner bekommen kann, als durch die allgemeine Auflösung 73.

II. Da

Arithmetik.

II. Da die Erfindung eines Gliedes in der geometrischen Proportion durch die Multiplikation und Division bewerkstelliget wird (80. A. M.) so kann man nunmehro auch ein jedes Glied einer geometrischen Proportion finden, wenn die gegebene Glieder lauter Brüche, oder Brüche und ganze Zahlen sind.

Wenn also $\frac{a}{b} : \frac{c}{d} = \frac{e}{f} : x$

so ist $x = \frac{bce}{adf}$

III. Es ist $\left(\frac{a}{b} + \frac{c}{d}\right) : \frac{m}{n} = \frac{(ad \mp bc)n}{bdm}$

IV. $\left(a + \frac{c}{d}\right) : \frac{m}{n} = \frac{(ad + c)n}{dm}$

IV. $\frac{m}{n} : \left(a + \frac{c}{d}\right) = \frac{dm}{(ad + c)n}$

V. $\frac{a}{b:c} : \frac{m}{n} = \frac{acn}{bm}$

VI. $\frac{a:c}{b} : \frac{m}{n} = \frac{an}{bcm}$

VII. $\frac{a:c}{b:d} : \frac{m}{n} = \frac{adn}{bcm}$

VIII. $\frac{a^m}{b} : \frac{c}{a^n} = \frac{a^{m+n}}{bc}$

IX. $\frac{a^m}{b^x} : \frac{b^y}{a^q} = \frac{a^{m+q}}{b^{x+y}}$

X. Es

X. Es ist $\frac{a^m}{b} : \frac{c}{b^n} = \frac{a^m b^{n-1}}{c}$

XI. $\frac{a}{b-c} = \frac{a}{b} + \frac{ac}{b^2} + \frac{ac^2}{b^3} \cdots$

XII. $\frac{a}{b+c} = \frac{a}{b} - \frac{ac}{b^2} + \frac{ac^2}{b^3} - \frac{ac^3}{b^4} \cdots$

Diese beyde Sätze will ich in den Vorlesungen erklären, und das nöthige von Auflösung der Brüche in unendliche Reihen beybringen.

XIII. Ein Bruch läßt sich durch jede ganze Zahl (66) durch jeden Bruch (74) und durch jede vermischte Zahl (n. III.) dividiren; und umgekehrt (68. und 74. n. III.) wenn nichts daran gelegen, ob der Quotient eine ganze, eine gebrochene oder eine vermischte Zahl seyn kann. Da nun der Theiler und der Quotient die Faktoren des Dividends, so giebt es eine unendliche Anzahl Faktoren, einer Größe, wenn man Brüche dafür annehmen will.

§. 75.

Anmerkung. Alle von §. 64. angegebene Hauptregeln der Multiplikation und Division in Brüchen, lassen sich durch Beobachtung 3 leichter Regeln, kurz zusammenziehen, davon in den Vorlesungen ein mehreres.

§. 76.

Lehrsatz. Die Subtraktion ist kein Mittel Brüche aufzuheben. (53. n. 1.)

Beweis. Es sey der aufzuhebende Bruch $= \frac{a}{b}$
die vom Zehler a abzuziehende Größe $= m$ folgl. $< a$,
die vom Neuer b abzuziehende Größe $= n$ folgl. $< b$.

Soll

Soll nun $\frac{a}{b} = \frac{a-m}{b-m}$ seyn; so ist

$$a:b = (a-m):(b-m) \quad (46.)$$
$$\text{also } ab - am = ab - bm$$
$$\text{folgl. } an = bm$$
$$\text{und } \frac{an}{b} = m$$

endlich $\frac{a}{b} = \frac{m}{n}$ (67. n. 1.)

Wir müssen also, um durch die Subtraktion einen Bruch aufzuheben, einen Bruch finden, welcher dem aufzuhebenden gleich, und dessen Zehler und Nenner kleiner ist, als des gegebenen Bruchs Zehler und Nenner. Haben wir aber einen solchen Bruch gefunden; so ist die Subtraktion überflüßig und unnöthig, weil der gefundene Bruch schon ein Bruch von verlangter Beschaffenheit ist. Daher die Subtraktion kein Mittel ist Brüche aufzuheben.

§. 77.

1. Zusatz. Das einzige Mittel Brüche aufzuheben bleibt also die Division (53. n. 1.) und da diese nur in dem Fall anzuwenden, wenn der Zehler und Nenner eines Bruchs zusammengesetzte Zahlen unter sich; (54.) so können auch keine Brüche aufgehoben werden, deren Zehler und Nenner unter sich Primzahlen sind.

2. Will man also Brüche, deren Zehler und Nenner Primzahlen unter sich, durch kleinere Zehler und Nenner ausdrücken; so wird man die Genauigkeit dieser Bequemlichkeit aufopfern müssen, welches auch besonders im gemeinen Leben sehr oft zu geschehen pflegt, und ohne Nachtheil geschehen kann. Das von §. 78. bis 90.

§. 78.

§. 78.

Lehrsatz. Ein jeder Bruch $\frac{m}{r}$ läßt sich in einen gleichgültigen Bruch verwandeln, dessen Zehler $= 1$, wenn man nicht darauf achtet den Nenner desselben durch einen Bruch auszubrücken.

Beweis. Denn ein dem Bruche $\frac{m}{r}$ gleichgültiger Bruch ist $\frac{m:m}{r:m} = \frac{1}{r:m}$ (§ 1. u. 48. n. 5. A. M.)

§. 79.

1. **Zusatz.** Wenn $\frac{m}{r}$ ein eigentlicher Bruch ist, und m nicht das gemeinschaftliche größte Maaß der Zehler und Nenner, welches allezeit der Fall, wenn m u. r Primzahlen unter sich; so ist der neue Nenner $r:m$ eine vermischte Zahl, sie sey $= a + \frac{\alpha}{m}$; so ist

$$\frac{m}{r} = \frac{1}{r:m} = \frac{1}{a + \frac{\alpha}{m}}$$

2. Auch der Bruch $\frac{\alpha}{m}$ ist $= \frac{1}{m:\alpha}$ und $m:\alpha$ ist auch eine vermischte Zahl, die man sich $b + \frac{\beta}{\alpha}$ vorstellen kann. Daher wird

$$\frac{m}{r} = \frac{1}{a + \frac{\alpha}{m}} = \frac{1}{a + \frac{1}{b + \frac{\beta}{\alpha}}}$$

3. Auch $\frac{\beta}{\alpha} = \frac{1}{\alpha:\beta}$ und $\alpha:\beta$ eine vermischte Zahl, die sich durch $c + \frac{\gamma}{\beta}$ vorstellen läßt; so ist

Arithmetik. 117

$$\frac{m}{r} = \cfrac{1}{a + \cfrac{1}{b + \cfrac{\beta}{\alpha}}} = \cfrac{1}{a + \cfrac{1}{b + \cfrac{1}{c + \cfrac{\gamma}{\beta}}}}$$

4. Diese Veränderung des übrig gebliebenen Bruchs $\frac{\gamma}{\beta}$ läßt sich so lange fortsetzen, bis der Zehler desselben auch $= 1$; und daß sich ein jeder Bruch so lange verändern lasse erhellet aus §. 40.

5. Wir wollen daher annehmen, daß

$$\frac{m}{r} = \cfrac{1}{a + \cfrac{1}{b + \cfrac{1}{c + \cfrac{1}{d}}}}$$

§. 80.

Anmerkung. Wenn ein Bruch in eine solche Kette von Brüchen, wie der Bruch $\frac{m}{r}$ in 79. n. 5. verwandelt worden, so sollen a. b. c. d. e. u. f. f. die n und nach entstandene Nenner dieser Brüche; $\alpha. \beta. \gamma. \delta. \epsilon.$ u. f. f. aber die auf einander bey der Verwandlung entstehende Ueberreste vorstellen.

§. 81.

Lehrsatz 1. Es ist $\frac{m}{r} < \frac{1}{a}$ aber $> \cfrac{1}{a + \cfrac{1}{b}}$

H 3 und

und wieder $< \cfrac{1}{a+\cfrac{1}{b+\cfrac{1}{c}}}$ und so ferner abwechselnd

bis $\dfrac{m}{r} = \cfrac{1}{a+\cfrac{1}{b+\cfrac{1}{c+\cfrac{1}{d}}}}$

2. Der Bruch $\dfrac{1}{a}$ ist unter den Brüchen in der Reihe von $\dfrac{m}{r}$ am weitesten entfernt, die übrigen aber kommen, wie sie auf einander folgen, dem Werthe des $\dfrac{m}{r}$ immer näher.

Beweis. Daß $\dfrac{m}{r} < \dfrac{1}{a}$ erhellet folgendergestalt:

Es ist $\dfrac{m}{r} = \cfrac{1}{a+\cfrac{1}{b+\cfrac{1}{c+\cfrac{1}{d}}}}$

Da nun $\cfrac{1}{a+\cfrac{1}{b+\cfrac{1}{c+\cfrac{1}{d}}}} < \dfrac{1}{a}$ (42. n. 10.)

So ist auch $\dfrac{m}{r} < \dfrac{1}{a}$

Daß $\dfrac{m}{r} > \cfrac{1}{a+\cfrac{1}{b}}$ ist so darzuthun.

Es sey $\cfrac{1}{c+\cfrac{1}{d}} = p.$ so ist

Arithmetik. 119

$$\frac{m}{r} = \frac{1}{a+\frac{1}{b+p}} = \frac{b+p}{ab+ap+1}$$

Nun aber ist $\dfrac{b+p}{ab+ap+1} : \dfrac{1}{a+\frac{1}{b}} = \dfrac{b+p}{ab+ap+1} : \dfrac{b}{ab+1}$

Folglich ist $\dfrac{m}{r} : \dfrac{1}{a+\frac{1}{b}} = \dfrac{b+p}{ab+ap+1} : \dfrac{b}{ab+1}$

da aber

$$\frac{b+p}{ab+ap+1} : \frac{b}{ab+1} = ab^2 + b + apb + p : ab^2 + apb + b$$

so ist auch $\dfrac{m}{r} : \dfrac{1}{a+\frac{1}{b}} = ab^2 + b + apb + p : ab^2 + apb + b$

Da nun $ab^2 + b + apb + p > ab^2 + apb + b$

So ist auch $\dfrac{m}{r} > \dfrac{1}{a+\frac{1}{b}}$ (19. n. 2. A. M.)

u. s. f.

Der andere Theil des Lehrsatzes läßt sich sehr leicht darthun, wenn man $\dfrac{m}{r}$ mit $\dfrac{1}{a}$ und dann mit $\dfrac{1}{a+\frac{1}{b}}$ u. s. f. vergleicht.

❀ §. 82. ❀

1. Zusatz. Der Bruch $\dfrac{m}{r}$ läßt sich also durch die Brüche $\dfrac{1}{a}$ durch $\dfrac{1}{a+\frac{1}{b}}$ durch $\dfrac{1}{a+\frac{1}{b+\frac{1}{c}}}$ u. durch $\dfrac{1}{a+\frac{1}{b+\frac{1}{c+\frac{1}{d}}}}$

ausdrücken, von welchen der folgende dem Werthe des Bruchs $\dfrac{m}{r}$ immer näher kömmt, der letztere aber demselben gleichgültig ist.

H 4   2. Da

Arithmetik.

2. Da $\dfrac{1}{a+\dfrac{1}{b}} = \dfrac{b}{ab+1}$ und $\dfrac{1}{a+\dfrac{1}{b+\dfrac{1}{c}}} = \dfrac{bc+1}{abc+a+c}$

und $\dfrac{1}{a+\dfrac{1}{b+\dfrac{1}{c+\dfrac{1}{d}}}} = \dfrac{bcd+d+b}{abcd+ad+cd+ab+1}.$

so drücken folgende Brüche den Werth von $\dfrac{m}{r}$ immer näher aus.

$$\dfrac{1}{a} \quad \dfrac{b}{ab+1} \quad \dfrac{bc+1}{abc+c+a} \quad \dfrac{bcd+d+b}{abcd+cd+ad+ab+1}.$$

welche Reihe man auch durch

$$\dfrac{1}{a} \quad \dfrac{b}{ab+1} \quad \dfrac{bc+1}{((ab+1)c)+a} \quad \dfrac{((bc+1)d)+b}{(((ab+1)c)+a)d+(ab+1)}$$

ausdrücken kann. Hieraus ist es nicht schwer den Ursprung der Formel für jedes Glied einzusehen, sobald man die vorhergehenden Glieder hat, indem ein jedes Glied aus den beyden unmittelbar vorhergehenden, durch Hülfe eines der Nenner aus der Kette der Brüche (§o) entsteht. Will man also

3. Das nte Glied einer solchen Reihe finden, so multiplicire man

1) den Zehler und Nenner des (n − 1)ten Gliedes durch einen Buchstaben aus dem Alphabet a, b, c, welcher in demselben die nte Stelle einnimmt, und addire

2) zu dem durch die Multiplikation vergrößerten Zehler, den Zehler des (n − 2)ten Gliedes. Dis ist der Zehler des verlangten Gliedes. Ferner addire

man

Arithmetik. 121

man zu dem durch die Multiplikation vergrösserten Nenner, den Nenner des (n-2)ten Gliedes. Dis ist der Nenner des verlangten Gliedes, und der Bruch das verlangte Glied.

4. Weil ein jedes Glied der Reihe auf die vorangezeigte Weise aus den beyden vorhergehenden Gliedern entsteht; so läßt sich das erste und andere Glied nicht so finden, wenn nicht zuvor noch zwey dem $\frac{1}{a}$ vorhergehende Glieder gefunden worden. Diese mögen $\frac{t}{u}$ und $\frac{v}{w}$ seyn, so ist die Reihe $\quad \frac{t}{u} \quad \frac{v}{w} \quad \frac{1}{a} \quad \frac{b}{ab+1}$

Folgl. ist $b = (1 \times b) + v = b + v$, u. also $v = 0$. Ferner ist $ab + 1 = (a \times b) + w = ab + w$. Daher $w = 1$. und folglich $\frac{v}{w} = \frac{0}{1}$

Nunmehr ist obige Reihe $\quad \frac{t}{u} \quad \frac{0}{1} \quad \frac{1}{a} \quad \frac{b}{ab+1}$

und es läßt sich auch $\frac{t}{u}$ bestimmen. Denn es ist in den Bruch $\frac{1}{a}$ der Zehler
$1 = (0 \times a) + t = 0 + t$ folglich $t = 1$. und
$a = (1 \times a) + u = a + u$ folglich $u = 0$.
daher ist $\frac{t}{u} = \frac{1}{0}$ und obige Reihe ist

$$\frac{1}{0} \quad \frac{0}{1} \quad \frac{1}{a} \quad \frac{b}{ab+1}$$

5. Schreibt man also die beyden Brüche $\frac{1}{0}$ und $\frac{0}{1}$ jederzeit hin und über die folgende Oerter a. b. c. d. u. s. f.; so lassen sich alle Glieder der Reihe nach n. 3. finden, und die Reihe nach Belieben fortsetzen. Das Schema ist folgendes:

H 5

122 **Arithmetik.**

$$\begin{array}{ccc} a & b & c \\ \dfrac{1}{0} & \dfrac{0}{1} & \end{array}$$

Der Bruch der im 1sten Ort kömmt ist also

$$\frac{(0 \times a) + 1}{(1 \times a) + 0} = \frac{1}{a} \quad \text{u. s. f.}$$

Die Brüche $\dfrac{1}{0}$ und $\dfrac{0}{1}$ dienen also nur dazu, um die würklichen Glieder der Reihe nach einerley Regel zu finden.

§. 83.

Wenn man die Zehler der Glieder der §. 82. n. 2. gegebenen Reihe mit einem Buchstaben aus dem Alphabet A. B. C. und die Nenner mit einem Buchstaben aus A. B. C. dergestalt bezeichnet, daß fürs nte Glied auch der Buchstab genommen wird, welcher die nte Stelle im Alphabet einnimmt; so erhalten wir aus der Reihe

$$\begin{array}{ccccc} & & \overset{C}{\shortparallel} & & \overset{D}{\shortparallel} \\ \dfrac{1}{a} & \dfrac{b}{ab+1} & \dfrac{bc+1}{((ab+1)c)+a} & \dfrac{((bc+1)d)+b}{(((ab+1)c)+a)d+(ab+1)} \\ & & \shortparallel & & \shortparallel \\ & \mathfrak{B} & \mathfrak{C} & & \mathfrak{D} \end{array}$$

folgende bequem ausgedrückte Reihe:

$$\frac{1}{a} \quad \frac{b}{ab+1} \quad \frac{bc+1}{\mathfrak{B}c+a} \quad \frac{Cd+b}{\mathfrak{C}d+\mathfrak{B}} \quad \frac{De+C}{\mathfrak{D}e+\mathfrak{C}}$$

§. 84.

Arithmetik.

§. 84.

Lehrsatz. Die Differenz des gegebenen Bruchs und des Bruchs aus dem 1sten Ort der gefundenen Reihe oder $\frac{m}{r} - \frac{1}{a}$ ist $= \frac{am-r}{ar}$

Beweis. Es ist $\frac{m}{r} = \frac{am}{ar}$

und $\frac{1}{a} = \frac{r}{ar}$

Folgl. $\frac{m}{r} - \frac{1}{a} = \frac{am}{ar} - \frac{r}{ar} = \frac{am-r}{ar}$ (61 n. 2)

§. 85.

1. **Zusatz.** Eben so folgt daß $\frac{m}{r} - \frac{b}{ab+1} = \frac{br - \mathfrak{B}m}{\mathfrak{B}r}$

und daß $\frac{m}{r} - \frac{bc+1}{\mathfrak{B}c+a} = \frac{\mathfrak{C}r - \mathfrak{C}m}{\mathfrak{C}r}$

2. Die Reihe, worin die Formeln für die Differenzien des gegebenen und eines gefundenen in der Reihe §. 83. befindlichen Bruchs ist

$$\frac{am-r}{ar} \quad \frac{\mathfrak{B}m-br}{\mathfrak{B}r} \quad \frac{\mathfrak{C}m-\mathfrak{C}r}{\mathfrak{C}r} \quad \frac{\mathfrak{D}m-\mathfrak{D}r}{\mathfrak{D}r}$$

§. 86.

Lehrsatz. Es ist $am - r = -\alpha$ (80.)

Beweis. Es ist $\frac{m}{r} = \frac{1}{a + \frac{\alpha}{m}}$ (79) $= \frac{m}{am + \alpha}$

folgl. $r = am + \alpha$ (47. n. 2.)
subtr. $am = am$
─────────────
giebt $r - am = \alpha$ und
multipl. $-1 = -1$
─────────────
Daher $am - r = -\alpha$

§. 87.

124 Arithmetik.

§. 87.

Lehrsatz. Es ist $Bm - br = \beta$ (80.)

Beweis. Es ist $\frac{m}{a} = b + \frac{\beta}{a} = \frac{ba + \beta}{a}$ (79.)

folgl. $m = ba + \beta$
subtr. $ba = ba$
——————————
giebt $m - ba = \beta$

Da nun $-ba = -a \times b = (am - r)b$ (86.)
$= amb - br$ so ist
$m + amb - br = \beta$

und da $amb + m = (ab + 1)m = Bm$ (83)
so ist auch $Bm - br = \beta$

§. 88.

1. **Zusatz.** Eben so ist zu beweisen, daß $Cm - Cr = \gamma$
- - - - $Dm - Dr = \delta$ u. s. f.

2. Da $am - r$ positiv genommen der nach der 1sten Division, $Bm - br$ der nach der 2ten Division, $Cm - Cr$ positiv genommen der nach der 3ten Division übrig gebliebene Rest (80.) so läßt sich die §. 85. n. 2. gegebene Reihe, für die Differenzien des gegebenen und eines gefundenen in der Reihe (83.) befindlichen Bruchs, durch folgende Reihe darstellen

$$\frac{\alpha}{ar} \quad \frac{\beta}{Br} \quad \frac{\gamma}{Cr} \quad \frac{\delta}{Dr} \quad \text{u. s. f.}$$

§. 89.

1. **Anmerkung.** Die Anwendung dieser allgemeinen Theorie auf einen in Zahlen gegebenen Bruch, will ich

Arithmetik.

ich in den Vorlesungen durch folgendes Schema zeigen. Es wäre der Bruch $\frac{163}{364}$ durch kleinere Zahlen auszudrücken, die, wenn es nicht auf die Genauigkeit ankömmt, statt des gegebenen Bruchs gesetzt werden können, man wollte aber auch zugleich den Unterschied des gegebenen und eines jeden der gefundenen Brüche angeben.

1) $r = 163 \,|\, 364 \,|\, 2 = a$
326

$a = 38 \,|\, 163 \,|\, 4 = b$
152

$a = 11 \,|\, 38 \,|\, 3 = c$
33

$r = 5 \,|\, 11 \,|\, 2 = d$
10

$a = 1 \,|\, 5 \,|\, 5 = e$
5

$a = 0$

$\ \ \ \ \overset{5.}{}\ \ \overset{4.}{}\ \ \overset{3.}{}\ \ \overset{2.}{}\ \ \overset{1.}{}$

2) $\frac{1}{5}\ \frac{2}{5}\ \frac{1}{3}\ \ \frac{4}{9}\ \ \frac{13}{29}\ \ \frac{30}{67}\ \ \frac{163}{364}$

$\ \ \text{I.}\ \ \ \ \text{II.}\ \ \ \ \text{III.}\ \ \ \text{IV.}\ \ \ \text{V.}$

3) $\dfrac{38}{2\times 364}\ \ \dfrac{11}{9\times 364}\ \ \dfrac{5}{29\times 364}\ \ \dfrac{1}{67\times 364}\ \ \dfrac{0}{364\times 364}$

$\ \ \| \ \ \ \ \| \ \ \ \ \| \ \ \ \ \| \ \ \ \ \|$

$\ \ \dfrac{38}{728}\ \ \dfrac{11}{3276}\ \ \dfrac{5}{10556}\ \ \dfrac{1}{24388}\ \ 0$

4) Woraus zu ersehen, daß der Bruch $\frac{1}{2}$ um $\frac{38}{728}$ größer, $\frac{4}{9}$ um $\frac{11}{3276}$ kleiner, $\frac{13}{29}$ um $\frac{5}{10556}$ größer,

größer, $\frac{39}{67}$ um $\frac{1}{24386}$ kleiner als der gegebene Bruch $\frac{162}{4}$ sey. Diese Differenzen zeigen uns an, ob der Bruch $\frac{1}{2}$ den Bruch $\frac{162}{4}$ unsrer Absicht gemäß genau genug giebt oder ob wir den Bruch $\frac{4}{7}$ u. s. f. dafür nehmen müssen.

II. Wenn sich ein Bruch aufheben läßt; so erhält man durch diese Operationen nicht allein den kleiner ausgedrückten Bruch; sondern auch noch alle kleinere, die von demselben am wenigsten verschieden sind.

III. Will man dis Verfahren bey einem uneigentlichen Bruch anwenden; so muß man denselben zuvor in eine vermischte Zahl verwandeln, alsdann man mit dem darin vorkommenden eigentlichen Bruche eben so verfahren kann.

IV. Ueber diese Materie verdient **Hr. Professor Lambert** im 2ten **Theile seiner Beyträge zur Mathematik** von **Verwandlung der Brüche** nachgelesen zu werden.

§. 90.

Aufgabe. Einen Bruch $\left(\frac{a}{b}\right)$ in einen andern gleichgültigen zu verwandeln, welcher eine gegebene Benennung (c) hat.

Auflösung. 1. Man multiplicire den Zehler (a) des gegebenen Bruchs durch den Nenner (c) welchen der neue Bruch bekommen soll. Dies Produkt (ac) dividire man durch den Nenner (b) des gegebenen Bruchs.

2. Der Quotient (ac:b) ist der Zehler des dem gegebenen gleichgültigen Bruchs, der die verlangte Benennung (c) hat.

Beweis.

Beweis. Wenn der gegebene Bruch $\frac{a}{b}$ in einen andern zu verwandeln welcher diesem gleich gültig und dessen Nenner $= c$; so ist der zu diesem Bruch gehörige Zehler noch unbekannt, der so lange x heissen mag. Es ist daher nur zu beweisen daß $x = ac : b$ und daß $\frac{a}{b} = \frac{ac:b}{c}$.

Nach der Bedingung ist $\frac{a}{b} = \frac{x}{c}$

Folgl. $a : b = x : c$ (47.)

Folgl. $x = ac : b$ (80. A. M.)

Und daher ist $\frac{a}{b} = \frac{ac.b}{c}$

§. 91.

Zusatz. Wenn b von ac ein aliquoter Theil; so ist $\frac{ac:b}{c}$ ein Bruch, dessen Zehler und Nenner ganze Größen. Von dem Nutzen der Aufgabe (90) in den Vorlesungen.

§. 92.

Lehrsatz. Zwischen einen eigentlichen Bruch $\frac{a}{b}$ und dem Ganzen, wovon $\frac{a}{b}$ ein Theil ist, liegt eine unendliche Anzahl Brüche, welche in Ansehung der Größe von einander verschieden sind.

Beweis. Man addire 1 sowol zu a, als zu b, so entsteht aus dem Bruch $\frac{a}{b}$ der Bruch $\frac{a+1}{b+1}$.

Da nun $\frac{a}{b} : \frac{a+1}{b+1} = ab + a : ab + b$ (59. n. 4.)

und $ab = ab$

aber $b > a$

so ist auch $ab + b > ab + a$ und folgl. $\frac{a+1}{b+1} > \frac{a}{b}$

Eben

Arithmetik.

Eben so wird $\frac{a+2}{b+2} > \frac{a+1}{b+1}$, und so ferner
ins Unendliche fort seyn. Daß aber überhaupt
$\frac{a+m}{b+m}$ nie ein Ganzes werden könne, wenn man
auch m noch so groß annimmt, erhellet daraus, daß
$b+m > a+m$ (32. n. 2. A. M.) Folglich liegt
zwischen $\frac{a}{b}$ und dem Ganzen, wovon $\frac{a}{b}$ ein Theil
ist, eine unendliche Anzahl Brüche, welche in Ansehung der Größe von einander verschieden sind.

§. 93.

1. Zusatz. Zwischen zweyen ganzen Zahlen deren Unterschied $= 1$ liegt eine unendliche Anzahl von Brüchen, die in Ansehung der Größe von einander verschieden sind.

2. Liegt also eine Größe die nicht genau zu bestimmen zwischen zweyen ganzen; so ist es möglich sie durch einen Bruch zu bestimmen, welcher von der wahren Größe nur um einer unendlich kleinen Größe verschieden ist, das heißt man wird sich der wahren Größe unendlich nähern können. Um so mehr wird es also in diesem Falle möglich seyn, eine Größe zu finden, die von der wahren Größe um eine Kleinigkeit verschieden ist.

§. 94.

Der Bruch wird kleiner wenn der Nenner bey unveränderten Zehler wächst. (42. h. 9.) Es verschwindet der Bruch aber nicht gänzlich, oder welches einerley ist, der Bruch wird nicht $= 0$, so groß auch immer der Nenner angenommen werden mag, sondern es behält ein solcher Bruch noch immer einige Größe,

Größe, welches vor sich klar. Soll also der Bruch endlich $\frac{a}{-} = 0$ werden; so muß der Nenner unendlich groß werden. (90. A. M.) Es sey ∞ das Zeichen einer unendlich großen Größe; so ist $\frac{a}{\infty} = 0$.

§. 95.

1) *Zusatz.* Da $\frac{a}{\infty} = 0$ so ist $a = \infty \times 0$ und folglich $\frac{a}{0} = \infty$. Man kann daher der Aehnlichkeit halber $\frac{a}{\infty}$ eine unendlich kleine Größe nennen.

2) $1 : 0 = \infty : a$ (42. b. A. M.) Eine jede endliche Größe ist daher in Vergleichung gegen eine unendlich große für nichts zu halten.

3) $\frac{a}{\infty} : \left(\frac{a}{\infty}\right)^2 = \infty : a$ (72. n. f.) Eine unendlich kleine Größe ist also in Ansehung ihres Quadrats unendlich groß, welches von allen niedrigern Dignitäten der unendlich kleinen Größe in Ansehung der höhern gilt. Es ist daher eine unendlich kleine Größe von einem höhern Grade in Vergleichung gegen eben dieselbe von einem niedern Grade, für Nichts zu halten.

4) $\frac{1}{0} : \left(\frac{1}{0}\right)^2 = 0 : a$. Eine Größe, welche unendlich groß, ist also in Vergleichung gegen ihr Quadrat für nichts zu halten. Eben dis gilt von allen nidrigern Dignitäten des unendlich großen in Vergleichung gegen höhere Dignitäten desselben.

5) Wenn m eine endliche ganze Zahl; so ist m^∞ eine Zahl welche aus unendlich vielen Faktoren besteht, von welchen jeder $= m$; (60. A. M.) Daher m^∞ unendlich groß, und $\frac{1}{m^\infty}$ unendlich klein.

§. 96.

§. 96.

1. **Anmerkung.** Einige Mathematiker behaupten, daß $\frac{a}{\infty} = 0$ im eigentlichen Verstande, andere aber, daß $\frac{a}{\infty}$ nur eine unendlich kleine Größe, und daher nur in so ferne der Null gleich zu achten sey. In den Vorlesungen will ich die Gründe anzeigen, womit beyde Meynungen unterstützt werden. In der Anwendung dieses Ausdrucks macht die verschiedene Vorstellungsart desselben, keinen Unterschied.

2. Es war $\frac{a}{0} = \infty$ auch ist $\frac{b}{0} = \infty$. Man schließe hieraus nicht, daß $\frac{a}{0} = \frac{b}{0}$ und folgl. daß $a = b$. Denn ∞ ist ein unbestimmtes Zeichen einer Größe, die unendlich groß, und es giebt verschiedene Stuffen des unendlich Großen. (95. n. 4.)

Von Progreßional-Brüchen überhaupt.

§. 97.

Erklärung. Wenn eine Größe durch verschiedene Brüche ausgedrückt wird, deren Nenner so beschaffen sind, daß sie eine geometrische Progreßion machen, die sich mit 1 anfängt, und deren Exponent $= a$, so will ich die Größe einen Progreßional-Bruch überhaupt, insbesondere aber einen a theiligen Bruch nennen; das heißt: eine bestimmte Art dieser Brüche soll ihre besondere Benennung von der Größe des Exponenten der Progreßion erhalten, in welcher die Nenner der Brüche stehen.

§. 98.

1. **Zusatz.** $1; a; a^2; a^3; a^4 - - - - a^m$ wird also die Reihe seyn, aus welcher die Nenner zu den Progreßional-Brüchen genommen werden.

2. Ein

Arithmetik 131

2. Ein Progreßional-Bruch kann also, wie ein anderer Bruch ausgedrückt werden. Ist der Exponent der Progreßion bekannt, aus welcher die Nenner dieser Brüche zu nehmen; so wird man einen solchen Bruch ausdrücken können, wenn man den Zehler anzeigt, und demselben ein Zeichen anhängt, aus dem sich der Nenner schließen läßt. Man bedienet sich dieser Methode, um die Rechnung mit den Brüchen dieser Art abzukürzen.

§. 99.

Willkührliche Sätze. Um die §. 98. n. 2. gemeldete Absicht zu erreichen, bediene man sich der Zeichen $'\ ''\ '''\ \text{\textsc{iv}}\ \text{\textsc{v}}\ \text{\textsc{vi}}$ u. s. f. die man dem Zehler eines Progreßional-Bruchs oben zur Rechten anhängt, und die man die Kennziffer nennet. Nach dieser Bezeichnungsart ist:

$z' = \dfrac{z}{a}$ wovon der Nenner im 2ten Ort d. Progreßion (98. n. 1.)

$z'' = \dfrac{z}{a^2}$ — — — 3ten — —

$z''' = \dfrac{z}{a^3}$ — — — 4ten — —

$z^m = \dfrac{z}{a^m}$ — — — (m+1)ten — —

Hier bedeutet also m in z^m nicht den Exponent der Dignität von z, sondern nur eine unbestimmte Anzahl von Strichen, oder die unbestimmte Kennziffer des Progreßional-Bruchs. Weil aber m in a^m das m den Exponent der Dignität von a anzeigt, und folglich eine eigenthümliche Bedeutung behält; so will ich, um eine unvermeidliche Verwirrung zu vermeiden,

das

das unbestimmte Kennzeichen der Kennziffer dem Zehler oben zur Linken setzen, die bestimmten aber sollen ihren Ort behalten. Es soll also $\frac{z}{a} = {}^m z$ seyn.

§. 100.

Aufgabe. Einen Bruch $\frac{z}{n}$ in einen Progreßional-Bruch verwandeln, dessen Kennziffer $= m$ und welcher dem gegebenen gleichgültig.

Auflösung und Beweis. Es sey der Progreßional-Bruch ${}^m x$, so ist $\frac{z}{n} = {}^m x = \frac{x}{a^m}$ (99).

folgl. ist $z : n = x : a^m$
und also $x = za^m : n$
und folgl. $\frac{z}{n} = \frac{x}{a^m} = \frac{za^m : n}{a^m}$

Da aber $\frac{za^m : n}{a^m} = {}^m(za^m : n)$ (99)

So ist auch $\frac{z}{n} = {}^m(za^m : n)$.

§. 101.

1. Zusatz. Wenn $n = 1$, folgl. $\frac{z}{n} = z =$ einer ganzen Zahl $= G$; so ist $\frac{z}{n} = {}^m(za^m : n) = {}^m(Ga^m)$. Woraus zu ersehen wie man einer ganzen Zahl die Gestalt eines Progreßional-Bruchs von einer beliebigen Kennziffer geben könne.

2. Ein

Arithmetik 133

2. Ein Progreßional-Bruch $^m b$ in einen gleichgültigen Bruch verwandelt, dessen Nenner $= d$ giebt den Bruch $\dfrac{bd:a^m}{d} = {^m b}$.

Aufgabe. Zwey Progreßional-Brüche von verschiedenen Kennziffern in ihnen gleichgültige Progreßional-Brüche von einerley Kennziffer verwandeln.

Auflösung. Es wären die Brüche $^m z$ und $^q r$ verlangtermaßen zu verwandeln.

1) Man addire zu m die Kennziffer des andern Bruchs, nemlich q, und multiplicire z durch a^q, giebt $^{m+q}(za^q)$ welcher $= {^m z}$.

2) Man addire zu q die Kennziffer des ersten Bruchs, nemlich m, und multiplicire r durch a^m, giebt $^{m+q}(ra^m)$ welcher $= {^q r}$.

So ist die verlangte Veränderung bewerkstelligt.

Beweis.

$$^m z \text{ ist} = \frac{z}{a^m} = \frac{za^q}{a^m \cdot a^q} = \frac{za^q}{a^{m+q}} = {^{m+q}(za^q)}$$

$$^q r \text{ ist} = \frac{r}{a^q} = \frac{ra^m}{a^q \cdot a^m} = \frac{ra^m}{a^{m+q}} = {^{m+q}(ra^m)}$$

§. 103.

1. Zusatz. Wenn man also zu der Kennziffer eines Progreßional-Bruchs eine Größe n addirt, so wird die Größe desselben nicht verändert, wenn man nur den Zehler dagegen durch a^n multiplicirt. Daher wird

1) Der Bruch $^m z$ in einen andern mit der Kennziffer $m+n$ verwandelt, wenn man zu m ad-

J 3   dirt hier n und z durch a^n multiplicirt. Das ist: $^m z$ wird $= {}^{m+n}(za^n)$. Man kann daher die Kennziffer eines Progreßional-Bruchs nach Belieben vergrößern, ohne seinen Werth zu verändern; wenn man nur die gehörige Veränderung mit dem Zehler vornimmt.

3) $^m z$ und $^{m+n} x$, unter einerley Kennziffer gebracht, geben $^{m+n} z a^n$ und $^{m+n} x$.

4) Es ist $^m z = {}^{m+n} z a^n$.

II. Wenn man von der Kennziffer eines Progr. Bruchs eine Größe n subtrahirt, so wird die Größe desselben nicht verändert, wenn man nur den Zehler dagegen durch a^n dividirt.

§. 104.

Anmerkung. Wenn ich von verschiedenen Progreßional-Brüchen ohne Zusatz rede, so verstehe ich darunter allemal solche, deren Nenner aus einerley Progreßion genommen worden.

§. 105.

Aufgabe. Den Progreßional-Bruch $^m z$ in einen andern gleichgültigen verwandeln, dessen Kennziffer $= q$.

Auflösung und Beweis. Es sey der verwandelte Bruch $= {}^q x$ so ist $^m z = {}^q x$.

Folgl. $\dfrac{z}{a^m} = \dfrac{x}{a^q}$

Daher $z : a^m = x : a^q$

Folglich ist $x = \dfrac{z a^q}{a^m} = z a^{q-m}$

Und daher $^m z = {}^q(z a^{q-m}) = {}^q\left(\dfrac{z a^q}{a^m}\right)$

§. 106.

§. 106.

1) **Zusatz.** Wenn $q > m$ so ist a^{q-m} eine Größe deren Exponent positiv, und daher $^q(za^{q-m})$ eine brauchbare Formel. Ist aber $q < m$; so ist a^{q-m} eine Größe deren Exponent negativ; da aber die Natur solcher Größen erst in der Folge untersucht wird, so kann man sich in diesem Fall der Formel $^q\left(\dfrac{z\cdot a^q}{a^m}\right)$ bedienen.

2) Wenn $q = m + n$ so ist $^m z = {}^{m+n}(za^n)$ welches der im §. 103. n. I. 1. angeführte Satz.

§. 107.

Lehrsatz. Es ist $^m z : {}^m r = z : r$.

Beweis. Es ist
$$^m z = \frac{z}{a^m}$$
$$^m r = \frac{r}{a^m}$$

Folgl. $^m z : {}^m r = \dfrac{z}{a^m} : \dfrac{r}{a^m} = z : r$ (48)

§. 108.

1) **Zus.** Es ist $^r z : {}^z z = 1 : a^{r-m}$ Wenn nun $r = m + n$ so ist $^{m+n} z : {}^m z = 1 : a^n$ (102.) Und wenn a eine ganze Zahl, so ist unter den Progreßional-Brüchen von einerley Zehler derjenige der größte, der die kleinste Kennziffer hat, u. s. f. Es ist

2) $^r z : {}^m v = z : v a^{r-m}$ Ist nun $r = m + n$ so ist $^{m+n} z : {}^m v = z : v a^n$ (102.) Es ist

3) $G : {}^m z = G a^m : z$ (101) und

4) $\dfrac{z}{n} : {}^m r = z a^m : n r.$ (100)

§. 109.

Lehrsatz. Es ist $^m z + ^m r = ^m(z+r)$.

Beweis. Es ist $^m z = \dfrac{z}{a^m}$

$^m r = \dfrac{r}{a^m}$

Folgl. $^m z + ^m r = \dfrac{z}{a^m} + \dfrac{r}{a^m} = \dfrac{z+r}{a^m}$

Da nun $\dfrac{z+r}{a^m} = {}^m(z+r)$.

So ist auch $^m z + ^m r = {}^m(z+r)$.

§. 110.

1. **Zusatz.** $^m z - ^m r = {}^m(z-r)$
2. $G + ^m r = {}^m(G a^m + r)$ (101.)
3. $^m z + ^q r = {}^{m+q}(z a^q + r a^m)$ (102.)
4. $^m z + ^{m+n} r = {}^{m+n}(z a^n + r)$ (103. n. 2.)
5. $\dfrac{z}{n} + ^m r = {}^m\left(\dfrac{z a^m}{n} + r\right)$ (100.)
6. Setzt man $-$ statt $+$ in obigen Formeln, so hat man die Formeln für die Subtraktion.

§. 111.

Lehrsatz. Wenn $(z+r) = a$ so ist $^m z + ^m r = {}^{m-1} 1$.

Beweis. Es ist $^m z + ^m r = {}^m(z+r)$ (109.)
und $z+r = a$

Daher ist $^m z + ^m r = {}^m a = \dfrac{a}{a^m} = \dfrac{a:a}{a^m:a} = \dfrac{1}{a^{m-1}}$

Da

Arithmetik

Da nun $\dfrac{1}{a^{m-r}} = {}^{m-r}1$

So ist auch ${}^{m}z + {}^{m}r = {}^{m-r}1$, wenn $z+r = a$.

§. 112.

Lehrsatz. Wenn $(z+r) > a$ und d der Unterschied von $(z+r)$ und a; so ist ${}^{m}z + {}^{m}r = {}^{m-r}1 + {}^{m}d$.

Beweis. Es ist $z+r = a+d$

Folgl. ist ${}^{m}z + {}^{m}r = {}^{m}(z+r) = {}^{m}(a+d)$

Es ist aber ${}^{m}(a+d) = \dfrac{a+d}{a^{m}} = \dfrac{a}{a^{m}} + \dfrac{d}{a^{m}}$ (63, n, 1)

Daher ist ${}^{m}z + {}^{m}r = \dfrac{a}{a^{m}} + \dfrac{d}{a^{m}}$

Da nun $\dfrac{a}{a^{m}} = \dfrac{1}{a^{m-1}} = {}^{m-1}1$, (111,)

und $\dfrac{d}{a^{m}} = {}^{m}d$

So ist auch ${}^{m}z + {}^{m}r = {}^{m-1}1 + {}^{m}d$, wenn $z+r > a$ und d der Unterschied von $(z+r)$ und a.

§. 113.

Lehrsatz. Es ist ${}^{m}z \times G = {}^{m}(zG)$

Beweis. Es ist $G = G$

und ${}^{m}z = \dfrac{z}{a^{m}}$

Daher ist $G \times {}^{m}z = \dfrac{zG}{a^{m}} = {}^{m}(zG)$

§. 114.

§. 114.

Zusatz. $^m r \times \dfrac{z}{n}$ ist $= {}^m(rz:n)$.

§. 115.

Lehrsatz. Es ist $^m z \times {}^n r = {}^{m+n}(zr)$

Beweis. Es ist $^m z = \dfrac{z}{a^m}$

$^n r = \dfrac{r}{a^n}$

Folgl. ist $^m z \times {}^n r = \dfrac{z}{a^m} \times \dfrac{r}{a^n} = \dfrac{zr}{a^{m+n}} = {}^{m+n}(zr)$

§. 116.

Lehrsatz. Es ist $(^m z)^q = {}^{mq}(z^q)$

Beweis. Es ist $(^m z)^q = \left(\dfrac{z}{a^m}\right)^q = \dfrac{z^q}{a^{mq}} = {}^{mq}(z^q)$

§. 117.

Lehrsatz. Es ist $G : {}^m r = \dfrac{G a^m}{r}$

Beweis. Es ist $G : {}^m r = G : \dfrac{r}{a^m}$

Da nun $G : \dfrac{r}{a^m} = \dfrac{G a^m}{r}$ (68)

So ist auch $G : {}^m r = \dfrac{G a^m}{r}$

§. 118.

Arithmetik.

§. 118.

Zusatz. Es ist $\frac{z}{n} : {}^m r = \frac{z a^m}{n r}$

§. 119.

Lehrsatz. Es ist ${}^m r : G = {}^m(r : G)$

Beweis. Es ist ${}^m r : G = \frac{r}{a^m} : G$

Da nun $\frac{r}{a^m} : G = \frac{r}{G a^m} = \frac{r : G}{a^m} = {}^m(r : G)$

So ist auch ${}^m r : G = {}^m(r : G)$

§. 120.

Zusatz. Es ist ${}^m r : \frac{z}{n} = {}^m(r n : z)$

§. 121.

Lehrsatz. Es ist ${}^m z : {}^n r = {}^{m-n}(z : r)$

Beweis. Es ist ${}^m z : {}^n r = \frac{z}{a^m} : \frac{r}{a^n} = \frac{z a^n}{r a^m} = \frac{z}{r a^{m-n}}$

Da nun $\frac{z}{r a^{m-n}} = \frac{z : r}{a^{m-n}} = {}^{m-n}(z : r)$

So ist auch ${}^m z : {}^n r = {}^{m-n}(z : r)$

§. 122.

Zusatz. Wenn ${}^m p : {}^n q = {}^r c : x$

So ist $x = {}^{n+r} q c : {}^m p = {}^{(n+r-m)}(q c : p)$

§. 123.

Lehrsatz. Es ist ${}^m({}^n z) = {}^{m+n} z$

Beweis. ${}^m({}^n z)$ ist $= \frac{{}^n z}{a^m} = \frac{z : a^n}{a^m} = \frac{z}{a^{m+n}} = {}^{m+n} z$

§. 124.

140 Arithmetik.

§. 124.

Aufgabe. Einen Progreßionalbruch, dessen Zehler ein Bruch ist, und dessen Kennziffer $= m$, in einen andern Progreßionalbruch zu verwandeln, der nicht um $^{m+r}1$ von dem gegebenen unterschieden ist, und dessen Zehler eine ganze Zahl.

Auflösung. Es sey der zu verwandelnde Bruch $^m(z:n)$ so ziehe man

1) m von $(m+r)$ ab, und merke die Differenz welche hier $= r$.

2) Man multiplicire z durch a in der Dignität der Differenz d. i. durch a^r gibt za^r

3) Dis Produkt dividire man durch n gibt $\dfrac{za^r}{n}$

4) Zur Kennziffer m addire man obige Differenz r gibt $m+r$

5) Die Summe $m+r$ gebe man dem Bruch $\dfrac{za^r}{n}$ zur Kennziffer. Wenn nun $za^r:n$ ein uneigentlicher Bruch; so

6) dividire man za^r durch n, der Quot. sey $= G + \dfrac{p}{n}$ so ist $^{(m+r)}G$ der Bruch welcher die verlangte Beschaffenheit hat.

Beweis. Es ist $^m(z:n) = {}^{m+r}(za^r:n)$ (103. n. 1)

Wenn nun $za^r:n = G + \dfrac{p}{n}$ So ist

$^m(z:n) = {}^{m+r}(za^r:n) = {}^{m+r}\left(G + \dfrac{p}{n}\right) = {}^{m+r}G + {}^{m+r}(p:n)$

Da

Arithmetik.

Da nun p : n ein eigentlicher Bruch, und also noch nicht $= 1$. so ist der Bruch ^{m+r}G von dem Bruch $^m_1G + ^{m+r}(p:n) = ^m(z:n)$ noch nicht um $^{m+r}1$ verschieden, und sein Zehler ist eine ganze Zahl.

§. 125.

1. **Zusatz.** Ist $n > za^r$; so ist die verlangte Verwandlung unter den angegebenen Bedingungen unmöglich. Da man aber r nach Belieben annehmen kan; so ist diese Unmöglichkeit nur in gewissen Fällen denkbar, wo man r bestimmt angenommen.

2. Wenn $p = 0$ so ist der Bruch $^m(z:n)$ genau $= ^{m+r}G$ welches geschieht wenn n von za^r ein aliquoter Theil.

§. 126.

Lehrsatz. Es ist $G = {^0G}$

Beweis. Es ist $G = \dfrac{G}{1}$

Da nun $1 = a^0$ (69. A. M.)

So ist auch $G = \dfrac{G}{1} = \dfrac{G}{a^0} = {^0G}$

Von den Progreßional-Brüchen insonderheit und zwar:
Von den Decimal-Brüchen.

§. 127.

Erklärung. Ein Progreßional-Bruch worin $a = 10$ (27.) heißt ein Decimal- oder ein zehntheiliger Bruch.

§. 128.

§. 128.

1. **Zusatz.** Die §. 98. gegebene allgemeine Reihe der Nenner des Progreßionalbruchs $1; a^1; a^2; a^3 \cdots a^m$ wird im Decimalbruch $1. 10. 100. 1000 \cdots 10^m$

2. Wenn also z ein allgemeiner Ausdruck für einen Zehler des Decimalbruchs, so ist

$$\frac{z}{a} = \frac{z}{10} = z^{\prime}$$

$$\frac{z}{a^2} = \frac{z}{100} = z^{\prime\prime}$$

$$\frac{z}{a^3} = \frac{z}{1000} = z^{\prime\prime\prime}$$

3. Die Kennziffer eines Decimalbruchs besteht also aus so vielen Strichen, als der Nenner Nullen faßt.

4. Will man die Kennziffer eines Decimalbruchs um eine Anzahl Striche vermehren, ohne die Größe des Bruchs zu verändern, so muß man dem Zehler so viel Nullen anhängen, als man der Kennziffer mehrere Striche angehangen.

§. 129.

Lehrsatz. Die Decimalbrüche $^m z$ und $^{m+1} z$ verhalten sich zu einander wie 10 zu 1.

Beweis. Es ist $^m z = \dfrac{z}{a^m}$ und $^{m+1} z = \dfrac{z}{a^{m+1}}$

Folgl. ist $^m z : {}^{m+1} z = \dfrac{z}{a^m} : \dfrac{z}{a^{m+1}} = a^{m+1} : a^m$ (50. n. 2)

Da nun $a^{m+1} : a^m = a^1 : 1 = 10 : 1.$

So ist auch $^m z : {}^{m+1} z = 10 : 1.$

§. 130.

§. 130.

Zusatz. Wenn man also Decimalbrüche so neben einander schreibt, daß derjenige mit der kleinsten Kennziffer der äußerste zur Linken wird, die übrigen aber so auf einander folgen, wie sich ihre Kennziffern nach und nach vergrößern; wenn man ferner in diese Reihe so oft 0 setzt, als ein Bruch mit einer Kennziffer fehlt; so läßt sich eine solche Reihe Decimal-Brüche in allen Rechnungsarten so behandeln, als die nach dem decadischen Calcul ausgedrückte Zahlen. (9. n. 2.) Daher man sich auch ihrer mit dem größten Vortheil bedienen kan.

§. 131.

I. Anmerkung. Die Decimal-Brüche $4^o\;6''''\;2''\;7'''\;3$ wird man daher so ordnen $4^o\;3'\;2''\;0'''\;6''''\;7'$. Wird diese Ordnung beobachtet, so hat man nur nöthig, der einen Größe ihre Kennziffer anzuhängen, weil sich die übrigen Kennziffern, aus den Oertern, worin ihre Zehler stehen, schließen lassen. Bedienet man sich dieser abgekürzten Zeichnungsart; so pflegt man entweder nur die äußerste zur Rechten bezeichnen, oder man bezeichnet nur die ganzen Größen. Man schreibt daher $4^o\;3'\;2''\;0'''\;6''''\;7'$ entweder $43206\;7'$ oder 4.32067. Daher würden die Decimal-Brüche $5''$ und $3'''= 5^o\;0'\;0''\;3'''= 5003'''= 0.05093$ seyn.

II. Wie die allgemeine Theorie der Progreßional-Brüche auf die Decimal-Brüche angewendet wird, will ich durch einige Beyspiele zeigen.

1) Der Bruch $\tfrac{3}{4}$ wird in einen Decimal-Bruch mit der Kennziffer $''''$ verwandelt, nach der im §. 100. befind-

144 **Arithmetik.**

befindlichen Formel $\frac{z}{n} = {}^m(za^m : n)$. Wird diese auf die vorgegebene Aufgabe angewendet; so ist $z = 3$; $n = 4$; $m = '''$; $a^m = 1000$. Folgl. ${}^m(za^m : n) = {}^{'''}(3 . 1000 : 4) = {}^{'''}750 = 0.750 = \frac{3}{4}$.

2) Es sey 0.36 in einen Bruch dessen Nenner $= 25$ zu verwandeln. Diß geschieht nach der Formel ${}^m b = \dfrac{bd : a^m}{d}$. Nach dieser ist $b = 36$; $m = ''$; $a^m = 100$; $d = 25$. Folglich $\dfrac{bd : a^m}{d} = \dfrac{9}{25} = 0.36$.

3) Auf einerley und zugleich auf die kleinste Kennziffer werden $6'$ und $4'''$ nach §. 103. n. 2. gebracht; wo ${}^{m}z$ und ${}^{m+n}r$ die Brüche ${}^{m+n}za^n$ und ${}^{m+n}r$ geben. Hier ist $z = 6$; $r = 4$; $m = '$; $m+n = '''$ folglich $n = ''$ daher $a^n = 100$. Folglich die verlangten Brüche $600'''$ und $4'''$.

4) 7 durch einen Decimal-Bruch mit der Kennziffer $''$ ausgedrückt ist $= 7.00$ (101. n. 1.)

5) Es ist $1'' = 10'''$ (103. n. 2.)

6) $7'''$ auf die Kennziffer $''$ gebracht $= (7:10)''$ (106. n. 1.)

7) $5''' : 7''' = 5 : 7$ (107.)

8) $3''' : 3'' = 1 : 10$
9) $7''' : 4'' = 7 : 40$
10) $7° : 3'' = 700 : 3$ } (108.)
11) $7'' : 7''' = 700 : 7$

u. s. f.

III. Zu-

III. Einige zusammengesetzte Additions- und Subtraktions-Exempel bey denen es nur hauptsächlich darauf ankömmt, daß man die Decimalbrüche gehörig ordnet, und die von einerley Kennziffer unter einander schreibt.

$$0.\overset{\text{I}}{7}\,\overset{\text{II}}{4}\,\overset{\text{III}}{5}\,\overset{\text{IIII}}{8}\,\overset{\text{V}}{6}$$
$$4.\overset{\text{I}}{3}\,\overset{\text{II}}{9}\,\overset{\text{III}}{3}\,\overset{\text{IIII}}{1}\,\overset{\text{V}}{4}$$
addir. (109. 111. 112.)

$$5.\overset{\text{I}}{1}\,\overset{\text{II}}{3}\,\overset{\text{III}}{9}\,\overset{\text{IIII}}{0}\,\overset{\text{V}}{0}=5.139.$$

$$3.\overset{\text{I}}{7}\,\overset{\text{II}}{0}\,\overset{\text{III}}{0}\,\overset{\text{IIII}}{1}\,\overset{\text{V}}{4}$$
$$1.\overset{\text{I}}{9}\,\overset{\text{II}}{1}\,\overset{\text{III}}{6}\,\overset{\text{IIII}}{3}\,\overset{\text{V}}{2}$$
subtrah. (103. n. 3. 110)

$$1.\overset{\text{I}}{7}\,\overset{\text{II}}{8}\,\overset{\text{III}}{3}\,\overset{\text{IIII}}{8}\,\overset{\text{V}}{2}$$

IV. Zusammengesetzte Multiplikations- und Divisions-Exempel, bey welchen es unnöthig ist, die Decimalbrüche von einerley Kennziffer in der Aufgabe unter einander zu schreiben.

$$\overset{\circ}{3}\,\overset{\text{I}}{2}\,\overset{\text{II}}{5}\,\overset{\text{III}}{6} \qquad 5.\overset{\text{I}}{6}\,\overset{\text{II}}{3}\,\overset{\text{III}}{2}\,\overset{\text{IIII}}{8}$$
$$\overset{\circ}{4}\,\overset{\text{I}}{7}\cdot\overset{\text{II}}{8} \qquad\qquad\qquad 10$$

$$\overset{\text{I}}{2}\,\overset{\text{II}}{6}\,\overset{\text{III}}{0}\,\overset{\text{IIII}}{4}\cdot\overset{\text{V}}{8} \qquad 5\,6.\overset{\text{I}}{3}\,\overset{\text{II}}{2}\,\overset{\text{III}}{8}\,\overset{\text{IIII}}{0}$$
$$\overset{\circ}{2}\,\overset{\text{I}}{2}\,\overset{\text{II}}{7}\,\overset{\text{III}}{9}\,\overset{\text{IIII}}{2} \qquad 5.\overset{\text{I}}{6}\,\overset{\text{II}}{3}\,\overset{\text{III}}{2}\,\overset{\text{IIII}}{8}$$
$$1\,\overset{\circ}{3}\,\overset{\text{I}}{0}\,\overset{\text{II}}{2}\,\overset{\text{III}}{4} \qquad\qquad\qquad 100$$

$$1\,5\,\overset{\circ}{5}\,\overset{\text{I}}{6}\,\overset{\text{II}}{3}\,\overset{\text{III}}{6}\,\overset{\text{IIII}}{8}\,\overset{\text{V}}{} \qquad 5\,5\,3.\overset{\text{I}}{2}\,\overset{\text{II}}{8}\,\overset{\text{III}}{0}\,\overset{\text{IIII}}{0}$$

§. 113. 115. 126.

146 **Arithmetik.**

$$
\begin{array}{r}
\text{Dividend. } 15°\ 5'\ 6''\ 3'''\ 6''''\ 8^v \mid 3°\ 2'\ 5''\ 6'''\ (119.\ 121) \\
\text{Divisor. } 4°\ 7'\ 8'' \\
\hline
3° \\
\hline
14°\ 3'\ 4'' \\
1°\ 2'\ 2''\ 3''' \\
4°\ 7'\ 8'' \\
2' \\
\hline
9'\ 5''\ 6''' \\
2'\ 6''\ 7'''\ 6'''' \\
4°\ 7'\ 8'' \\
5'' \\
\hline
2''\ 3'''\ 9''''\ 0''''' \\
2''\ 8'''\ 6''''\ 8^v \\
4°\ 7'\ 8'' \\
6''' \\
\hline
2''\ 8'''\ 6''''\ 8^v \\
\hline
0\ \ 0\ \ 0\ \ 0
\end{array}
$$

Es ist $5°\ 6'\ 3''\ 2'''\ 8'''' : 10 = 5°\ 6'\ 3''\ 2'''\ 8''''$
$5°\ 6'\ 3''\ 2'''\ 8'''' : 100 = 0.\ 5°\ 6'\ 3''\ 2'''\ 8^v$

Bey allen vorigen Beyspielen habe ich die Kennziffer allenthalben zum Ueberfluß angehangen, damit man die Anwendung der allgemeinen Theorie, desto leichter einsehen könne.

V.

Arithmetik.

V. Es ist $5':3 = (5:3)^{\mathrm{r}}$ (119) da nun der Zehler ein Bruch ist; so ist hier die §. 124. vorkommende Aufgabe anwendbar. Nach der Auflösung ist $(5:3)^{\mathrm{r}} =$ 0.166666 beynahe, weil dieser von jenem noch um kein Milliontheilchen unterschieden ist. Diesen Bruch aber genau durch Decimalbrüche auszudrücken ist unmöglich, doch kann man sich dem wahren Werth desselben nach belieben nähern.

VI. Es ist $\dfrac{1}{24} =$ 0.0416666 - - - -

$\dfrac{1}{288} =$ 0.0034722 - -

der erste Bruch stelt den Ggr. und der andere den Pf. in Decimaltheilen des Rthlrs dar.

VII. So viel mag hier von den Decimalbrüchen genug seyn, weil man sich sehr leicht in allen Fällen selber helfen wird, wenn man die von mir vorgetragene allgemeine Theorie dieser Art Brüche verstanden hat. Den Nutzen dieser Brüche werde ich in den Vorlesungen umständlicher auseinander setzen.

Von den Seragesimal-Brüchen.

§. 132.

Erklärung. Ein Progreßionalbruch, worinn $a = 60$ (97) heißt ein Seragesimal oder Sechszigtheiligerbruch. Ein Seragesimalbruch dessen Nenner $= 60$ heißt eine Minute, dessen Nenner $= 60 \times 60$ eine Sekunde, und dessen Nenner $= 60 \times 60 \times 60$ eine Tertie u. s. f.

§. 133.

1. **Zusatz.** Die §. 98. gegebene allgemeine Reihe der

Arithmetik

Nenner des Progreßionalbruchs $1; a^1; a^2; a^3; a^m$ wird im Sexagesim. $1; 60; (60 \cdot 60); (60 \cdot 60 \cdot 60); 60^m$
$$1; 60; 3600; 216000; 6^m 10^m$$

2. Wenn also $^m z$ ein Sexagesimalbruch; so ist er $=$
$$\frac{z}{6^m \times 10^m}$$

3. Wenn z ein allgemeiner Ausdruck für einen Zehler des Sexagesimalbruchs; so ist

$$\frac{z}{a} = \frac{z}{60} = z'$$

$$\frac{z}{a^2} = \frac{z}{60 \times 60} = \frac{z}{6^2 \times 10^2} = z''$$

$$\frac{z}{a^3} = \frac{z}{60 \cdot 60 \cdot 60} = \frac{z}{6^3 \times 10^3} = z'''$$

4. Da $10^m = 1$, der so viel Nullen angehangen worden, als m Einheiten in sich enthält; so läßt sich eine Tabelle, in welcher die Dignitäten der 6 enthalten, dazu anwenden einen Sexagesimalbruch, dessen Zehler durch die Kennziffer bezeichnet ist, durch einen Bruch auszudrücken, dessen Nenner durch Zahlen ausgedrückt worden; und umgekehrt. Hier ist der Anfang einer solchen Tabelle.

Die 1te Dignität von 6 ist $= 6$
  * 2te * * * * * $= 36$
  * 3te * * * * * $= 216$
  * 4te * * * * * $= 1296$
  * 5te * * * * * $= 7776$
  * 6te * * * * * $= 46656$

u. f. f.

Man sollte z. B. den Sexagesimalbruch $12''''$ so ausdrücken, daß der würkliche Nenner angegeben werde,

Arithmetik. 149

werde, so ist $12'''' = \dfrac{12}{12960000}$

Man sollte den Bruch $\dfrac{+19}{216000}$ durch seinen Zehler mit hinzugefügter Kennziffer ausdrücken, so ist $\dfrac{19}{216000} = 19'''$.

5. Wenn der Zehler eines Sexagesimalbruchs = 60 so ist er = 1 mit der um 1 verringerter Kennziffer. Woraus leicht zu ersehen wie ein Sexagesimalbruch dessen Zehler > 60 in andere Sexagesimalbrüche mit verringerter Kennziffer zu verwandeln.

§. 134.

Anmerkung. Es sey genug diese Brüche mit Beyspielen in den verschiedenen Rechnungsarten zu erläutern.

1. In der Addition.

$$\begin{array}{r} 40° \; 12' \; 16'' \; 54''' \\ 50' \; 14'' \; 06''' \\ 4° \; 00' \; 12'' \; 00''' \\ \hline 45° \; 02' \; 43'' \; 00''' \end{array}$$ (109. 111. 112.)

2. In der Subtraktion.

$$\begin{array}{r} 40° \; 12' \; 16'' \; 54''' \\ 12° \; 18' \; 13'' \\ \hline 27° \; 54' \; 03'' \; 54''' \end{array}$$

3. In

150   Arithmetik.

3. In der Multiplikation.

$$
\begin{array}{r}
4° \quad 12' \quad 50'' \\
2° \quad 14' \quad 3'' \\
\hline
12'' \quad 38''' \quad 30'''' \\
58' \quad 59'' \quad 40''' \\
8° \quad 25' \quad 40'' \\
\hline
9° \quad 24' \quad 52'' \quad 18''' \quad 30'''' \quad (113.\,115.\,126.)
\end{array}
$$

4. In der Division.

Divid. $9°\ 24'\ 52''\ 18'''\ 30''''\ |\ 4°\ 12'\ 50''$
Divisor. $2°\ 14'\ 3''$

$$
\begin{array}{r}
4° \\
\hline
8°\ 56'\ 12'' \\
28'\ 40''\ 18''' \\
2°\ 14'\ 3'' \\
12' \\
\hline
26'\ 48''\ 36''' \\
1'\ 51''\ 42'''\ 30'''' = 111''\ 42'''\ 30'''' \\
2°\ 14'\ 3'' \\
50'' \\
\hline
111''\ 42'''\ 30''''
\end{array}
$$

o o o

Ich hoffe daß man nunmehro im Stande seyn wird alle Arten von Progreßional-Brüchen zu behandeln. In den Vorlesungen werde ich noch den Canon hexacontadon s. Sexagenarum erklären.

Das

Das dritte Kapittel
von
Ausziehung der Wurzeln überhaupt
und ins besondere von
Ausziehung der Quadrat und Cubikwurzeln.

§. 135.

Was eine Potenz oder Dignität überhaupt, welches eine bestimmte Dignität, welches die Wurzel derselben, wie aus einer Wurzel eine verlangte Dignität entspringt, wie Dignitäten zu einander zu addiren, von einander zu subtrahiren, durch einander zu multipliciren, und zu dividiren, wie eine Dignität zu einer andern zu erheben, solches ist in der allgemeinen Mathematik von §. 56. bis 69. gezeigt worden. Es wird auch die Anwendung der daselbst abgehandelten Lehren auf einige in der Arithmetik vorkommende Wahrheiten keinen Schwürigkeiten unterworfen seyn, daher ich hier nur noch etwas von den Eigenschaften der Dignitäten mit negativen Exponenten anführen, und dann zeigen will, wie aus den Dignitäten die Wurzel zu finden.

§. 136.

Verbindet man den §. 23. n. 2 der Arithmetik mit dem §. 68. der Allgem. Mathem. so ist klar, daß die Entstehung einer Größe mit einem negativen Exponenten, sich durch die Division zweyer Größen von einerley Wurzel denken läßt, von welchen der Exponent des Dividends kleiner als der Exponent des Divisors. So gibt z. B. $x^5 : x^9 = x^{5-9} = x^{-4}$

§. 137.

§. 137.

Lehrsatz. Es ist $a^{-m} = \dfrac{1}{a^m}$

Beweis. Es ist $a^o : a^m = a^{o-m} = a^{-m}$ (68. A. M.)
und $a^o = 1$. (69. A. M.)

Folgl. ist $1 : a^m = a^{-m} = \dfrac{1}{a^m}$

§. 138.

1. **Zusatz.** Eine Größe mit einem negativen Exponenten ist also ein Bruch, dessen Zehler 2c.

2. Es ist $\dfrac{z}{a^{-m}} = \dfrac{z}{1 : a^m} = za^m$

3. Es ist $za^{-m} = z \times \dfrac{1}{a^m} = \dfrac{z}{a^m} = {}^mz$ (99)

Einen Progreßional-Bruch kann man daher auch ansehen als ein Produkt, aus dem Zehler desselben in den Exponent der Progreßion, woraus die Nenner desselben genommen, wenn dieser zu vor in eine Dignität von einem negativen Exponenten erhoben worden, der die Einheit so oft in sich enthält, als es die Kennziffer anzeigt. Es sey $z = 6$; $m =$ $a = 10$ und also $6''$ ein Decimal-Bruch; so ist ${}^mz = 6'' = 6 \times 10^{-2}$.

§. 139.

Erklärung. Wenn man sich eine Größe als eine beliebige Dignität vorstelt, und man sucht aus derselben die Wurzel dieser Dignität; so heißt dis: die Wurzel ausziehen. Ich stelle mir z. B. a^m als ein Quadrat vor, ich suche daraus die Quadrat-Wurzel; so heißt dis die Quadrat-Wurzel aus a^m ziehen.

§. 140.

1. **Zusatz.** Ob x die Wurzel der mten Dignität aus a sey läßt sich leicht bestimmen, denn sie ist es; sobald $x^m = a$. (62. n. 3. A. M.)

2. Aus dem Exponent der Dignität einer Größe aus welcher eine Wurzel zu ziehen, ist nicht zu ersehen, was für eine Wurzel aus der Größe gezogen werden soll, (59. n. 3. A. M.) Es ist daher nothwendig, ein Zeichen zu haben, welches anzeigt, was für eine Wurzel aus einer gegebenen Größe gezogen werden soll.

§. 141.

1. **Willkürlicher Satz.** Das Zeichen woraus zu ersehen, daß aus einer Größe die Wurzel einer Dignität gezogen werden soll ist $\sqrt{}$ und heißt das **Wurzelzeichen**. Man setzt es der Größe woraus die Wurzel zu ziehen vor, und schreibt darüber ein Zeichen, welches anzeigt, was für eine Wurzel aus dieser Größe zu ziehen sey, dis Zeichen heißt der **Exponent der Wurzel**. So heißt

z. B. $\sqrt[2]{}$ so viel als die Quadrat-Wurzel aus ... x^2

$\sqrt[3]{8}$ ..... Cubik ..... 8.

$\sqrt[m]{a^n}$ ..... Wurz. der mten Dignit. ... a^n

2. Solte die Größe, aus der eine Wurzel gezogen werden soll, aus mehrern Gliedern bestehen; so werden sie eingeklammert, und dann das Wurzelzeichen vorgesetzt. Man wollte z. B. aus $a^2 + b^2$ die Wurzel der mten Dignität ziehen; so schreibt man $\sqrt[m]{(a^2 + b^2)}$. Es sind daher $\sqrt[m]{(a^2 + b^2 - r)}$ und $\sqrt[m]{(a^2 + b^2)} - r$ nicht gleichgültige Ausdrücke.

§. 142.

Erklärung. Von der Größe, vor welcher das Wurzelzeichen steht, und aus der die Wurzel gezogen werden soll, sagt man, sie stehe unter dem Wurzelzeichen.

Der ganze Ausdruck das Wurzelzeichen nemlich mit der unter ihr befindlichen Größe heißt eine Wurzelgröße.

So ist z. B. $\sqrt[m]{a^n}$ eine Wurzelgröße; a^n steht unter dem Wurzelzeichen und m ist der Exponent der Wurzel, welcher auch aus gelaßen wird, wenn man anzeigen will, daß aus einer Größe die Quadrat-Wurzel gezogen werden soll.

§. 143.

Lehrsatz. Es ist $(\sqrt[m]{a})^m = a$

Beweis. Es sey $x = \sqrt[m]{a}$ so ist $x^m = a$ (140. n. 1.)
Da aber auch $x^m = (\sqrt[m]{a})^m$ (62. n. 2. A. M.)

So ist auch $(\sqrt[m]{a})^m = a$.

Wird also eine Wurzelgröße zur Dignität des Wurzel Exponenten der unter dem Wurzelzeichen befindlichen Größe erhoben, so rc.

§. 144.

Lehrsatz. Es ist $\sqrt[q]{a^m} = a^{m:q}$

Beweis. Es ist $(\sqrt[q]{a^m})^q = a^m$ (143)
und $(a^{m:q})^q = a^{mq:q} = a^m$ (67. n. 2. A. M.)

Folgl. ist $(\sqrt[q]{a^m})^q = (a^{m:q})^q$
und also $\sqrt[q]{a^m} = a^{m:q}$ (62. n. 3. A. M.)

§. 145.

Arithmetik. 155

§. 145.

I. **Zusatz.** Die Wurzel einer Dignität aus einer Größe ist also diese Größe selber, wenn ihr Exponent vorher durch den Exponent der verlangten Wurzel dividirt worden. Wir haben also noch ein Mittel, die Wurzel einer verlangten Dignität anzuzeigen.

II. Man kann eine Wurzelgröße in eine Größe mit einem gebrochenen Exponenten, und eine Größe mit einem gebrochenen Exponenten in eine Wurzelgröße verwandeln. Es ist daher eine Größe mit einem gebrochenen Exponenten eine Wurzelgröße.

III. Es ist $\sqrt[m]{a^m} = a^{m:m} = a$. Hieraus folgt

1. Daß der Ausdruck, worin der Exponent der Wurzel, und der Exponent der Größe woraus die Wurzel zu ziehen einerley, = der Größe unter dem Wurzelzeichen ohne ihren Exponent und ohne das Wurzelzeichen.

2. Daß man eine jede Größe in eine Wurzelgröße von einem beliebigen Wurzel=Exponent verwandeln könne.

3. Es ist die Wurzel der 1ten Dignität aus einer Größe, die Größe woraus die Wurzel dieser Dignität gezogen werden sollte selber.

IV. $\sqrt[(z.n)]{a^{zn}} = a^{m:(z:n)} = a^{mn:z} = \sqrt[z]{a^{mn}}$. Daher

1. würkt es in der Wurzelgröße einerley Veränderung, wenn man den Exponent der Wurzelgröße durch eine Größe dividirt, oder wenn man den Exponent der Größe unter dem Wurzelzeichen durch eben die Größe multiplicirt.

2. Eine Wurzel=Größe mit einem Bruch=Exponenten läßt sich in eine ihr gleichgültige Wurzel=Größe

Größe verwandeln, deren Exponent eine ganze Zahl ist.

V. Es ist $\sqrt[m]{a^{e:n}} = a^{(e:n)\cdot m} = a^{e:nm} = \sqrt[nm]{a^e}$. Daher würkt es in der Wurzel-Größe einerley ꝛc. ꝛc.

VI. Es ist $\sqrt[rq]{a^{mq}} = a^{mq:rq} = a^{m:r} = \sqrt[r]{a^m}$. Wenn man also den Exponent der Wurzel und den Exponent der Größe unter dem Wurzelzeichen durch gleiche Größen multiplicirt, oder dividirt; so bleibt die Wurzel-Größe unverändert.

VII. $\sqrt[n]{a^m} = a^{m:n} = a^{m \times (1:n)} = (a^m)^{(1:n)}$ (67. n. 3. A. M.) Die Wurzel der nten Dignität aus einer Größe ziehen ist also eben so viel, als sie zur Potenz eines Bruchs erheben, dessen Zehler $= 1$ und der Nenner $= n$. Es ist

VIII. $\sqrt[-n]{a^m} = a^{(m:-n)} = a^{-(m:n)} = \dfrac{1}{a^{m:n}} = \dfrac{1}{\sqrt[n]{a^m}}$

Die Wurzel-Größe mit einem negativen Wurzel-Exponent ist daher ein Bruch, dessen ꝛc.

IX. Es ist

$c(\sqrt[-n]{a^m}) = ca^{-(m:n)} = c \times \dfrac{1}{a^{m:n}} = \dfrac{c}{a^{m:n}} = \dfrac{c}{\sqrt[n]{a^m}}$

§. 146.

Es sey m eine gerade Zahl
und $+x$ oder $-x =$ der 1ten Dignität
so ist $+x^2$ u. $+x^2 =$, 2ten
$+x^4$, $+x^4 =$, 4ten
$+x^m$, $+x^m =$, mten

Arithmetik.

Es sey $m+1$ eine ungerade Zahl
und $+x$ oder $-x$ = der 1ten Dignität
so ist $+x^3$: $-x^3$ = : 3ten
$+x^5$: $-x^5$ = : 5ten
$+x^{m+1}$: $-x^{m+1}$ = : $(m+1)$ten.

§. 147.

1. **Zusatz.** Die Wurzel der mten Dignität aus einer positiven Größe ist sowohl eine positive als eine negative Größe.

2. Die Wurzel der $(m+1)$ten Dignität aus einer Größe, ist eine positive oder negative Größe, nachdem die Größe woraus die Wurzel zu ziehen eine positive oder eine negative Größe ist.

3. Die Wurzel der mten Dignität aus einer negativen Größe ist unmöglich. **Unmögliche Wurzel-Größen**, die man auch eingebildete zu nennen pflegt sind also diejenigen, bey denen verlangt wird, die Wurzel eines geraden Exponenten aus einer negativen Größe zu ziehen. So sind z. B. $\sqrt{-a}$ oder $\sqrt[4]{-8}$ und überhaupt $\sqrt[m]{-a}$ unmögliche oder eingebildete Wurzel-Größen.

4. Wenn x die Wurzel, so nennen einige $+x$ die wahre und $-x$ die falsche Wurzel wiewohl ohne Grund, indem $+x$ sowohl als $-x$ wahre Wurzeln seyn können. (146.)

§. 148.

Erklärung. Wenn eine Wurzel als einfach angesehen werden kann, so heißt sie eine **monomische Wurzel**: besteht sie aus zweyen Theilen, eine **binomische**: besteht sie aus dreyen Theilen, eine **trinomische**: u. s. w. eine **polynomische Wurzel**.

Zusatz

§. 149.

Zusatz. Es sey eine Wurzel $=a+b+c+d$, so kann man sie als eine quadrinomische Wurzel denken. Es ist aber $a+b+c+d=(a+b)+(c+d)$. Woraus leicht einzusehen, daß man eine jede polynomische Wurzel in eine binomische verwandeln könne. Man darf daher nur die Natur der binomischen Wurzeln untersuchen, um die Natur der polynomischen Wurzeln unmittelbahr daraus herzuleiten.

§. 150.

Die Theile einer binomischen Wurzel sind entweder
1. beyde positiv: Sie mögen seyn $a+b$
oder 2. beyde negativ $\quad\quad\quad\quad -a-b$
oder 3. die eine positiv, die andere negativ $a-b$

Folgl. ist 1. $(a+b)^2 = a^2 + 2ab + b^2$
2. $(-a-b)^2 = a^2 + 2ab + b^2$
3. $(a-b)^2 = a^2 - 2ab + b^2$

Diese 3 Formeln enthalten also die Natur der Quadrate aller binomischen Wurzeln.

§. 151.

1. Zusatz. Es hat daher das Quadrat einer binomischen Wurzel 3 Glieder.

Das 1te ist $=$ dem Quadrat des einen Theils der Wurzel nemlich a^2.

Das 2te ist $=$ dem doppelten Produkt beyder Theile der Wurzel nemlich $\overline{+}\, 2ab$.

Das 3te ist $=$ dem Quadrat des andern Theils der Wurzel nemlich b^2.

2. We-

Arithmetik. 159

2. Weder das erste noch das dritte Glied des Quadrats einer binomischen Wurzel können je negativ seyn. Das andere Glied aber ist bald negativ bald positiv. Es ist positiv wenn entweder beyde Wurzeln positiv, oder wenn sie negativ; es ist negativ, wenn eine derselben negativ. Daher ist

3. $a^2 \mp 2ab + b^2$ eine allgemeine Formel für das Quadrat einer binomischen Wurzel. Will man also aus dem Quadrate einer binomischen Wurzel die Quadrat-Wurzel ausziehen; so darf man nur diese allgemeine Formel mit der Wurzel $a \mp b$ vergleichen; so werden sich die dazu dienliche Regeln leicht angeben laßen. Davon ein mehreres §. 152.

4. Es ist $a^2 = \left(\dfrac{2ab}{2\sqrt{b^2}}\right)^2 \qquad b^2 = \left(\dfrac{2ab}{2\sqrt{a^2}}\right)^2$

$$\mp 2ab = \mp 2(\sqrt{a^2} \times \sqrt{b^2})$$

Wenn also A das erste, B das andere, und C das dritte Glied des Quadrats einer binomischen Wurzel so ist.

$$A = \left(\dfrac{B}{2 \times \sqrt{C}}\right)^2$$

$$B = \mp 2(\sqrt{A} \times \sqrt{C})$$

$$C = \left(\dfrac{B}{2\sqrt{A}}\right)^2$$

5. Wenn also dem Quadrat einer binomischen Wurzel ein Glied fehlt; so ist man im Stande dis aus den andern Gliedern herzuleiten. Man heißt dis: ein **Quadrat ergänzen**.

6. Da

§. Da $\left(\frac{a}{b}\right)^2 = \frac{a^2}{b^2}$ so ist $\sqrt{\frac{a^2}{b^2}} = \frac{a}{b} = \frac{\sqrt{a^2}}{\sqrt{b^2}}$

Will man daher die Wurzel einer Dignität, aus einem Bruche ziehen; so muß man diese Wurzel aus dem Zehler und aus dem Nenner ziehen, die daher entstandene Wurzeln sind der Zehler und Nenner eines Bruchs, welcher die verlangte Wurzel.

§. 152.

Um aus $a^2 \mp 2ab + b^2$ die Wurzel $a \mp b$ zu erhalten, sind folgende Regeln klar.

I. Man ziehe aus dem 1ten Gliede die Quadrat-Wurzel. Denn es ist $\sqrt{a^2} = a$.

II. Man dividire das zweyte Glied durch das zwiefache der Quadrat-Wurzel aus dem ersten Gliede. Denn $\mp 2ab : 2a$ ist $= \mp b$.

III. Man muß die gefundene Größe $a \mp b$ zum Quadrat erheben. Ist das dadurch erhaltene Quadrat = dem gegebenen Quadrat woraus die Wurzel gezogen werden sollte; so machen die beyde gefundene Theile, würklich die verlangte Wurzel.

§. 153.

I. **Anmerkung.** Die letztere im vorigen § gegebene Regel scheint überflüßig zu seyn, weil die Beobachtung der beyden erstern Regeln schon die beyden Theile der Wurzel gibt. Sie ist es auch würklich, wenn man schon vorher weiß, daß das gegebene Quadrat, ein vollkommenes Quadrat einer binomischen Wurzel. Ist man aber hierin noch ungewis; so ist die letztere Regel nothwendig. Diese aus

151.

Arithmetik.   181

aus 1. 2. 4. entspringende unmittelbare Folge, werde ich in den Vorlesungen durch Beyspiele sinnlich machen.

II. Wenn man sich des folgenden Schema bedienet, so wird man ohne Weitläuftigkeit finden, ob das Quadrat ein vollständiges, oder ein unvollständiges, und wie groß im letztern Fall der Ueberschuß sey. Es sey

1) die Quadrat-Wurzel aus $a^2+2ab+b^2$ zu ziehen.

$$\begin{array}{r|l}a^2 & +2ab+b^2 \quad (a+b\\ a^2 & \\ \hline 0 & +2ab+b^2\\ \text{Div.} & (2a)\\ \hline & 2ab+b^2\\ \text{Dif.} & \quad 0\quad\ 0\end{array}$$

Daher ist $a+b$ die Quadrat-Wurzel von jenem Quadrat. Es sey ferner

2) die Quadrat-Wurzel aus $m^2+2mn+q^2$ zu ziehen.

$$\begin{array}{r|l}m^2 & +2mn+q^2 \quad (m+n\\ m^2 & \\ \hline 0 & +2mn+q^2\\ \text{Divisor.} & (2m)\\ \hline & 2mn+n^2\\ \text{Differ.} & q^2-n^2\end{array}$$

Daher ist $m+n$ nicht die Quadrat-Wurzel sondern nur ein Theil derselben, von $m^2+2mn+q^2$ und q^2-n^2 ist der Ueberschuß.

Die Ausziehung der Quadrat-Wurzel kann nach Anleitung des gegebenen Schema in den Vorlesungen

162 Arithmetik

fungen leichter gezeigt, als hier beschrieben werden.

III. Einige vollkommene und unvollkommene Quadrate an sich in Ausziehung der Wurzel derselben zu üben.

1) $a^2 + 2a + 1$
2) $a^2 - a + \frac{1}{4}$
3) $c^2 + 3cm + \frac{9m^2}{4}$
4) $a^2 - 4acx + 4c^2x^2$
5) $a^2 + \frac{3am}{2} + \frac{9m^2}{16}$
6) $x^2 + \frac{bx}{c} + \frac{b^2}{4c^2}$
7) $\frac{x^2}{d^2} + \frac{2mx}{dn} + \frac{m^2}{n^2}$
8) $a^2 + 2am + \frac{1}{4}m^2$
9) $c^2 - cm + \frac{9m^2}{4}$
10) $a^2 + 4a - 9$

§. 154.

Es ist $(a+b+c)^2 = a^2 + 2ab + b^2 + 2ac + 2bc + c^2$. Wer die Aufgabe auflößt, wie man aus dieser Formel $a+b+c$ wieder findet, der kann die Quadrat-Wurzel aus dem Quadrate einer trinomischen Wurzel ziehen. Hier ist das dazu bequeme Schema.

a^2	$+2ab+b^2$	$+2ac+2bc+c^2$	$a+b+c$
a^2			
0	$2ab+b^2$		
1te Div. =	$(2a)$		
	$2ab+b^2$		
	0 0	$2(a+b)c+c^2$	
2te Divis. =		$2(a+b)$	
		$2(a+b)c+c^2$	
		0. 0.	

Oder

Arithmetik.

Oder da $(a+b+c)^2 = ((a+b)+c)^2$
$= (a+b)^2 + 2(a+b)c + c^2$
nachfolgendem Schema

$(a+b)^2$ | $+ 2(a+b)c + c^2$ | $(a+b)+c$
$(a+b)^2$ | |
─────── | |
0 | $+2(a+b)c+c^2$ |
Divisor. | $2(a+b)$ |
 | $2(a+b)c+c^2$ |
0 | 0 |

§. 155.

1. **Zusatz.** Aus dem vorigen ersehen wir hinreichend, daß es bey Ausziehung der Quadrat-Wurzel aus dem Quadrate einer polynomischen Wurzel darauf ankomme, woher wir den jedesmahligen Divisor erhalten. Die übrigen Operationen bleiben immer einerley. Wenn daher die Theile der polynomischen Wurzel eines Quadrats $a+b+c+d+e\ldots$ so ist der 1te Divisor $= 2a$

 2te ,, $= 2(a+b)$
 3te ,, $= 2(a+b+c)$ u. s. f.

2. Es ist $\sqrt{(m^2+2mn+q^2)}$ (153. Anm. II. n. 2)
$= m + n + \dfrac{q^2}{2(m+n)} \ldots$

daher wir uns der Wurzel eines unvollkommenen Quadrats immer nähern können.

§. 156.

Lehrsatz. Es ist $(d+1)^2 - d^2 = 2d+1$
Beweis. Es ist $(d+1)^2 = d^2 + 2d + 1$
$d^2 = d^2.$
─────────
$(d+1)^2 - d^2 = 2d+1$

§. 157.

1. **Zusatz.** Der Unterschied zweyer Quadrate deren Wurzeln um 1 verschieden, ist so gros ꝛc.
2. Alle ganze Zahlen die zwischen d^2 und zwischen $d^2 + 2d + 1$ liegen, haben keine Quadrat-Wurzeln in ganzen Zahlen.
3. Der Unterschied zweyer Quadrate deren Wurzeln d und $(d+2)$ ist $= 4d + 4$. Es ist
4. $\sqrt{(d^2 + b)} = d + 1 \quad$ wenn $b = 2d + 1$
$\phantom{\sqrt{(d^2 + b)}} = d + $ Bruch, $\quad b < 2d + 1$
$\phantom{\sqrt{(d^2 + b)}} = d + 1 + $ Br., $\quad b > (2d+1)$
$\phantom{\sqrt{(d^2 + b)} = d + 1 + \text{Br.},\quad} $ aber $< (4d + 4)$

Diese Säße braucht man, um zu beurtheilen ob man die Wurzel eines Quadrats zu klein angenommen habe. Denn wenn die angegebene Wurzel eines Quadrats $= d$ zum Quadrat erhoben und von Quadrat abgezogen, eine Differenz b gibt, die nicht $<$ als $2d + 1$ so hätte man die Wurzel wenigstens um 1 größer annehmen können.

§. 158.

Es ist $(a+b)^3 = a^3 + 3a^2b + 3ab^2 + b^3$
$ (-a-b)^3 = -a^3 - 3a^2b - 3ab^2 - b^3$
$ (a-b)^3 = a^3 - 3a^2b + 3ab^2 - b^3$

Diese drey Formeln enthalten also die Natur des Cubus aller binomischen Wurzeln (150.)

§. 159.

1. **Zusatz.** Es hat also der Cubus einer jeden binomischen Wurzel 4 Glieder.

Das 1te ist = dem Cubus des ersten Theils der Wurzel, nemlich a^3

Das

Arithmetik. 165

Das 2te ist = dem dreyfachen Produkt aus dem Quadrat des 1ten Theils der Wurzel, in den andern Theil derselben nemlich $3 \times a^2 \times b$.

Das 3te ist = dem dreyfachen Produkt aus dem 1ten Theil der Wurzel in das Quadrat des andern Theils nemlich $3 \times a \times b^2$.

Das 4te ist = dem Cubus des andern Theils der Wurzel nemlich b^3.

2. Alle Glieder des Cubus einer binomischen Wurzel sind positiv oder negativ, nachdem beyde Theile der Wurzel positiv oder negativ sind, wechseln aber die Glieder mit + und — ab, so ist der eine Theil der Wurzel positiv, der andere negativ.

§. 166.

1. **Anmerkung.** Was im §. 151. n. 3. und im §. 152. von dem Quadrate gesagt worden, das läßt sich auch bey dem Cubus anwenden, daher ich nur das Schema mittheilen will, nach welchem die Cubikwurzel mit Bequemlichkeit ausgezogen werden kann. Es sey der gegebene

$$\text{Cubus} = a^3 + 3a^2b + 3ab^2 + b^3 \mid a+b$$

$$\begin{array}{c|cccc}
 & a^3 & & & \\
\hline
 & 0 & 3a^2b & +3ab^2 & +b^3 \\
\text{Divis.} = & & (3a^2) & & \\
\end{array}$$

$$\text{Add.} \begin{cases} & & & +b^3 \\ & & +3ab^2 & \\ & +3a^2b & & \end{cases}$$

$$\overline{ 3a^2b + 3ab^2 + b^3}$$

$$\text{Differ.} = \quad 0 \qquad 0 \qquad 0$$

L 3

166 Arithmetik.

Daher ist a+b die Cubik-Wurzel von dem gegebenen Cubus.

Es sey ferner die Cubik-Wurzel zu ziehen aus

$$a^3 + 3a^2b + 3ab^2 + b^3 \,|\, a+b$$

Divis. $= 0$ $\quad 3a^2b + 3ab^2 + b^3$
$\qquad\qquad (3a^2)$

Abb. $\quad\quad\quad\quad\quad\quad\quad +b^3$
$\qquad\qquad\qquad\quad +3ab^2$
$\qquad\qquad 3a^2b$
$\qquad\qquad\overline{3a^2b + 3ab^2 + b^3}$

Differ. $= \quad 3ab^3 - 3ab^2$

Daher ist a+b nicht die vollkommene Cubik-Wurzel von $a^3 + 3a^2b + 3ab^3 + b^3$, sondern nur ein Theil derselben und $3ab^3 - 3ab^2$ ist der Ueberschuß.

2. Einige Cubi um sich in Ausziehung der Wurzeln derselben zu üben.

1. $a^3 + 3a^2 + 3a + 1$

2. $a^3 - 6a^2cx + 12ac^2x^2 - 8c^3x^3$

3. $-a^3 - \dfrac{3a^2}{2} - \dfrac{3a}{4} - \dfrac{1}{8}$

4. $a^3 + \dfrac{3a^2m}{2} + \dfrac{3am^2}{4} + \dfrac{m^3}{8}$

5. $\dfrac{x^3}{d^3} + \dfrac{3x^2m}{d^2n} + \dfrac{3xm^2}{dn^2} + \dfrac{m^3}{n^3}$

§. 161.

§. 161.

Es sey $a+b=m$ so ist

$(a+b+c)^3 = (m+c)^3$
$= m^3 + 3m^2c + 3mc^2 + c^3$ (158)
$= (a+b)^3 + 3(a+b)^2c + 3(a+b)c^2 + c^3$
$= a^3 + 3a^2b + 3ab^2 + b^3 + 3(a+b)^2c$
$\qquad + 3(a+b)c^2 + c^3$

Man findet hieraus die Wurzel $a+b+c$ nach folgendem Schema

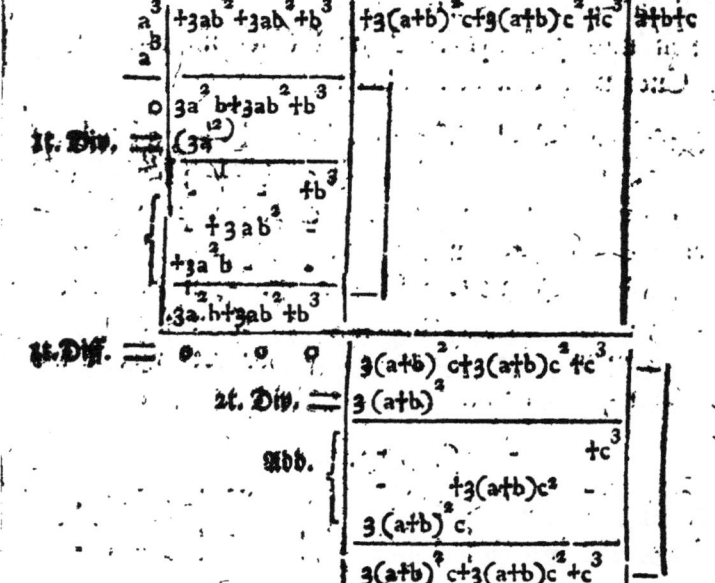

$a^3 +3a^2b +3ab^2 +b^3$	$+3(a+b)^2c +3(a+b)c^2 +c^3$	$a+b+c$
a^3		
$0 \quad 3a^2b+3ab^2+b^3$		
1t. Div. $= (3a^2)$		
$\qquad +b^3$		
$+3ab^2$		
$+3a^2b$		
$3a^2b+3ab^2+b^3$		
1t. Diff. $= 0 \quad 0 \quad 0$	$3(a+b)^2c+3(a+b)c^2+c^3$	
	2t. Div. $= 3(a+b)^2$	
	Abb.	
	$\qquad +c^3$	
	$\qquad +3(a+b)c^2$	
	$3(a+b)^2c$	
	$3(a+b)^2c+3(a+b)c^2+c^3$	
Diff. $= 0 \quad 0 \quad 0$		

§. 162.

1. Zusatz. Auch hier sehen wir, daß es bey Ausziehung der Cubik-Wurzel aus dem Cubo einer polynomischen Wurzel, darauf ankomme woher wir

den jedesmaligen Divisor erhalten, und daß die
übrigen Operationen einerley. Wenn daher die
Theile dir polynomischen Wurzel eines Cubi
$a+b+c+d$ u. s. f. so ist
der 1te Divisor $= 3a^2$
 , 2te , $= 3(a+b)^2$
 , 3te , $= 3(a+b+c)^2$ u. s. f.

2. Es ist $\sqrt[3]{(a^3+3a^2b+3ab^2)}$ siehe §. 160. ꝛc.
$a+b+\dfrac{ab^2}{a^2+2ab+ab^2}$ - - - - - . Wir
können uns daher der Wurzel eines unvollkommenen Cubi nach belieben nähern.

3. Es ist $(a+b+c)^3 = a^3+3a^2b+3ab^2+b^3$
$+3a^2c+6abc+3b^2c+3ac^2+3bc^2+c^3$
Es kann sich daher uns der Cubus einer trinomischen Wurzel auch unter einer andern Gestalt darstellen als im §. 161. geschehen ist. In den Vorlesungen will ich zeigen, was zu thun sey, wenn
diese Formel bey Ausziehung der Wurzel keine
Schwierigkeiten machen soll.

§. 163.

Lehrsatz. Es ist $(d+1)^3 - d^3 = 3d^2+3d+1$
Beweis. Es ist $(d+1)^3 = d^3+3d^2+3d+1$
$d^3 = d^3$
Folgl. ist $(d+1)^3 - d^3 = 3d^2+3d+1$

§. 164.

1. Zusatz. Der Unterschied zweyer Cuborum deren
Wurzel um 1 verschieden, ist so groß ꝛc.

2. Alle

Arithmetik.

2. Alle ganze Zahlen welche zwischen d^3 und $d^3 + 3d^2 + 3d + 1$ liegen, haben keine Cubik-Wurzeln in ganzen Zahlen.

3. Der Unterschied zweyer Cuborum, deren Wurzeln d und $d+2$ ist $= 6d^2 + 12d + 8$. Es ist

4. $\sqrt[3]{(d^3 + b)} = d + 1$ wenn $b = 3d^2 + 3d + 1$
$= d +$ Bruch, $b < 3d^2 + 3d + 1$
$= d + 1 +$ Br., $b > 3d^2 + 3d + 1$
aber $< 6d^2 + 12d + 8$.

Was von dem Gebrauch ähnlicher im §. 157. vorkommender Sätze gesagt worden, das findet auch mit gehöriger Veränderung hier statt.

§. 165.

Wer auf die von mir vorgetragene, das Quadrat und den Cubus betreffende Wahrheiten aufmerksam gewesen, der wird sehr leicht einsehen, wie die Wurzel einer höhern Dignität aus einer gegebenen Größe, deren Zeichen allgemein zu ziehen. Denn es kömmt alles darauf an, daß man $(a+b)$ zu der Dignität erhebe, deren Wurzel man ausziehen will, um aus den Gliedern dieser Dignität zu schließen, was man von der Dignität abzuziehen habe, um die Wurzel zu erhalten (153. 160.) Ferner wird man einsehen, wie eine binomische Wurzel auf eine gegebene Dignität zu erhöhen, ohne eben in einem jeden Fall sich des Mittels der Multiplikation so zu bedienen, wie es eigentlich die Natur einer jeden Dignität erfodert. Diß will ich durch ein Beyspiel erläutern.

Es sey $10 = a$, $2 = b$ folgl. $10 + 2 = a + b$
und $(10+2)^3 = (a+b)^3 = a^3 + 3a^2b + 3ab^2 + b^3$
$= 1000 + (3 \cdot 100 \cdot 2) + (3 \cdot 10 \cdot 4) + 8$
$= 1000 + 600 + 120 + 8 = 1728$.

Sollte

Sollte jemand glauben die 3te Dignität von 12 auf dem gewöhnlichen Wege geschwinder und sicherer zu erhalten, der bedenke, daß es Fälle geben könne, bey denen die Anwendung der letztern Methode mehrere Bequemlichkeit hat, und daß es daher nützlich sey auch diese zu kennen.

§. 166.

Wollen wir eine Größe zu einer gegebenen Dignität nach der letztern Methode erheben; so müssen wir, solche deutliche Begriffe von der Natur dieser Dignität einer binomischen Wurzel haben, als wir uns von der Natur des Quadrats und des Cubus in den §§. 150. 158. verschaft hatten, das heißt: wir müssen $(a+b)$ zur gegebenen Dignität erhöhen. Den Ausdruck, worin die Natur der Dignität enthalten, wollen wir die Formel der Dignität nennen, und zwar nur schlechtweg die Formel derselben, wenn von der Dignität einer binomischen Wurzel die Rede ist. So ist z. B. $a^2+2ab+b^2$ die Formel des Quadrats.

§. 167.

Wir kennen keinen andern Weg die Formel einer Dignität zu erhalten, als daß wir $(a+b)$ so oft durch einander multipliciren, als es der Exponent der gegebenen Dignität erheischt. Es wird aber dieser Weg um so viel mühsamer, je größer der Exponent der verlangten Dignität ist. Sollte z. B. $(a+b)$ zur 12ten Dignität erhoben werden, so geschieht dis durch folgende oder ähnliche Operationen. Es wird nemlich

I.

1. $(a+b) \times (a+b) = (a+b)^2$.
2. $(a+b)^2 \times (a+b)^2 = (a+b)^4$.
3. $(a+b)^4 \times (a+b)^4 = (a+b)^8$.
4. $(a+b)^8 \times (a+b)^4 = (a+b)^{12}$.

Die erste Dignität, zur 2ten; die 2te zur 3ten u. s. f. zu erheben, würde noch weitläuftiger seyn.

§. 168.

Freylich kann man vermuthen, daß es Tabellen geben wird, in denen die Formeln einiger Dignitäten befindlich, in denen man also die Formel für die verlangte Dignität findet, oder durch deren Gebrauch man diesen mühsamen Weg in etwas abkürzen kann. Allein, ich traue einigen meiner Zuhörer edle Wißbegierde genug zu, zu erfahren ob eine Formel für eine Dignität nicht auf einem kürzern Wege gefunden werden könne. Diese will ich befriedigen, und mich zur Erfindung dieses Weges um alle Weitläuftigkeit möglichst zu vermeiden der Induktion bedienen.

§. 169.

Formeln einiger Dignitäten

Ite Dign. $= a + b$
IIte $= a^2 + 2ab + b^2$
IIIte $= a^3 + 3a^2b + 3ab^2 + b^3$
IVte $= a^4 + 4a^3b + 6a^2b^2 + 4ab^3 + b^4$
Vte $= a^5 + 5a^4b + 10a^3b^2 + 10a^2b^3 + 5ab^4 + b^5$
VIte $= a^6 + 6a^5b + 15a^4b^2 + 10a^3b^3 + 14a^2b^4$
  $+ 6ab^5 + b^6$

Woraus wir folgende Schlüsse für die Formel einer jeden Dignität machen.

1. Eine jede Dignität einer binomischen Wurzel hat ein Glied mehr, als der Exponent derselben 1 in sich enthält.

2. Das

2. Daß erste Glied ist a und das letzte b, beyde in der verlangten Dignität.
3. Die mittlern Glieder sind Produkte aus a in b.
4. Die Exponenten von a nehmen mit jedem folgenden Gliede um 1 ab. Daher die höchste Dignität desselben im ersten Gliede befindlich.
5. Der Exponent von b ist im andern Gliede 1, und nimmt in einem jeden Gliede um 1 zu. Daher die höchste Dignität von b im letzten Gliede befindlich.
6. Die Coefficienten, oder die Zahlen wodurch jedes Glied multiplicirt ist, nehmen mit jedem Gliede bis zur Mitte der Formel zu, und hernach wieder eben so ab. Daher der Coefficient des andern Gliedes von vorne, und der Coefficient des andern Gliedes von hinten, einander gleich. So ist es auch mit den übrigen Gliedern.
7. Der Coefficient des andern Gliedes ist = dem Exponent der verlangten Dignität.
8. Der Coefficient des dritten Gliedes ist = dem halben Produkt aus dem Coefficient des andern Gliedes, durch den Exponent von a in den andern Gliede. Der Coefficient des 4ten Gliedes ist = dem 3ten Theil des Produkts aus dem Coefficienten des dritten Gliedes durch den Exponent von a in dem dritten Gliede u. s. f. Daher die Coefficienten der Glieder folgendergestalt bestimmt werden. Man schreibe unter den Gliedern der Formel eine arithmetische abnehmende Progreßion, deren Denominator = 1 und deren erstes Glied = dem Exponent der Dignität, unter dem andern Gliede der Formel zu stehen kömmt. Unter den Gliedern dieser Progreßion aber eine andere der-

glei-

Arithmetik. 173

gleichen zunehmende, die sich mit 1 anfängt. Das übrige läßt sich in einem würklichen Beyspiele am besten zeigen. Es wären z. B. die Coefficienten der Formel der 6ten Dignität zu finden; so sind

I. II. III. IV. V. VI. VII. die Glieder der Formel (no. 1.)

6. 5. 4. 3. 2. 1. die abnehmende Progreßion.

1. 2. 3. 4. 5. 6. die zunehmende

und $\frac{6}{1} = 6$ dem Coefficient des andern Gliedes.

$\frac{6 \cdot 5}{1 \cdot 2} = 6 \cdot \frac{5}{2} = 15 =$ dem Coeffic. des dritt. Glied.

$\frac{6 \cdot 5 \cdot 4}{1 \cdot 2 \cdot 3} = 15 \cdot \frac{4}{3} = 20 =$ dem Coef. d. viert. Glied.

und s. f. Es ist aber wegen no. 6. in diesem Falle nicht nöthig die Coefficienten weiter zu berechnen.

❀ §. 170. ❀

Nunmehro sind wir im Stande eine Formel für eine Dignität in der Geschwindigkeit zu finden. Es sey z. B. die Formel für die 8te Dignität zu suchen.

1. R. I ; II ; III ; IV ; V ; VI ; VII ; VIII ; IX. n. 1.
2. $- a^8$ b^8. n. 2.
3. $- a^8$; ab ; ab ; ab ; ab ; ab ; ab ; ab ; b^8. n. 3.
4. $- a^8$; a^7b ; a^6b ; a^5b ; a^4b ; a^3b ; a^2b ; ab ; b^8. n. 4.
5. $- a^8$; a^7b ; a^6b^2 ; a^5b^3 ; a^4b^4 ; a^3b^5 ; a^2b^6 ; ab^7 ; b^8. n. 5.
6. $a^8 + 8a^7b + 28a^6b^2 + 56a^5b^3 + 70a^4b^4 + 56a^3b^5 + 28a^2b^6 + 8ab^7 + b^8$ n. 8. n. 6.

❀ §. 171. ❀

1. Zusatz. Wenn also der Exponent der verlangten Dignität $= m$; so ist folgende Formel eine allgemeine für alle Dignitäten.

a^m

Arithmetik.

$$a^m + \frac{m}{1} a^{m-1} b + \frac{m}{1} \cdot \frac{m-1}{2} \cdot a^{m-2} b^2$$
$$+ \frac{m}{1} \cdot \frac{m-1}{2} \cdot \frac{m-2}{3} \cdot a^{m-3} b^3 \text{ u. s. f.}$$

2. Da das andere Glied $= m a^{m-1} b$, und $m a^{m-1} b : m a^{m-1} = b$, so ist der

1te Div. um den 2ten Theil der Wurz. zu finden $= m a^{m-1}$
2te Div. um den 3ten Theil $\ldots\ldots$ $x = m(a+b)^{m-1}$
3te Div. $\ldots$ 4ten $\ldots\ldots\ldots$ $= m(a+b+c)^{m-1}$

§. 172.

Die §. 171. Zus. 1. erhaltene allgemeine Formel für alle Dignitäten ist ziemlich weitläuftig. Wir wollen versuchen sie abzukürzen.

1. Ist $a^{m-1} = \dfrac{a^m}{a}$, $a^{m-2} = \dfrac{a^m}{a^2}$ (68. A. M.) u. s. f.

daher verwandelt sich jene Formel in

$$a^m + \frac{m a^m}{a} b + \frac{m \cdot m-1}{2} \cdot \frac{a^m}{a^2} \cdot b^2$$
$$+ \frac{m}{2} \cdot \frac{m-1}{2} \cdot \frac{m-2}{3} \cdot \frac{a^m}{a^3} \cdot b^3$$

2. Ist $\dfrac{b}{a}$ vom 2ten Gliede an, in allen Gliedern befindlich. Es ist aber $\dfrac{b}{a}$ der Quotient aus dem andern Theil der Wurzel, durch den ersten, weshalb man $\dfrac{b}{a} = Q$ setzen kann. Dadurch entsteht.

$$a^m +$$

Arithmetik. 175

$$+ ma^m Q + \frac{m.m-1}{2} a^m QQ +$$
$$\frac{m.m-1.m-2}{2\quad 3} a^m QQQ$$

3. Das folgende Glied enthält allemahl das kurz vorhergehende als einen Faktor, daher folgende abkürzung möglich.

Denn es sey das Ite Glied nemlich $a^m = P^m = A$. So entsteht $P^m + m A Q + \frac{m.m-1}{2} AQQ$
$$+ \frac{m.m-1.m-2}{2\quad 3} AQQQ$$

Ferner sey das IIte Glied nemlich $m A Q = B$ so entsteht.

$$P^m + m A Q + \frac{m-1}{2} BQ + \frac{m-1.m-2}{2\quad 3} BQQ$$

Ferner sey das IIIte Glied nemlich $\frac{m-1}{2}.BQ = C$

so entsteht $P^m + m A Q + \frac{m-1}{2} BQ + \frac{m-2}{3} CQ$

u. s. f.

Wenn nun das IVte Glied $= D$
, Vte , $= E$ u. s. f.

So ist klar, daß die allgemeine, kurz ausgedrückte und leicht zu behaltende Formel von $(a+b)$

$$P^m + m A Q + \frac{m-1}{2} BQ + \frac{m-2}{3} CQ +$$
$$\frac{m-3}{4} DQ + \frac{m-4}{5} EQ$$

u. s. f. ins unendliche fort $= (P + PQ)^m$ seyn werde.

Auf

Auf diese Weise kürzte Newton zu erst die allgemeine Formel für die Dignitäten ab, und daher heißt auch die Formel das theorema Newtonianum, oder auch wegen seiner Natur das theorema binomiale.

§. 173

Zusatz. Wird m negativ, so wird $(a+b)^m = (a+b)^{-m}$

$$= \frac{1}{(a+b)^m} \; (137) = \frac{1}{(P+PQ)^m} =$$

$$P^{-m} - mAQ + \frac{m+1}{2} BQ - \frac{m+2}{3} CQ$$

und s. f. mit $+$ und $-$ abwechselnd unendlich fort.

§. 174.

Man kann $a+b$ durch Anwendung der allgemeinen Formel zu einer beliebigen Dignität erhöhen. Es ist dieses aber auch das Mittel die Wurzel dieser Dignität auszuziehen (165.) Daher dienet die §. 172. erhaltene allgemeine Formel auch mittelbar zu Ausziehung der Wurzel einer verlangten Dignität. Aber aus der allgemeinen Formel erst die besondere Formel für eine gegebene Dignität suchen, und diese alsdann zur Ausziehung einer Wurzel der Dignität anwenden, würde eben nicht der kürzte Weg seyn, indem die besondere Formel nach §. 170. geschwinder gefunden werden kann, als nach der allgemeinen. Daher müssen wir untersuchen, ob die allgemeine Formel nicht unmittelbar auf die Ausziehung der Wurzel einer verlangten Dignität anzuwenden sey.

§. 175.

Arithmetik.

§. 175.

Es sey $m = \frac{1}{n}$; so ist $(P+PQ)^m = (P+PQ)^{\frac{1}{n}} = \sqrt[n]{(P+PQ)}$ (145. n. II.) Wenn man also in der allgemeinen Formel (172) $\frac{1}{n}$ stat m setzt, so wird selbige in eine andere allgemeine Formel verwandelt, nach welcher die Wurzel einer jeden Dignität auszuziehen. Sie ist

$$P^{\frac{1}{n}} + \frac{AQ}{n} + \frac{1-n}{2n} \cdot BQ + \frac{1-2n}{3n} \cdot CQ \text{ u. s. f.}$$

§. 176.

Zusatz. Wird n negativ genommen; so wird

$$\sqrt[-n]{(P+PQ)} = \sqrt[n]{(P+PQ)} = \frac{1}{\sqrt[n]{(P+PQ)}} =$$

$$P^{\frac{1}{-n}} - \frac{AQ}{n} + \frac{1+n}{2n} BQ - \frac{1+2n}{3n} CQ$$

u. s. f. mit $+$ und $-$ abwechselnd unendlich fort.

§. 177.

Jetzt haben wir eine allgemeine Formel nach welcher eine Größe zu einer verlangten Dignität zu erheben §. 172. und eine andere, nach welcher die Wurzel einer verlangten Dignität auszuziehen §. 175. Es ist aber unnöthig beyde Formeln dem Gedächtniß einzuprägen. Denn es läßt sich nach der Formel $(P+PQ)^m$ §. 172. eine jede Größe zur verlangten Dignität erheben, wenn man $m =$ deren Exponent setzt. Setzt man aber $m = \frac{1}{n} =$ einem Bruch dessen

M   Zehler

Zähler $= 1$ und der Nenner $=$ dem Exponent der Wurzel; so dient jene Formel dazu, die Wurzel einer jeden Dignität auszuziehen. Will man z. B. eine Größe zur 4ten Dignität erheben so ist $m = 4$, will man aber die Wurzel der vierten Dignität aus ihr ziehen; so ist $m = \frac{1}{4}$.

§. 178.

Noch allgemeiner wird die Formel wenn $m = \frac{m}{n}$

Folgl. $(P+PQ)^m = (P+PQ)^{\frac{m}{n}}$ §. 172. Dann wird $m-1 = \frac{m}{n} - 1 = \frac{m-n}{n}$ Folgl. $\frac{m+1}{2} = \frac{m-n}{2n}$

$m - 2 = \frac{m}{n} - 2 = \frac{m - 2n}{n}$ Folgl. $\frac{m-2}{3} = \frac{m-2n}{3n}$

$m - 3 = \frac{m}{n} - 3 = \frac{m - 3n}{n}$ Folgl. $\frac{m-3}{4} = \frac{m-3n}{4n}$

Daher wird die im §. 172. befindliche allgemeine Formel nunmehro folgende

$$P^{\frac{m}{n}} + \frac{m}{n} AQ + \frac{m-n}{2n} BQ + \frac{m-2n}{3n} CQ$$

u. s. f.

Soll nach dieser Formel eine Größe z. B. zur 4ten Dignität erhoben werden; so ist $m = 4$ und $n = 1$.

Soll nach ihr die Wurzel der 4ten Dignität aus einer Größe gezogen werden; so ist $m = 1$ und $n = 4$.

Soll aus einer Größe in der dritten Dignität die Quadrat-Wurzel gezogen werden; so ist $m = 3$ und $n = 2$.

§. 179.

Arithmetik.

§. 179.

Lehrsatz. Das Quadrat eines uneigentlichen Bruchs z:n, in dem aber der Nenner vom Zehler kein aliquoter Theil ist, kann keine ganze Zahl seyn.

Beweis. Es sey $\frac{z^2}{n^2} = G =$ einer ganzen Zahl so ist $\frac{z^2}{n} = nG$ auch eine ganze Zahl, und es müßte also z^2 durch n ohne Rest dividirt werden können, und folgl. n ein aliquoter Theil, oder ein Faktor von z^2 seyn. Da aber n, nach der Voraussetzung, von z kein aliquoter Theil; so ist es nur noch auf folgende Art denkbar, wie n von z^2 ein Faktor und folgl. nG und also $\frac{z^2}{n^2}$ eine ganze Zahl seyn könne. Es muß nemlich n = pq und also $\frac{z^2}{pq} = nG$ seyn, und folgl. das eine z durch p und das andere z durch q ohne Rest getheilt werden könne. Da aber z = z so kann ein z keinen andern Faktor von n enthalten, den nicht das andere z auch enthält, und also ist entweder in keinem z ein Faktor von n enthalten, oder es ist pq = n als ein Faktor in jedem z enthalten. Das letzte ist wieder die Voraussetzung; folgl. muß in keinem z ein Faktor von n enthalten seyn; folglich ist auch, wenn n = pq der Nenner n kein Faktor von z^2 und folglich $\frac{z^2}{n^2}$ keine ganze Zahl.

§. 180.

1) **Zusatz.** Der Beweis des im vorigen §. vorgetragenen Lehrsatzes erlaubt es uns, das bewiesene von

M 2

allen

allen Dignitäten zu behaupten. Daher die Dignität eines uneigentlichen Bruchs, in welchem der Nenner vom Zehler kein aliquoter Theil ist, nie eine ganze Zahl, und folglich die Wurzel einer ganzen Zahl nie ein uneigentlicher Bruch, und da dieser in eine vermischte Zahl zu verwandeln (44. n. 4.) auch nie eine vermischte Zahl seyn kann.

2) Es war die Wurzel einer ganzen Zahl auch kein eigentlicher Bruch §. 72. n. 4. und kein uneigentlicher Bruch, auch keine vermischte Zahl n. 1. Wenn es nun ganze Zahlen giebt, deren Wurzel keine ganze Zahl ist, was ist sie dann? da uns noch keine andere bekannt sind als ganze, Brüche und vermischte Zahlen. (44. n. 6.)

§. 181.

Erklärung. Aus dem §. 157. und 164. n. 2. ersehen wir, daß es ganze Zahlen giebt, die keine Wurzel in ganzen Zahlen haben, und deren Wurzel weder Brüche noch vermischte Zahlen sind. (180. n. 2.) Da nun die uns bekannte Zahlen entweder ganze, Brüche, oder vermischte Zahlen, so kommen wir dadurch zu der Bekanntschaft einiger Größen von besonderer Art. Man verlangte z. B. $\sqrt{12}$; ihre Wurzel ist keine ganze Zahl, weil 3 zu klein und 4 zu groß ist, und es ist bewiesen, daß sie auch nicht eine vermischte Zahl seyn könne; daher das Hinzusetzen eines Bruchs zur 3 die $\sqrt{12}$ nie genau geben wird. Indessen haben wir doch einen deutlichen Begrif von $\sqrt{12}$. Denn sie ist diejenige Größe die durch sich selber multiplicirt, 12 wiederum hervorbringt. Da nun zwischen jeden zwey Zahlen deren Unterschied = 1, eine unendliche Anzahl Brüche liegt, die

in

in Ansehung der Größe von einander verschieden; (93. n. 1.) so wird es möglich seyn, um die $\sqrt{12}$ zu haben, der 3 einen Bruch zuzusetzen, welcher von dem wahren, den man nicht haben kann, so unmerklich verschieden ist, als es uns gefällig. Sie sind daher Größen, die durch die Rechenkunst beynahe zu erfinden, und verdienen, da sie häufiger vorkommen als die andern, ohnerachtet sie durch die Rechenkunst nicht genau ausgedrückt werden können, eine nähere Untersuchung. Größen deren Wurzeln von einer bestimmten Dignität man durch die Rechenkunst nicht genau angeben kann, heißen Irrational oder surdische, und die von entgegengesetzter Natur Rationalgrößen. Woraus leicht zu ersehen, was ein rationales oder irrationales Quadrat, Cubus, Biquadrat u. s. f.

§. 182.

1) Zusatz. Irrationalgrößen sind zwar an und für sich endliche Größen, wenn man aber in der Rechenkunst ihren Werth durch bestimmte Größen angeben will; so kann man sich demselben zwar dadurch immer mehr und mehr nähern, aber ihn doch nie ganz erreichen. Man kann daher sagen, daß sie, aus diesem Gesichtspunkte betrachtet, unendliche Größen sind. Es ist aber der Werth derselben doch weder unendlich groß noch unendlich klein. Daher paßt auf ihr der im §. 90. A. M. gegebene Begrif einer eingeschränkt unendlichen Größe.
2) Alle Prim Zahlen, außer 1 sind Irrationalgrößen.
3) Eine Größe die in Ansehung einer bestimmten Dignität irrational ist, kann in Ansehung einer andern rational seyn, und umgekehrt.

4) Die einzige Ziffer die allgemein rational ist, ist 1.
5) Ein Bruch ist rational, wenn es sowohl sein Zehler als sein Nenner ist (151. n. 6.) Oder wenn der Zehler und Nenner zwar irrational Größen sind, aber doch eine solche Verhältniß gegen einander haben; deren Glieder durch rational Größen auszudrücken, (4?) (die möglichkeit solcher Brüche wird §. 226. n. 4. dargethan.) Daher kann ein Bruch auf eine dreyfache Weise irrational seyn. Einmal, wenn nur der Zehler irrational, dann, wenn es nur der Nenner ist, und endlich wenn sowol der Zehler als der Nenner Irrationalgrößen sind, die aber keine solche Verhältniß gegen einander haben, daß ihre Glieder durch Rationalgrößen ausgedrücket werden könnten. Man wird also auch leicht beurtheilen können, ob eine vermischte Zahl rational oder irrational sey, wenn man sie in einen uneigentlichen Bruch verwandelt (62. n. 1.)

§. 183.

Lehrsatz. Eine jede Größe G kann als eine Summe angesehen werden, in welcher eine von den summirenden Größen, eine beliebige vollkommene Dignität ist. **Beweis.** Es ist $G = 1 + G - 1 = 1 + (G-1)$ Es kann daher G als eine Summe angesehen werden, von welcher eine der summirenden Größen $= 1$. Da aber 1 allgemein rational ist (182. n. 4.) so kann eine jede Größe als eine Summe angesehen werden, in welcher eine von den summirenden Größen eine beliebige vollkommne Dignität ist.

§. 184.

1) **Zusatz.** Es ist $\frac{h}{k} = 1 + \left(\frac{h}{k} - 1\right) = 1 + \left(\frac{h-k}{k}\right)$

Wenn

Arithmetik.

Wenn nun $\frac{h-k}{k} = x$; so ist

$$\sqrt[n]{\left(1+\frac{h-k}{k}\right)^m} = \sqrt[n]{(1+x)^m} = \sqrt[n]{\left(\frac{h}{k}\right)^m}$$

$$= 1^{m:n} + \frac{mx}{n} + \frac{m-n}{2n}Bx + \frac{m-2n}{3n}Cx \text{ u. s. f.}$$

Welches eine Formel nach welcher ein jeder Bruch zu einer beliebigen Dignität zu erhöhen, und, nach welcher aus einem jeden Bruch, die Wurzel einer beliebigen Dignität auszuziehen. Diese Formel hat noch einen ausgebreitetern Nutzen. Davon in den Vorlesungen ein mehreres.

2) Es ist $\sqrt{(1+x)} = 1 + \frac{1}{2}x - \frac{1}{8}x^2 + \frac{1}{16}x^3 - \frac{5}{128}x^4$ u. s. f.

3) Es ist $\sqrt[n]{(1+x)} = \frac{1}{\sqrt{(1+x)}} = 1 - \frac{1}{2}x + \frac{3}{8}x^2 - \frac{5}{16}x^3$ u. s. f.

Die Coefficienten der 16 ersten Glieder dieser beyden Reihen hat Hr. Prof. **Lambert** in seinen **Zusätzen zu den Logarithmischen Tabellen** in Decimal-Brüchen geliefert. Man sehe daselbst **Tab. XLIV.**

§. 185.

Anmerkung. Wir wollen die in §. 178. befindlichen allgemeinen Formel auf vorkommende besondere Fälle anwenden.

I. Soll z. B. 12 zur 3ten Dignität erhoben werden; so theile man 12 in zwey beliebige Theile. Es sey daher $12 = 10 + 2 = P + PQ$ folglich ist

12^3

Arithmetik.

$$12^3 = (10+2)^3 = (P+PQ)^{m:n}$$

Daher ist $P^3 = 10$ und $PQ = 2$, also

$$Q = \frac{2}{P} = \frac{2}{10} = \frac{1}{5}$$

$$m = 3.$$
$$n = 1.$$

Folglich $P^{m:n} = 10^{3:1} = 1000$

$$\frac{m}{n} \cdot AQ = \frac{3}{1} \cdot 1000 \cdot \frac{1}{5} = 600$$

$$\frac{m-n}{2n} \cdot BQ = \frac{3-1}{2} \cdot 600 \cdot \frac{1}{5} = 120.$$

$$\frac{m-2n}{3n} \cdot CQ = \frac{3-2}{3} \cdot 120 \cdot \frac{1}{5} = 8$$

$$\frac{m-3n}{4n} \cdot DQ = \frac{3-3}{4} \cdot 8 \cdot \frac{1}{5} = \frac{0}{4} \cdot 8 \cdot \frac{1}{5} = 0$$

Daher $10^3 = 1000 + 600 + 120 + 8 = 1728.$

II. Soll die Wurzel einer verlangten Dignität aus einer Größe durch Anwendung der allgemeinen Formel gezogen werden, so hat man folgende Regeln zu beobachten.

1) Man muß die allgemeine Formel so anwenden, daß alle Glieder rational werden, und dies geschieht, wenn das erste Glied der Formel oder $P^{m:n}$ rational angenommen wird.

2) Man muß die allgemeine Formel so anwerben, daß sich die Wurzel der wahren schnell nähert. Die

Arithmetik.

Dis geschieht, wenn man die Größe, woraus die Wurzel zu ziehen dergestalt in zwen Theile, P und PQ theilt, daß P möglichst größer als PQ wird. Ein Beyspiel wird dis hinreichend erläutern.

Es sey aus 40 die Quadrat-Wurzel zu ziehen. D ist $\sqrt[n]{40} = \sqrt[n]{(P+PQ)^m} = \sqrt{(P+PQ)}$ Da nun $n=2$ und $m=1$ so ist $P^{m/n} = \sqrt{P}$. Folglich das 1te Glied rational, wenn P rational angenommen wird, welches also nach no. 1. zu beobachten.

Es kann also $\sqrt{40}$ unter diesen Bedingungen $= \sqrt{(36+4)} = \sqrt{(25+15)} = \sqrt{(P+PQ)}$ u. s. f.

Es wär also im ersten Fall $P = 36$ u. $PQ = 4$.
, , , andern , $P = 25$ u. $PQ = 15$.

Da aber im ersten Fall P größer; so wird sich bey der Annahme daß $\sqrt{40} = \sqrt{(36+4)} = \sqrt{P+PQ}$ die Wurzel dem wahren Werthe schneller nähern (no. 2.) als im andern Fall.

Es ist also $\sqrt{40} = \sqrt{(36+4)} = \sqrt{(P+PQ)}$ Folglich $P=36$ und $PQ=4$. Daher

$$Q = \frac{4}{P} = \frac{4}{36} = \frac{1}{9}$$

Da nun $m=1$ und $n=2$; so ist,
$P^{m/n} = 36^{1/2} = 6$,
$\frac{m}{n} \cdot AQ = \frac{1}{2} \cdot 6 \cdot \frac{1}{9} = \frac{1}{3}$

$$\frac{m-n}{2n} \cdot BQ = -\frac{1}{4} \cdot \frac{1}{3} \cdot \frac{1}{9} = -\frac{1}{108}$$

$$\frac{m-2n}{3n} \cdot CQ = -\frac{1}{2} \cdot -\frac{1}{108} \cdot \frac{1}{9} = +\frac{1}{1944}$$

u. s. f.

Daher $\sqrt{40} = 6 + \frac{632}{1944} = 6.324588\overline{5}$.

Es ist aber $\sqrt{40}$ nach einer genauern Berechnung. Siehe Tab. XLI. des Hr. Prof. Lambert $= 6.3245553$.

Folglich der Unterschied $= 0.0000332$

um welchen die durch 4 Glieder der allgemeinen Formel gefundene $\sqrt{40}$ beynahe zu groß, welches schon in den meisten Fällen eine nicht zuachtende Kleinigkeit seyn würde. Fährt man fort mehrere Glieder der allgemeinen Formel anzuwenden, so wird der Unterschied noch unmerklicher; das 5te Glied wird negativ, das 6te positiv, und so wechseln die Glieder ins unendliche ab. Hieraus läßt sich auch begreifen, daß die durch Anwendung der allgemeinen Formel gefundene Wurzel zu groß seyn müsse, wenn das Zeichen des letzten Gliedes, das man durch Anwendung die Formel erhielt positiv, und daß sie zu klein sey, wenn das Zeichen desselben negativ.

III. Soll z. B. aus $\frac{2}{5}$ die Quadrat-Wurzel gezogen werden; so kann bis nach der §. 184. n. 2. gegebenen Formel folgendergestalt geschehen.

Es ist nehmlich $\frac{h}{k} = \frac{2}{5}$ folglich $x = \frac{h-k}{k} = -\frac{3}{5}$

Daher

Arithmetik. 187

Daher

$$1 = 1$$
$$\frac{1}{2}x = \frac{1}{2} \cdot -\frac{3}{5} = -\frac{3}{10}$$
$$\frac{1}{8}x^2 = \frac{1}{8} \cdot -\frac{3}{5} \cdot -\frac{3}{5} = +\frac{9}{200}$$
$$\frac{1}{16}x^3 = \frac{1}{16} \cdot -\frac{3}{5} \cdot -\frac{3}{5} \cdot -\frac{3}{5} = -\frac{27}{2000}$$
$$\frac{5}{128}x^4 = \frac{5}{128} \cdot -\frac{3}{5} \cdot -\frac{3}{5} \cdot -\frac{3}{5} \cdot -\frac{3}{5} = +\frac{81}{16000}$$

und also   u. s. f.]

$$\sqrt{\frac{2}{5}} = 1 - \frac{3}{10} - \frac{9}{200} - \frac{27}{2000} - \frac{81}{16000} = \frac{1283}{2000}$$

Es ist aber $\frac{1283}{2000}$ = 0.6365000
und $\sqrt{\frac{2}{5}}$ nach einer genauern Berech. = 0.6324555

Folglich der Unterschied = 0.0040445
um welchen jene durch die Formel herausgebrachte Wurzel beynahe zu groß ist.

IV. Da $\frac{2}{5} = \frac{10}{25} = \frac{9}{25} + \frac{1}{25}$ so hätte man die Quadrat=Wurzel aus $\frac{2}{5}$ auch, durch Anwendung der §. 178. befindlichen allgemeinen Formel ausziehen können, und es würde P $= \frac{9}{25}$ und Q $= \frac{1}{25}$ seyn. Weil wir aber unten eine bequemere Methode angeben werden, die Wurzel einer in Zahlen gegebenen Dignität auszuziehen; so wollen wir uns dabey nicht länger aufhalten. Man übereile sich aber nicht, hieraus für die Brauchbarkeit des binomischen Lehrsatzes, eine nachtheilige Folge zu ziehen.

V. Den Nutzen der im §. 173. und 176. befindlichen Formeln werde ich in den Vorlesungen zeigen, bey

bey noch einige nothwendige Errinnerungen machen, und des Herrn Prof. Klügels sehr leichten Erweis des binomischen und polynomischen Lehrsatzes für jede Gattung von Exponenten, welcher als ein Anhang in dessen Analytischen Trigonometrie befindlich, erklären.

❋ §. 186. ❋

Lehrsatz. Man hat nur nöthig die Anwendung der allgemeinen Formel von $\sqrt[n]{(P+PQ)^m}$ wenn durch sie die Wurzel einer verlangten Dignität ausgezogen werden soll, in dem Fall zu zeigen, wo der Wurzel-Exponent $n > 1$.

Beweis. Der Wurzel-Exponent n ist entweder $= 1$ oder < 1 oder > 1. Ist das erste so ist es unnütz die allgemeine Formel dazu anzuwenden ihre Wurzel zu finden, weil die Wurzel dann diejenige Größe ist, aus der die Wurzel der nten Dignität gezogen werden sollte. (145. n. III. 3.) Ist das andere nemlich wenn $n < 1$ so ist der Wurzel-Exponent ein Bruch. Da aber die Wurzel-Größe mit einem Bruch-Exponenten in eine ihr gleichgültige Wurzel-Größe deren Wurzel-Exponent eine ganze Zahl ist, verwandelt werden kann, (145. n. III. 2.) so ist nach dieser Verwandlung $n = 1$ oder $n > 1$. Von dem erstern ist schon oben gezeigt, daß die Anwendung der allgemeinen Formel zu Erfindung ihrer Wurzel unnütz sey, daher ist das letztere, und folglich hat man nur nöthig die Anwendung der allgemeinen Formel von $\sqrt[n]{(P+PQ)^m}$, wenn durch sie die Wurzel einer verlangten Dignität ausgezogen werden soll, in dem Fall zu zeigen, wo der Wurzel-Exponent $n > 1$ ist.

§. 187.

§. 187.

Lehrsatz. Wenn eine Größe wie §. 185. n. II. in zwey Theile getheilt $=(P+PQ)^m$ gesetzt wird, um daraus die $\sqrt[n]{}$ zu ziehen; so wird durch Anwendung der allgemeinen Formel die Wurzel nicht genau gefunden, wenn auch die gegebene Größe eine Rational-Größe seyn sollte.

Beweis. Sollte die Anwendung der allgemeinen Formel die Wurzel genau geben; so müßte die allgemeine Formel in der Anwendung eine endliche Reihe geben, folglich irgend ein Glied der allgemeinen Formel $=0$ werden können. Es ist aber ein jedes Glied als ein Produkt anzusehen, welches $=0$ wird, wenn nur einer der Faktoren $=0$ (42. n. 4. A. M.) Daher würde zu untersuchen seyn, ob irgend ein Faktor eines Gliedes $=0$ werden könne. Es ist offenbar, daß das erste und andere Glied keinen Faktor enthalte der $=0$, weil weder P noch Q noch $m=0$. Soll eins von den übrigen Gliedern $=0$ werden; so müßte entweder B; C; D; E; u. s. f. oder der Coefficient $=0$ werden; da aber B; C; D; E; u. s. f. ganze Glieder sind, so ist nur zu untersuchen, ob die Coefficienten der Glieder $=0$ werden können. Es ist klar, daß die Coefficienten $=0$ werden, wenn $m-n$ oder $m-$ einer Anzahl $n=0$ werden können. Da aber $m=1$, und $n>1$ bey Anwendung der allgemeinen Formel auf die Ausziehung der Wurzel (186.) so ist $m-n$, und $m-$(einer Anzahl n) eine negative Größe (23. n. 2.) Hieraus folgt, daß kein Coefficient eines Gliedes der allgemeinen Formel folglich kein Glied derselben $=0$ werden könne. Es lassen sich also die Glieder der allgemeinen Formel unter diesen Umständen ins unendliche anwenden; das heißt: wir werden

den die Wurzel einer Größe, wenn sie auch rational ist, durch Anwendung der allgemeinen Formel nie genau erhalten.

§. 188.

Zusatz. Wir könnten zwar durch Anwendung der allgemeinen Formel die Wurzel einer Rational-Größe genau finden, wenn wir die Rational-Größe so in zwey Theile theilen, daß der eine Theil z. B. b=PQ=o, da uns aber alsdann die Wurzel derselben schon bekannt seyn muß; so ist die Anwendung der allgemeinen Formel überflüßig. Wir müssen also, um die Wurzel einer Rational-Größe genau zu haben, einen andern Weg betreten.

§. 189.

In den §§. 153. 154. 160. 161. erhielten wir die Quadrat und Cubik-Wurzeln aus den gegebenen rationalen Quadraten und Cubis durch Anwendung der besondern Formel einer jeden Dignität genau. Es werden daher, die besondern Formeln einer jeden Dignität, überhaupt geschickte Mittel seyn durch ihre Anwendung die Wurzel einer Dignität genau zu finden, wenn es nur möglich ist, und es ist möglich, wenn die Größe woraus die Wurzel gezogen werden soll, rational ist.

§. 190.

Anmerkung. Wie durch Anwendung der besondern Formel einer Dignität, die Wurzel derselben, wenn es möglich ist, genau ausgezogen wird, im Fall die Größe durch allgemeine Zeichen ausgedrückt worden, solches ist bereits hinreichend gezeigt worden. Daher

Arithmetik.

ßer müssen) wir noch untersuchen wie die Wurzel einer Dignität aus einer Rational-Größe genau zu ziehen, die durch Zahlen, und zwar durch den calculum decadicum ausgedrückt worden.

§. 191.

Wenn eine nach dem calculo decadico ausgedrückte Größe, als eine Wurzel angesehen wird, und nur einen Ort einnimmt; so kann man sie für eine monomische, nimmt sie aber zwey Oerter ein, für eine binomische Wurzel halten u. s. f. (148.) Daher ist die Formel einer Dignität von

a auf die Dignität einer Größe von einem Ort
a+b . . . . . zweyen Oertern
a+b+c . . . . dreyen Oertern

u. s. f. anzuwenden. Es bedeutet daher

a im ersten Fall Einser
a , andern , Zehner
a , dritten , Hunderter
b , andern , Einser
b , dritten , Zehner
c , dritten , Einser. (9. n. 3.)

§. 192.

Es ist $(a+b)^2 = a^2 + 2ab + b^2$ (150.) Daher enthält das Quadrat einer durch den calculum decadicum ausgedrückten Größe, die zwey Oerter einnimmt.

1) Das Quadrat der Zehner, oder Zehner durch Zehner multiplicirt, folglich Hunderter, folglich eine Zahl im dritten Ort (8)

2) Zehner durch Einser multiplicirt, und das Product doppelt genommen, giebt Zehner, folglich eine Zahl im andern Ort.

3)

3) Endlich das Quadrat der Einer, oder Einer durch Einer multiplicirt, gibt Einer und folglich eine Zahl im ersten Ort.

§. 193.

Zusätze. Setzt man ein Quadrat von dem im vorigen § die Rede war, auf die daselbst angezeigte Weise zusammen; so kann es sich zutragen, daß der erste Ort auch über 9 Einer und also Zehner, der andere Ort über 9 Zehner, und folglich Hunderter, der dritte Ort über 9 Hunderter und folglich Tausender enthalten könne. Da nun diese zu den Zahlen in den folgenden Oertern zugerechnet werden, so folgt

1) daß das Quadrat einer durch den calculum decadicum ausgedrückten Größe die zwey Oerter einnimmt, wenigstens 3, höchstens 4 Oerter einnehmen könne.

2) Daß bey Anwendung der Formel $a^2 + 2ab + b^2$ auf die Ausziehung der Quadrat-Wurzel

b^2 im ersten und andern Ort
$2ab$ im andern und dritten Ort
a^2 im dritten und vierten Ort befindlich seyn könne.

§. 194.

Zusätze. Wendet man das was im vorigen § gesagt worden, auf die Quadrate dererjenigen durch den calculum decadicum ausgedrückten Größen an, deren Wurzeln mehr als zwey Oerter einnehmen, so wird man allgemein finden,

1) daß das Quadrat des höchsten Orts der Wurzel, bald eine, bald zwey Oerter einnehmen könne.

2) Daß die Wurzel halb so viel Oerter einnehme als das Quadrat, wenn die Anzahl der Oerter des

Qua-

Quadrats eine gerade Zahl und daß man, wenn die Anzahl der Oerter des Quadrats ungerade, erst 1 zu der Anzahl der Oerter desselben addiren, und diese Summe nachher halb nehmen müsse, um die Anzahl der Oerter der Wurzel dieses Quadrats zu haben.

3) Wenn man also die Oerter eines Quadrats von der rechten zur linken in Classen theilet, und jeder Classe zwey Oerter gibt, so wird die Anzahl der Classen, die Anzahl der Oerter geben, welche die Wurzel derselben einnimmt, und man wird von dieser Eintheilung der Oerter in Classen, noch verschiedene Vortheile haben, die ich in den Vorlesungen bey Ausziehung der Wurzeln anzeigen werde.

§. 195.

Anwendung der Formel des Quadrats auf die Ausziehung der Wurzel einer durch den calculum decadicum ausgedrückten Größe, deren Wurzel zwey Oerter einnimmt. Z. B. auf die Ausziehung der Quadrat-Wurzel aus 4489.

Anwendung der Formel	Quadrat	Wurz.
	a^2 | $2ab$ | b^2	$a+b$
	44 | 8 | 9	67
Da $a=6$ so ist $a^2=6.6=$	36 |	
Folgl. die 1te Differ. $=2ab+b^2$	8 | 8 | 9	
der 2te Div. ist $=2a=2.6=$	(1|2)	
da nun $b=7$ so ist $b^2=7.7=$	| 4 | 9	
und $2ab=2.6.7=$	8 | 4	
Folglich $2ab+b^2=$	8 | 8 | 9	
daher die 2te Differ. $=$	0 | 0 | 0	
und also $\sqrt{4489}=67$		

N §. 196.

§. 196.

1) **Anmerkung.** Da a im vorigen §. nicht = 6 sondern = 60 so ist a² = 60 . 60 = 3600.
2) Aus eben dem Grunde ist 2a = 2 . 60 = 120.
3) Da b = 7, so ist 2ab = 2 . 60 . 7 = 840, und b² = 7 . 7 = 49. Woraus zu ersehen, warum 36 und 12 und 49 nicht neben ein= ander in die Oerter gesetzt werden müssen, wohin sie würk= lich stehen.

§. 197.

Ein Beyspiel von Anwendung der Formel des Qua= drats einer trinomischen Wurzel (Siehe §. 158.) auf die Ausziehung der Quadrat=Wurzel z. B. aus 71289.

Anwendung der Formel	Quadrat	Wurz
	a² | 2ab | 2(a+b)c | b² | c²	a+b+c
	7 1 2 8 9	2 6 7
a² =	4	
1 Dif. = 2ab+b²+2(a+b)c+c² =	3 1 2 8 9	
1 div. = 2a	(4)	
b² =	3 6	
2ab =	2 4	
2ab+b² =	2 7 6	
2te Diff. = 2(a+b)c+c² =	3 6 8 9	
2te Div. = 2(a+b) =	(5 2)	
c² =	4 9	
2(a+b)c =	3 6 4	
2(a+b)c+c² =	3 6 8 9	
3te Diff. =	0 0 0 0	

Und also √71289 = 267.

§. 198.

§. 198.

1) Anmerkung. Beym vorigen §. wiederhole man auch die §. 196. gemachte Anmerkungen verbunden mit §. 191. so wird man die Ursache von einem jeden Schritte der Operation aufs deutlichste einsehen.

2) In den Vorlesungen will ich zeigen, wie die Tafeln, worin einige Quadrate mit ihren Wurzeln befindlich, zu gebrauchen, um sich in Aufsuchung der Wurzeln einige sonst nothwendige Operationen zu ersparen.

3) Ist man auf den jedesmahligen Divisor und auf das was bey Ausziehung der Wurzeln, mit dem jedesmahligen Quotienten vorgenommen worden, aufmerksam gewesen; erinnert man sich ferner aus dem §. 149. daß eine polynomische Wurzel als eine binomische gedacht werden könne; so ist klar, daß man eine jede polynomische Wurzel, durch Anwendung der Formel das Quadrat einer binomischen Wurzel $a^2 + 2ab + b^2$ finden könne, wozu ich die Handgriffe in den Vorlesungen gleichfalls hinreichend auseinander setzen werde.

4) Ob man bey Ausziehung der Wurzel den Quotient zu groß angenommen, sieht man daraus wenn die subtrahirende Größe größer, als die zu verringernde, und ob er zu klein angenommen aus der jedesmahligen Differenz verglichen nach §. 157. n. 4. mit dem schon erhaltenen Theile der Wurzel. Das von ein mehreres in den Vorlesungen.

§. 199.

Aus den §§. 195. und 197. ersehen wir, daß $\sqrt{a^2}$ schon bekannt seyn, oder daß man selbige zu erhalten

Versuche anstellen, oder daß man eine Tabelle bey der Hand haben müsse, worin sie befindlich. Darauf a. angewendet auf den calculum decadicum, und höchstens zwey Oerter, (193. n. 2.) und die Wurzel eines solchen Quadrats nur einen Ort einnimmt (194. n. 2.) so darf man nur eine Tabelle verfertigen, in die Wurzel von 1 bis 9 mit ihren Quadraten befindlich. Und die wir bey Ausziehung der Wurzel aus einer höhern Dignität, eine ähnliche Tabelle gebrauchen, so will ich hier eine, die bis aufs Biquadrat geht einrücken.

a	1.	2.	3.	4.	5.	6.	7.	8.	9.
a²	1.	4.	9.	16.	25.	36.	49.	64.	81.
a³	1.	8.	27.	64.	125.	216.	343.	512.	729.
a⁴	1.	16.	81.	256.	625.	1296.	2401.	4096.	6561.

§. 200.

1) Zusatz. Ein vollkommenes Quadrat kann nur mit 0. 1. 4. 5. 6 und 9 aber nicht mit 2. 3. 7. und 8 ausgehen. Man kann aber nicht umgekehrt schließen, daß eine Zahl die mit 0. 1. 4. 5. 6 und 9 ausgeht ein vollkommenes Quadrat sey.

2) Beym Cubus läßt sich aus der Zahl mit welcher er ausgeht dergleichen nicht schließen.

3) Ein vollkommenes Biquadrat kann nur mit 0. 1. 5. und 6 ausgehen u. s. f.

4) Die Dignitäten ungerader Zahlen sind ungerade, und gerader Zahlen wiederum gerade Zahlen.

5) Es lassen sich nicht die höhern Dignitäten ungerader Zahlen (§2. fl. IV. A. M.) wohl aber der geraden Zahlen durch 4 ohne Rest theilen.

§. 201.

§. 201.

Anmerkung. Wie wir eines rationalen durch den *calculum decadicum* ausgedrückten Quadrat-Wurzel genau finden, solches ist von §. 191. bis 198. gezeiget worden. Wie wir die Wurzel einer Irrational-Größe, und folglich auch eines irrationalen Quadrats, durch Anwendung der allgemeinen Formel, durch die Näherung finden können, erhellet aus dem §. 185. n. II. u. III. IV. Weil wir aber die Wurzel nicht gleich in Decimal-Brüchen erhalten, diese aber von vorzüglichem Werthe sind; so wird nützlich seyn eine Methode anzugeben, wodurch man die Theile der Wurzel sogleich in Decimal-Brüchen erhält.

§. 202.

Wollen wir die Quadrat-Wurzel einer irrationalen Zahl in Decimal-Brüchen, das ist in $\frac{1}{10}$tel, $\frac{1}{100}$tel, $\frac{1}{1000}$tel, u. s. f. ausdrücken; so müßte das Quadrat $(\frac{1}{10}\text{tel})^2$; $(\frac{1}{100}\text{tel})^2$; $(\frac{1}{1000}\text{tel})^2$ u. s. f. das ist $\frac{1}{100}$tel; $\frac{1}{10000}$tel; $\frac{1}{1000000}$tel, u. s. f. enthalten. Folglich muß die Zahl, woraus die Quadrat-Wurzel gezogen, und in Decimal-Brüchen ausgedrückt werden soll, ein Bruch seyn, dessen Nenner aus einer geometrischen Progreßion genommen, die sich mit 1 anfängt und deren Exponent = 100, d. i. er muß ein Progreßional-Bruch seyn worin a = 100
(97)

§. 203.

I. Zusatz. Wenn also die Zahl von der die Quadrat-Wurzel sogleich in Decimal-Brüchen angegeben werden soll, kein Progreßional-Bruch, worin a = 100, so muß sie darin verwandelt werden (57. n. 8. 90. 100. 101.)

II.

Da ist einer geometrischen Progression, worin (aber das Glied nicht und der Exponent ist) ... jedes Glied mit einem Anhange einer gewissen Anzahl Nullen; so wird, wenn $\sqrt{G}$ in Decimal-Brüchen sogleich angegeben werden soll

5) die Wurzel dann noch genau gezogen ...
$$\sqrt{G} = \sqrt{\frac{G.00\,00\,00}{1.00\,00\,00}} = \frac{\sqrt{G.00\,00\,00}}{\sqrt{1.00}}$$ (§. n. 6)

Wenn nun $\sqrt{G.00\,00\,00}$ auch drey ... ... die man durch x y z bezeichnen kann (194. n. 2.)

VI. So ist $\sqrt{G} = \frac{xyz}{100} = x^\circ y' z''$ (128.)

Wär $\sqrt{G} = \sqrt{\frac{G.000000}{1.000000}} = \frac{\sqrt{G.000000}}{\sqrt{1.000000}}$

und $\sqrt{G.000000} = xyzv$

6) So ist $\sqrt{G} = \frac{xyzv}{1000} = x^\circ y' z'' v'''$ ...

III. Will man also aus einer ganzen irrationalen Zahl die Quadrat-Wurzel sogleich in Decimal-Brüchen erhalten, so muß man

1) zuvor bestimmen auf wie viel Decimal-Stellen man die in der Wurzel vorkommende Brüche haben will.

2) Der ganzen Zahl so viel Paar Nullen anhängen, als die in der Wurzel vorkommenden Brüche Decimalstellen einnehmen sollen.

3) Aus der ganzen Zahl mit den angehängten Nullen, wie §. 195. und 197. gewiesen, die Quadrat-Wurzel ausziehen.

4) Dem

5) die Wurzel dann noch genauer haben, so fährt man fort, daß man nach Ausziehung der Wurzel übrig geblieben, so oft ein Paar Nullen anzuhängen, und die Ausziehung der Wurzel fortzusetzen, so oft man die Wurzel um eine Decimalstelle genauer haben will.

IV. Wenn $\sqrt{\frac{z}{n}}$ in Decimal-Brüchen sogleich gefunden werden soll; so wird

$$\sqrt{\frac{z.0000\ldots}{n}} = \sqrt{\frac{z.0000\ldots}{10000\ldots}} = \sqrt{\frac{(z.0000\ldots):n}{10000\ldots}}$$

1 mit einer gewißen Anzahl Nullen die nach no. 1 und 2 im vorigen Zusatz bestimmt wird. (90)

Wenn nun $(z.0000\ldots):n = G$, so wird mit G so verfahren, wie vorher unter no. 3, 4 und 5 gezeigt worden. Ist aber $z.0000\ldots:n = G + \frac{p}{n}$, so wird statt dieser vermischten, die nächste ganze Zahl genommen. Daher $\frac{p}{n}$ entweder $= 1$ oder $= 0$.

V. Wenn $\sqrt[m]{G}$ durch Decimal-Brüche auszudrücken; so kann dieses, wie kurz vorher gezeigt worden, geschehen, weil $\sqrt[m]{G} = \frac{G}{a^m}$ (99) und also $\sqrt[m]{G} = \sqrt[m]{\frac{G}{a^m}}$.

VI. Wenn $\sqrt{(G + \frac{p}{n})}$ in Decimal-Brüchen auszudrüdrücken, so wird $G + \frac{z}{n} = \frac{Gn+z}{n}$

Folglich $\sqrt{(G+\frac{z}{n})} = \frac{\sqrt{(Gn+z)\,0000:n}}{10000}$, welcher Fall keine andere Regeln, die Wurzel zu erhalten erfordert, als diejenigen welche beym IVten Zusatz vorgeschrieben worden.

§. 204.

I. Anmerkung. Einige Beyspiele zur Uebung.
1) Es ist beynahe $\sqrt{314} = 17{,}7200451146$.
2) , , , $\sqrt{157} = 12{,}5299641$.
3) , , , $\sqrt{\tfrac{4}{5}} = 0{,}8944272$.
4) , , , $\sqrt{\tfrac{3}{7}} = 0{,}6546537$.
5) , , , $\sqrt{7} = \sqrt{\tfrac{7}{10}} = 0{,}8366003$.
6) , , , $\sqrt{4} = \sqrt{\tfrac{4}{60}} = 0{,}2581989$.
7) , , , $\sqrt{6+\tfrac{3}{5}} = 2{,}5819889$.

II. Alles, was vom §. 191. bis hieher angeführt worden, um die Ausziehung der Quadrat-Wurzel aus einer durch den calculum decadicum ausgedrückten Größe zu zeigen, läßt sich auch auf die Ausziehung der Wurzeln eines höhern Grades aus solchen Größen anwenden, wenn nur das verändert wird, was die besondere Natur eines jeden Grades erfordert. Wir können uns also bey bestimmung der Regeln zur Ausziehung der Wurzeln aus höhern Graden um so viel kürzer fassen.

§. 205.

Es ist $(a+b)^3 = a^3 + 3a^2b + 3ab^2 + b^3$ (158.) Daher enthält der Cubus einer durch den calculum decadicum ausgedrückten Größe, die zwey Oerter einnimmt.

1) Den

1) Den Cubum der Zehner, oder Tausender, d. i. eine Zahl im 4ten Ort.
2) Das dreyfache Produkt aus dem Quadrat der Zehner durch Einser, oder Hunderter, d. i. eine Zahl im 3ten Ort.
3) Das dreyfache Produkt aus dem Quadrat der Einser durch Zehner, oder Zehner, d. i. eine Zahl im 2ten Ort. Endlich
4) Den Cubum der Einser oder Einser, d. i. eine Zahl im ersten Ort.

§. 206.

Stellt man hiernach eben die Betrachtungen an, die wir im §. 193 und 194. bey den Quadraten anstellten, verbinden wir damit noch zum Ueberfluß den §. 199; so ist die Wahrheit folgender Sätze klar.

1) Bey Anwendung der Formel $a^3 + 3a^2b + 3ab^2 + b^3$ auf die Ausziehung der Cubikwurzel kann

b^3 im 1ten, 2ten und 3ten Ort
$3ab^2$ · 2ten, 3ten · 4ten ·
$3a^2b$ · 3ten, 4ten · 5ten ·
a^3 · 4ten, 5ten · 6ten · befindlich seyn.

2) Der Cubus einer durch den calculum decadicum ausgedrückten Größe, die zwey Oerter einnimmt, muß wenigstens 4, höchstens 6 Oerter einnehmen.

3) Wenn man die Oerter des Cubus von der rechten zur linken in Classen theilt, und einer jeden Classe, so lange es angeht, 3 Oerter giebt, so wird die Anzahl der Classen, die Anzahl der Oerter geben, welche die Wurzel derselben einnimmt, und man wird von dieser Eintheilung in Classen auch bey Ausziehung der Wurzel noch andere Vortheile haben.

§. 207.

Nunmehro wird es nicht schwer werden, die Vorschrift des Cubus auf die Ausziehung der Wurzel, einer durch den calculum decadicum ausgedrückten Größe, deren Wurzel 2 Oerter einnimmt, anzuwenden.

Es sey z. B. die Cubikwurzel aus 300763 zu ziehen.

Anwendung der Formel	Cubus
	300 763 (67
Da $a = 6$. (§. 199.) so ist $a^3 =$	216
1ste Diff. $= 3a^2b + 3ab^2 + b^3 =$	84 763
Der 1te Divisor $= 3a^2 =$ (108)	
Da nun $b = 7$ so ist $b^3 =$	343
und $3ab^2 =$	882
und $3a^2 b =$	756
Folgl. $3a^2b + 3ab^2 + b^3 =$	84 763
Daher die 2te Differ. $= 0$	0

Und also $\sqrt[3]{300763} = 67$.

§. 208.

1) Anmerkung. Bestünde der Cubus noch aus mehreren Classen, und wäre also die Wurzel mehr als binomisch, so würde, um die übrigen Oerter der Wurzel zu erhalten, $(a+b)$, und also im vorigen Fall $67 = a$, folglich der 2te Divisor $= 3(a+b)^2 = 3 \cdot 67 \cdot 67 = 13767$ werden (161. 198. n. 3.) welches in den Vorlesungen hinreichend erläutert werden soll.

2) Wendet

2) Wendet man das was im §. 196. beym Quadrat gesagt worden, auf den Cubus an; so wird man die Ursache einsehen, warum 108; 343; 882; und 216 im §. 207. die ihnen gegebene Oerter einnehmen müssen.

3) Was §. 198. n. 2. von Abkürzung der Arbeit bey Ausziehung der Quadratwurzeln durch Tabellen gesagt worden, findet auch hier statt. So hat man

4) Kennzeichen, wenn ein Theil der Cubikwurzel zu groß oder zu klein angenommen worden. (198. n. 4; 164. n. 4.)

§. 209.

Zusatz. Was §. 202. von Bestimmung der Quadratwurzel eines Irrationalen Quadrats, durch Decimalbrüche gesagt worden, ist auch mit gehöriger Veränderung auf die Bestimmung der Cubikwurzel in Decimalbrüchen anzuwenden. Soll also

1) die Cubikwurzel durch $\frac{1}{10}$tel; $\frac{1}{100}$tel; $\frac{1}{1000}$tel u. s. f. ausgedrückt werden; so muß der Cubus $\frac{1}{1000}$tel; $\frac{1}{1000000}$tels; $\frac{1}{1000000000}$tel u. s. f. enthalten, oder so verwandelt werden, daß er sie enthält. Er wird aber darin verwandelt, wenn er ein Bruch wird, dessen Nenner aus einer geometrischen Progression genommen, die sich mit 1 anfängt, und deren Exponents = 1000. Da nun dieses eine Progression ist, worin jedes Glied = 1. mit einem Anhange von einer Anzahl Nullen, die durch 3 theilbar, so
$$\sqrt[3]{\tfrac{x}{1{,}000{,}000}} = \tfrac{\sqrt[3]{x}}{\sqrt[3]{1{,}000{,}000}}$$
wenn $\sqrt[3]{6000000} = xyz$ (194. n. 3. u. 202. n. II.)

a) $\sqrt[3]{\frac{z^3}{n^3}} = \sqrt[3]{\frac{z.000.000.n^3}{1000000}} = \frac{\sqrt[3]{z.000.000}:n}{100}$

wenn $z.000.000 : n = y$

4) $\sqrt[3]{(G + \frac{z}{n})} = \sqrt[3]{\frac{(Gn+z).000.000}{1000000}} =$

$\frac{\sqrt[3]{(Gn+z).000.000}}{100} = \sqrt[3]{x \cdot y}$

wenn $\sqrt[3]{(Gn+z).000.000} : n = \sqrt[3]{xy}$, u. s. f.

§. 210.

Anmerkung. Einige Exempel zur Uebung können in den Vorlesungen gegeben werden.

Das vierte Kapittel.
Von der
Rechnung mit den Wurzelgrößen.

§. 211.

Aus dem §. 181. und 145. n. III. ist es klar, daß Wurzelgrößen sowol Irrational- als Rationalgrößen seyn können. Da aber die Irrationalgrößen die erste Gelegenheit zu ihrer Erfindung gegeben; so heißt die Rechnung mit den Wurzelgrößen auch, die Rechnung mit den Irrationalgrößen.

§. 212.

Lehrsatz. Es ist $\sqrt{a^2 b^2} = \sqrt{a^2} \times \sqrt{b^2} = ab$.

Beweis. Es ist $(ab)^2 = ab \times ab = a^2 b^2$.

Folgl. ist $\sqrt{a^2 b^2} = \sqrt{(ab)^2} = ab$ (145. n. III 1.)

Da aber $\sqrt{a^2} = a$, (Ebend.)

$\sqrt{b^2} = b$.

so ist auch $\sqrt{a^2} \times \sqrt{b^2} = ab = \sqrt{a^2 b^2}$.

§. 213.

§. 213.

Zusatz. Das Bewiesene gilt von der dritten, u. s. f. von der mten Dignität. Hieraus folgt:

1) Die Potenz eines Produkts ist $=$ dem Produkt aus den Potenzen der Faktoren. Folglich
$$(abc)^m = a^m b^m c^m$$

2) Die Wurzel eines Produkts ist $=$ dem Produkt aus den Wurzeln der Faktoren. Folglich
$$\sqrt[m]{abc} = \sqrt[m]{a} \times \sqrt[m]{b} \times \sqrt[m]{c}.$$

3) Das Produkt der Wurzelgrößen, welche einerley Wurzel-Exponent m haben, ist $=$ dem Produkt aus den Größen unter dem Wurzelzeichen, und aus diesem die Wurzel der mten Dignität gezogen. So ist z. B. $\sqrt[m]{a} \times \sqrt[m]{b} = \sqrt[m]{ab}$. Natürlich auch klar

4) daß $\sqrt[m]{ab} : \sqrt[m]{b} = \sqrt[m]{a}$, und daß überhaupt
$$\sqrt[m]{a} : \sqrt[m]{b} = \sqrt[m]{\tfrac{a}{b}}.$$

§. 214.

$(\sqrt[m]{a^n}) \times c$ ist nicht $= \sqrt[m]{a^n c}$; weil $\sqrt[m]{a^n c} = \sqrt[m]{a^n} \times \sqrt[m]{c}$ (213, n. 3.)

Will man daher eine Wurzelgröße durch eine Rationalgröße multipliciren; so muß man die Rationalgröße entweder als einen Faktor vor das Wurzelzeichen setzen, oder man muß die Rationalgröße in eine Wurzelgröße verwandeln, deren Exponent $=$ dem Exponent der zu multiplicirenden Wurzelgröße (145. n. III. 2.) und alsdann die Multiplikation nach §. 213. n. 3. verrichten.

§. 215.

1. *Zusatz.* Es ist also $(\sqrt[m]{a^n}) \times c = c \sqrt[m]{a^n}$ und auch $= \sqrt[m]{a^n c^m}$. Daher $c \sqrt[m]{a} = \sqrt[m]{a c^m}$. Wenn also

2. die

2. Ist die Größe unter dem Wurzelzeichen ein Produkt, welches einen Faktor in der Dignität enthält, dessen Exponent = dem Wurzel-Exponent ist, so kann man diesen Faktor unter dem Wurzelzeichen, ohne daß die Wurzelgröße in Ansehung der Größe verändert wird wegwerfen, wenn man nur dagegen ꝛc. ꝛc.

3. Durch die Veränderung unter n. 2. wird ein Faktor der unter dem Wurzelzeichen befindlichen Größe rational. Diesen rationalen Faktor nennt man den Coefficient der Wurzelgröße, und er ist allezeit = 1, wenn keiner bestimmt ist.

4. Was zu thun sey, wenn ein Produkt aus einer Rationalgröße durch eine Wurzelgröße, so zu verwandeln, daß das Produkt keinen rationalen Faktor darstellt; solches erhellet aus §. 214.

§. 216.

Erklärung. Wenn man einen Faktor, der unter dem Wurzelzeichen befindlichen Größe rational gemacht (215. n. 3); so sagt man: man habe die Wurzelgröße einfacher ausgedrückt.

§. 217.

1. Zusatz. Will man also eine Wurzelgröße einfacher ausdrücken; so muß man die unter dem Wurzelzeichen befindliche Größe in ihre Faktoren zerstreuen, und untersuchen, ob einer derselben in der Dignität, dessen Exponent = dem Exponent der Wurzelgröße. Ist dies; so verfahre man mit demselben wie §. 215. n. 2. gezeigt worden. Läßt sich also

2. Die unter dem Wurzelzeichen befindliche Größe in ihre Faktoren nicht zerstreuen, oder es ist nach der Zerstreuung unter den Faktoren keiner der Dignität

Arithmetik. 207

dessen Exponent = dem Exponenten der Wurzel, so läßt sich die Wurzelgröße nicht einfacher ausdrücken. Es läßt sich also

Eine Wurzelgröße unter deren Wurzelzeichen eine Primzahl befindlich, nicht einfacher ausdrücken (182. 2.)

Eine durch eine Rationalgröße multiplicirte Wurzelgröße ist anzusehen, als eine einfacher ausgedrückte Wurzelgröße, die aber vielleicht noch einfacher auszudrücken.

§. 218.

Anmerkung. Einige Beyspiele von Verwandlung der Wurzelgrößen.

1) Es ist $\sqrt{45} = \sqrt{9} \times \sqrt{5} = 3\sqrt{5}$.
2) $6\sqrt{3} = \sqrt{3} \times 6^2 = \sqrt{108}$.
3) $5\sqrt{8} = 5 \times \sqrt{4} \times \sqrt{2} = 10\sqrt{2}$.
4) $\sqrt[m]{a^m c - a^m b} = \sqrt[m]{a^m} \times \sqrt[m]{(c-b)} = a\sqrt[m]{(c-b)}$
5) Es ist $(a+c)\sqrt[m]{b^n} = \sqrt[m]{((a+c)^m b^n)}$

§. 219.

Lehrsatz. $\sqrt[m]{a^m b} : \sqrt[m]{c^m b} = a : c$.

Beweis. Es ist $\sqrt[m]{a^m b} = a\sqrt[m]{b}$ (217.)

und $\sqrt[m]{c^m b} = c\sqrt[m]{b}$.

Folgl. ist $\sqrt[m]{a^m b} : \sqrt[m]{c^m b} = a\sqrt[m]{b} : c\sqrt[m]{b}$.

Nun $a\sqrt[m]{b} : c\sqrt[m]{b} = a\sqrt[m]{b} : c\sqrt[m]{b}$ (89. A.M.)

Da aber $a\sqrt[m]{b} : c\sqrt[m]{b} = a : c$. (43. A.M.)

So ist auch $\sqrt[m]{a^m b} : \sqrt[m]{c^m b} = a : c$.

§. 220

§. 220.

1) **Zusatz.** Wenn also Wurzelgrößen mit einerley Wurzel-Exponent auch einerley Größe unter dem Wurzelzeichen haben, oder sie doch erhalten, wenn sie einfacher ausgedrückt worden; so ist ihr Verhältniß rational.

2) Wurzelgrößen von einerley Exponent mit gleichen Größen unter dem Wurzelzeichen, verhalten sich zu einander wie ihre Coefficienten. Sind also die Coefficienten unter den angezeigten Umständen gleich; so sind auch die Wurzelgrößen gleich. Woraus

3) erhellet, daß Wurzelgrößen mit gleichen Exponenten, und einerley Größe unter dem Wurzelzeichen, Größen von einerley Art, und daß Wurzelgrößen von verschiedenen Exponenten oder von verschiedenen Größen unter dem Wurzelzeichen, Größen von verschiedener Art sind.

4) Es ist $\dfrac{\sqrt[m]{a^m b}}{\sqrt[m]{c^m b}} = \dfrac{a}{c}$ (47.) Woraus klar, wie ein Bruch, dessen Zehler und Nenner Irrationalgrößen sind, beschaffen seyn muß, wenn er rational seyn soll. (182. n. 5.)

§. 221.

Anmerkung. Einige Beyspiele.

1) Es ist $\sqrt{18} : \sqrt{32} = 3\sqrt{2} : 4\sqrt{2} = 3 : 4$.

2) . . $\sqrt{5} : \sqrt{45} = 1\sqrt{5} : 3\sqrt{5} = 1 : 3$.

3) . . $6\sqrt{7} : 7\sqrt{28} = 6\sqrt{7} : 14\sqrt{7} = 3 : 7$.

§. 222.

Erklärung. Wurzelgrößen deren Verhältniß durch Rationalgrößen genau auszudrücken, nennt man com-

commensurable Wurzelgrößen (Quantitates commensurabiles, *commensurantes*.) Woraus klar ist, was incommensurable Wurzelgrößen sind.

§. 223.

1) *Zusatz.* Für ein Verhältniß deren Glieder Wurzel-Größen, ein Verhältniß substituiren zu können, deren Glieder Rationalgrößen sind, ist von änlänglichem Nutzen. Woraus

2) erhellet, daß es nützlich seyn werde, bestimmen zu können, ob vorkommende Wurzelgrößen commensurabel, und wenn sie es sind, wie ihr Verhältniß durch Rationalgrößen auszudrücken.

3) Wurzelgrößen von einerley Exponent mit gleichen Größen unter dem Wurzelzeichen sind commensurable Wurzelgrößen, und verhalten sich wie ihre Coefficienten (220. n. 2. 215. n. 3.)

§. 224.

Erklärung. Wurzelgrößen, welche einerley Wurzel-Exponent haben, heissen gleichnamigte Wurzelgrößen oder Wurzelgrößen von einerley Benennung. Woraus leicht zu begreifen, welches ungleichnamigte Wurzelgrößen, oder Wurzelgrößen von verschiedener Benennung sind.

§. 225.

Zusatz. Gleichnamigte Wurzelgrößen können wir durch einander multipliciren und dividiren (213. n. 3. und 4.) Die Multiplikation und Division ungleichnamigter Wurzelgrößen kann nur durch Hülfe der Zeichen geschehen. Auch die Beurtheilung, ob Wurzelgrößen commensurabel, hängt mit davon ab, ob die Größen gleichnamigte (223. n. 3.) Es würde daher

O nützlich

§. 226.

Aufgabe. Zwey ungleichnamigte Wurzelgrößen in gleichnamigte verwandeln, welche den gegebenen ungleichnamigten gleich sind.

Auflösung. Wenn die ungleichnamigen Wurzelgrößen $\sqrt[m]{a^h}$ und $\sqrt[q]{b^r}$ in gleichnamigte, von der einerley Beschaffenheit zu verwandeln, so multiplicire man

1) den Wurzel-Exponent m der ersten Wurzelgröße, und den Exponent h der Größe, woraus die Wurzel zu ziehen, durch den Wurzel-Exponent der andern Wurzelgröße, nemlich durch q; so entsteht $\sqrt[mq]{a^{hq}}$. Eben so multiplicire man

2) den Wurzel-Exponent q, der andern Wurzelgröße und den Exponent r der Größe, woraus die Wurzel zu ziehen, durch den Wurzel-Exponent der ersten Wurzelgröße, nemlich durch m; so entsteht $\sqrt[mq]{b^{rm}}$, und es sind die beyde gegebene ungleichnamigte Wurzelgrößen in gleichnamigte verwandelt, welche den gegebenen ungleichnamigten gleich sind.

Beweis. Daß $\sqrt[mq]{a^{hq}} = \sqrt[m]{a^h}$ und $\sqrt[mq]{b^{rm}} = \sqrt[q]{b^r}$ erhellet aus §. 145. n. VI. und daß die gegebene ungleichnamigte Wurzelgrößen auf vorangezeigte Art gleichnamigt werden müsse, aus 70. n. H. A. z. A. M.

§. 227.

Zusatz. Wenn die Wurzel-Exponenten m und q im §. 226. Primzahlen unter sich (321) so ist der ge-
mein-

mathematische Wurzel-Exponent mq auch der mögliche kleinste. Sind aber m und q zusammengesetzte Zahlen unter sich; so kann man zwar die ungleichnahmigte Wurzelgrößen in gleichnahmigte auf die §. 226. vorgeschriebene Weise verwandeln. Sie erhalten aber in diesem Fall nicht den möglichst kleinsten Wurzel-Exponent. Will man daher in diesem Fall auch diese Absicht mit erreichen; so dividire man zu erst m und q durch das gemeinschaftliche größte Maaß, und verfahre mit den daher entstandenen Quotienten, als in dem ersten Fall mit m und q.

§. 228.

Anwendung. Einige Beyspiele.

1) $\sqrt[m]{a}$ u. $\sqrt[q]{b}$ gleichn. gem. geb. $\sqrt[mq]{a^q}$ u. $\sqrt[mq]{b^m}$
2) $\sqrt[m]{abm}$ u. $\sqrt[q]{cq}$ $\sqrt[mq]{a^q b^q m^q}$ u. $\sqrt[mq]{c^m d^m}$
3) $\sqrt[m]{ab}$ u. $\sqrt[n]{c^m}$ $\sqrt[mn]{a^n b^n}$ u. $\sqrt[mn]{c^{mn}}$
4) $\sqrt[m]{a}$ u. $\sqrt[n]{b}$ $\sqrt[mn]{a^n}$ u. $\sqrt[mn]{b^m}$
5) $\sqrt[bx]{a}$ u. $\sqrt[cx]{b^h}$ $\sqrt[bcx]{a^{bcx}}$ u. $\sqrt[bcx]{b^{bhx}}$

§. 229.

Lehrsatz. Es ist $\sqrt[m]{\dfrac{z}{n}} = \dfrac{\sqrt[m]{zn^{m-1}}}{n} = \dfrac{1}{n}\sqrt[m]{zn^{m-1}}$

Beweis. Es ist $\dfrac{z}{n} = \dfrac{z \cdot n^{m-1}}{n \cdot n^{m-1}}$ (50.)

Da aber $n \cdot n^{m-1} = n^{1+m-1} = n^m$ (66. A. M. 15.)

Folgt ist $\sqrt[m]{\dfrac{z}{n}} = \sqrt[m]{\dfrac{zn^{m-1}}{n^m}} = \dfrac{\sqrt[m]{zn^{m-1}}}{\sqrt[m]{n^m}}$ (151. n. 6.)

$= \dfrac{\sqrt[m]{zn^{m-1}}}{n}$ (145. n. III.)

$= \dfrac{1}{n}\sqrt[m]{zn^{m-1}}$ (42. n. 4.)

§. 230.

§. 230.

1) *Folgerung.* Man kann eine Wurzelgröße unter deren Wurzelzeichen ein Bruch befindlich, so verändern, daß unter demselben eine ganze Zahl kömmt. Man kann

2) einen Bruch dessen Zähler sowol als sein Nenner eine Wurzelgröße durch einen gleichgültigen Bruch ausdrücken, dessen Nenner rational ist.

3) Es ist $\sqrt[m]{\dfrac{z}{n}} = \dfrac{c^m}{c}\sqrt[m]{z^m}$

4) $\sqrt[m]{\left(G + \dfrac{z}{n}\right)} = \dfrac{1}{n}\sqrt[m]{(Gn+z)n^{m-1}}$

5) $\sqrt[m]{\dfrac{1}{n}} = \dfrac{1}{n}\sqrt[m]{n^{m-1}}$

6) $\dfrac{\sqrt[m]{z}}{\sqrt[r]{n}} = \dfrac{\sqrt[mr]{z^r}}{\sqrt[mr]{n^m}} = \sqrt[mr]{\dfrac{z^r}{n^m}} = \dfrac{1}{n}\sqrt[mr]{z^r n^{mr-m}}$

7) $\sqrt[r]{\dfrac{z}{n}} = \dfrac{1}{n}\sqrt[r]{z n}$

8) $\sqrt[3]{\dfrac{z}{n}} = \dfrac{1}{n}\sqrt[3]{z n^2}$ u. s. f.

Welche Formeln noch ihren besondern Nutzen haben, den ich in den Vorlesungen erklären will.

§. 231.

Anmerkung. Daß $\sqrt[m]{\dfrac{z}{n}} = \dfrac{z}{\sqrt[m]{n z^{m}}} = \sqrt[m]{\dfrac{z}{n}}$

(145. n. IX.) Davon ist der Beweis aber so zu führen, wie der beym §. 229. vorkommende, auch lassen sich hier alle diejenigen Zusätze machen, die den im §. 230. befindlichen ähnlich sind.

§. 232.

§. 238.

Aufgabe. Untersuchen ob zwey Wurzel-Größen commensurabel sind, und wie sie sich alsdann zu einander verhalten.

Auflösung.

I. Sind die Wurzel-Größen gleichnahmigt und haben sie

  A. Unter dem Wurzelzeichen einerley Größe; so sind die Wurzel-Größen commensurabel, und verhalten sich wie ihre Coefficienten (223. n. 3.) Haben sie aber

  B. Unter dem Wurzelzeichen nicht einerley Größe; so sind

  a) Unter beyden Wurzelzeichen gantze Zahlen befindlich, und man kann sie

   a) entweder beyde, oder nur die eine einfacher ausdrücken. (216.) Wenn diß geschehen; so erhalten

   1) beyde unter dem Wurzelzeichen einerley Größe. In diesem Fall sind die Wurzel-Größen commensurabel, und verhalten sich wie ihre Coefficienten. Oder beyde erhalten

   2) Unter dem Wurzelzeichen nicht einerley Größe. In diesem Fall sind die Wurzel-Größen incommensurabel. Oder man kann

   β) keine derselben einfacher ausdrücken. Auch in diesem Fall sind die Größen incommensurabel. Oder es sind

  b) nicht unter beyden Wurzelzeichen gantze Zahlen befindlich. In diesem Fall verwandle man nun die Wurzel-Größe, unter deren Wurzelzeichen ein Bruch befindlich, nach §. ~~~ in solche Wurzel-Größen, unter deren Wurzelzeichen gantze Zahlen; so entstehen die Fälle, a. 1. 2 oder b. Sind endlich

II. die Wurzel-Größen ungleichnahmig; so muß man sie in gleichnahmige verwandeln, (226.) und unter suchen, ob einer von den vorher angeführten Fällen statt finde.

Auf diese Weise wird man ausmachen, ob zwey Wurzel-Größen commensurabel, und wie sie sich zu einander verhalten.

§. 233.

Lehrsatz. Wenn $\sqrt[m]{\frac{q}{r}} = \frac{x}{y}$ so ist $\sqrt[m]{q} : \sqrt[m]{r} = x : y$

Beweis. Es ist $\sqrt[m]{\frac{q}{r}} = \frac{x}{y}$ nach der Voraussetzung

Da nun $\sqrt[m]{\frac{q}{r}} = \frac{\sqrt[m]{q}}{\sqrt[m]{r}}$ (151. h. 6.)

So ist $\frac{\sqrt[m]{q}}{\sqrt[m]{r}} = \frac{x}{y}$

Folglich $\sqrt[m]{q} : \sqrt[m]{r} = x : y$ (46.)

§. 234.

Zusatz. Hieraus folgt eine sehr leichte und bequeme Regel, nach welcher untersucht werden kann, ob zwey Wurzel-Größen commensurabel sind, und wie sie in dem Fall durch Rational-Größen auszudrücken.

§. 235.

Aufgabe. Noch auf eine andere Weise, als §. 232. geschehen untersuchen, ob zwey Wurzel-Größen com-

Auflösung.

1) Sind die Wurzel-Größen gleichnahmigt, und durch bloße rationale Zahlen multipliciret; so

 (a) dividire man dasjenige, was unter dem Wurzelzeichen der erstern steht, durch dasjenige, was unter dem Wurzelzeichen der andern befindlich.

2) Aus dem Quotienten ziehe man die Wurzel derjenigen Dignität deren Exponent = dem Exponent der Wurzel-Größe, mit denen wir die Untersuchung anstellen. Und es wird sich

3) finden, ob der Quotient eine rationale oder eine irrationale Zahl sey. Ist

4) der Quotient eine irrationale Zahl; so sind die Wurzel-Größen incommensurabel. Ist aber

5) der Quotient rational; so sind die Wurzel-Größen commensurabel. Wenn nun in diesem Fall

6) Die Wurzel (siehe no. 2.) = einem Bruch $=\frac{x}{y}$; so verhält sich die erste Wurzel-Größe zur andern wie x zu y. Ist aber

7) die Wurzel eine ganze Zahl $= G = \frac{G}{1}$; so verhält sich die erste Wurzel-Größe zur andern, wie die ganze Zahl G zu 1. Sind

zeichen mit der unter beyderseits beygefügten
Größe an, so ist die Addition oder die Sub-
traktion verrichtet. $= \sqrt{a} + \sqrt{d}$ u. s. w.   (2

Haben aber die zu addirende oder von einander zu subtrahirende Wurzelgrößen

b) unter dem Wurzelzeichen nicht einerley Größe,
so ist es möglich

a) die Wurzelgröße einfacher auszudrücken.
Dies muß man thun (§ 17. n. f.) und darauf
sehen wie es sich schreibt.

1) ob die Wurzelgrößen unter dem Wurzelzeichen einerley Größe behalten, und folglich commensurabel. In diesem Fall verfährt man wie unter a). Findet es sich
aber, daß $\sqrt{a} \cdot 2 \pm \cdots$ u. s. w.

2) die Wurzelgröße nicht unter dem Wurzelzeichen einerley Größe behalten, und also
inkommensurabel so wird die
Addition oder die Subtraktion durch setzen
der Zeichen + und — — . Ist es aber nicht
möglich

b) die Wurzelgrößen einfacher auszudrücken,
so geschiehet die Addition und Subtraktion wie
vorher unter n. 2. erinnert worden.

Sind endlich die zu addirende oder von einander zu subtrahirende Wurzelgrößen

II. Ungleichnahmige, so mache man sie gleich-
nahmig, alsdann werden die unter I. angezeigte
Fälle entstehen, und die dort vorgeschriebene Operationen vorgenommen.

Anmerkung. Einige Beyspiele.

2) $\sqrt[n]{a^m b^n} \pm \sqrt[n]{b^n} = (a+c)\sqrt[n]{b^n}$

...

Die Summe $= 5a\sqrt{b}$ ...

§. 339.

Aufgabe. Wurzelgrößen durch einander zu multipliciren, und durch einander zu dividiren.

Auflösung. Die Wurzelgrößen, welche durch einander zu multipliciren oder zu dividiren sind, sind entweder

I. Gleichnahmige Wurzelgrößen.

a) Um die Wurzelgrößen durch einander zu multipliciren;

Man multiplicire so wohl die Coefficienten derselben durch einander, als auch die unter dem Wurzelzeichen befindliche Größen, und lasse das Wurzelzeichen mit seinem Exponent unverändert. (213. n. 3.)

b) Um die Wurzelgrößen durch einander zu dividiren;

Man

gezeichen mit der unter demselben befindlichen
Größe an, so ist die Addition oder die Subtraktion berichtigt. = — — — — — (2

Haben aber die zu addirende oder von einander zu subtrahirende Wurzelgrößen

A) unter dem Wurzelzeichen nicht einerley Größe;
so ist es möglich

1) die Wurzelgröße einfacher auszudrücken.
Dies muß man thun (§ 17. II. E.) und darauf
wird es sich zeigen.

a) ob die Wurzelgrößen unter dem Wurzelzeichen einerley Größe behalten, und folglich commensurabel. In diesem Fall verfährt man, wie unter a). Findet es sich
aber, daß

2) die Wurzelgröße nicht unter dem Wurzelzeichen einerley Größe behalten, und also
incommensurabel ist, so verrichtet man die
Addition oder die Subtraktion durch Dazwi-
schensetzen der Zeichen + und —. Ist es aber nicht
möglich

b) die Wurzelgrößen einfacher auszudrücken;
so geschieht die Addition und Subtraktion, wie
vorher unter n. 2. erinnert worden.

Sind endlich die zu addirende oder von einander zu subtrahirende Wurzelgrößen

II. Ungleichnahmigte; so mache nicht sie gleichnahmigt, alsdann werden die unter I. angezeigte
Fälle entstehen, und die vorgeschriebene Operationen vorgenommen.

Anmerkung. Einige Beyspiele.

2) $\sqrt[n]{a^m b^n} \pm \sqrt[n]{b^n} = (a+b) \ldots$

$$\text{Die Summe} = 5a\sqrt{b} + 3a\sqrt{b}$$

Aufgabe. Wurzelgrößen durch einander zu multiplicieren, und durch einander zu dividiren.

Auflösung. Die Wurzelgrößen, welche durch einander zu multipliciren oder zu dividiren, sind entweder

I. Gleichnahmige Wurzelgrößen.

a) Um die Wurzelgrößen durch einander zu multipliciren;

Man multiplicire so wohl die Coefficienten derselben durch einander, als auch die unter dem Wurzelzeichen befindliche Größen, und lasse das Wurzelzeichen mit seinem Exponent unverändert. (§13. n. 3.)

b) Um die Wurzelgrößen durch einander zu dividiren;

Man

Man dividire so wohl den Coefficienten des dividendi durch den Coefficienten des divisors, als auch die unter dem Wurzelzeichen befindliche Größe des dividends durch die unter dem Wurzelzeichen befindliche Größe des Divisors, und lasse das Wurzelzeichen mit seinem Exponent unverändert. (213. n. 4.) Sind sie aber

II. **Ungleichnahmigte Wurzelgrößen**, so verwandle man sie in gleichnahmigte (226), und verfahre dann wie im vorigen Fall.

So ist die Multiplikation und die Division der Wurzelgrößen bewerkstelligt.

§. 240.

I. **Anmerkung.** Einige Beyspiele.

1) Es ist $a\sqrt[m]{b} \times c\sqrt[m]{q} = ac\sqrt[m]{bq}$.

2) $\dfrac{n}{q}\sqrt[m]{a} \times \sqrt[m]{b} = \dfrac{n}{q}\sqrt[m]{ab}$.

3) $\dfrac{n}{q}\sqrt[m]{a} \times \dfrac{c}{d}\sqrt[m]{b} = \dfrac{nc}{qd}\sqrt[m]{ab}$.

4) $(\sqrt{3}+\sqrt{2}) \times (\sqrt{3}-\sqrt{2}) = 1$.

5) $(\sqrt{3}+\sqrt{2}) \times 5\sqrt{6} = \sqrt{(15\sqrt{6}+5\sqrt{12})}$.

6) $c\sqrt[m]{a^n} \times d\sqrt[r]{b^q} = cd\sqrt[mr]{a^{nr} b^{qm}}$.

7) $c\sqrt[n]{a^m} \times d\sqrt[n]{b^q} = cd\sqrt[n]{\dfrac{b^q}{a^m}}$ (145. n. IX.)

8) $c\sqrt[n]{a^m} \times d\sqrt[r]{b^q} = cd\sqrt[nr]{\dfrac{b^{nr}}{a^{mr}}}$

9) $a\sqrt[m]{b} : c\sqrt[m]{q} = \dfrac{a}{c}\sqrt[m]{\dfrac{b}{q}}$

10)

10) $a \sqrt[n]{b} : c \sqrt[n]{q} = \frac{a^m b^n}{c} \sqrt[n]{\frac{1}{q^m}}$

11) $c \sqrt[m]{a^q} : d \sqrt[n]{b^q} = \frac{c}{d \sqrt[mn]{a^{nq} b^{mq}}} = \frac{c}{da^m b^n} \sqrt[mn]{(ab)^q}$

12) $c \sqrt[m]{a^q} : d \sqrt[n]{b^q} = \frac{c}{d} \sqrt[mn]{\frac{a^{nq}}{b^{mq}}}$

13) $a : (c \sqrt[m]{d^n}) = \frac{1}{c} \sqrt[m]{\frac{a^m}{d^n}}$

14) $(\sqrt[m]{d^n}) : a = c \sqrt[m]{\frac{d^n}{a^m}}$

II. Die unter no. 7. bis 14. erhaltene Produkte und Quotienten, werden zum Gebrauch bequemer, wenn man sie nach den 229. §. verwandelt, welches ich der privat Uebung meiner Zuhörer überlassen will.

§. 241.

Lehrsatz. Es ist $(c \sqrt[m]{b^q})^n = c^n \sqrt[m]{b^{qn}}$

Beweis. Es ist $(c \sqrt[m]{b^q})^n = c^n \times (\sqrt[m]{b^q})^n$ (213. n. I.)

Da nun $\sqrt[m]{b^q} = b^{q:m}$ (145. n. I.)

So ist $(\sqrt[m]{b^q})^n = (b^{q:m})^n = b^{(q:m) \cdot n} = b^{qn:m} = \sqrt[m]{b^{qn}}$
(145. n. II.)

Folglich $(c \sqrt[m]{b^q})^n = c^n \sqrt[m]{b^{qn}}$.

§. 242.

1) *Zusatz.* Will man daher eine Wurzelgröße deren Exponent = m zur nten Dignität erheben, so darf man nur ꝛc.

2) Es ist $(c \sqrt[m]{b^q})^m = c^m \sqrt[m]{b^{qm}}$ (241) $= c^m \sqrt[m]{b^q}$ (145. n. IV.)

3) Es

3) Es ist $\sqrt[n]{\sqrt[m]{b^e}} = (\sqrt[m]{b^e})^{\frac{1}{n}} = \sqrt[mn]{b^e}$ ist so $(\sqrt[n]{b^e})^n =$
$(c\sqrt[m]{b^e})^u = c^u \sqrt[m]{b^{eu}} = \sqrt[m]{c^{mu} b^{eu}}$ (214) $= \sqrt[m]{(b^e c^m)^u}$

Aus gleichem Grunde $\ldots\ldots\ldots\ldots\ldots\ldots\ldots\ldots$ folgen, eine Wurzelgröße zu einer Dignität zu erheben, und es ist die Formel $c^u\sqrt[m]{b^{eu}}$ mit Nutzen anzuwenden, wenn u von m ein aliquoter Theil ist.

4) $(c\sqrt[m]{b^e})^{-u} = \dfrac{1}{c^u \sqrt[m]{b^{eu}}}$ (245. n. IX.)

5) $(c\sqrt[m]{b^e})^{\frac{1}{u}} = \sqrt[u]{c}\sqrt[mu]{b^e}$ (eben.)

§. 243.

Lehrsatz. Es ist $\sqrt[u]{(c\sqrt[m]{b^e})} = \sqrt[mu]{c^u b^e}$.

Beweis. Es ist $\sqrt[u]{(c\sqrt[m]{b^e})} = \sqrt[u]{c} \times \sqrt[u]{(\sqrt[m]{b^e})}$
(219 u. 21.)

Da nun $\sqrt[m]{b^e} = b^{e:m}$ (145. n. I.)

So ist $\sqrt[u]{(\sqrt[m]{b^e})} = \sqrt[u]{b^{e:m}} = b^{e:mu} = \sqrt[mu]{b^e}$

Und folgl. $\sqrt[u]{c} \times \sqrt[u]{(\sqrt[m]{b^e})} = \sqrt[u]{c} \times \sqrt[mu]{b^e}$
$= \sqrt[mu]{c^u} \times \sqrt[mu]{b^e}$ (226)
$= \sqrt[mu]{c^u b^e}$ (239) $= \sqrt[u]{(c\sqrt[m]{b^e})}$

§. 244.

1) Zusatz. Will man also aus einer Wurzelgröße, deren Exponent = m die Wurzel der uten Dignität ausziehen; so darf man nur ꝛc.

2) Es ist $\sqrt[u]{(c\sqrt[m]{b^e})} = \sqrt[mu]{c^u b^e}$ (243) $= \sqrt[mu]{c^u b^e}$
(145. n. VI.). Hieraus folgt noch eine unter gewissen Umständen bequeme Manier, die Wurzel einer Dignität aus einer Wurzelgröße zu ziehen.

3) So ist $\sqrt[u]{(c\sqrt[m]{b^e})} = \dfrac{1}{\sqrt[u]{c^u b^e}}$

4) Es

4) Es ist $\sqrt[n]{(\sqrt[m]{(\sqrt[l]{a^x})})} = \sqrt[lmn]{a^x}$ u. s. f. so: ist $\mathfrak{h}$ (

Von unmöglichen oder eingebildeten Wurzelgrößen.

§. 245.

Im §. 147. n. 3. haben wir den Begrif unmöglicher oder eingebildeter Wurzelgrößen angegeben, und aus dem folgt, daß sie weder positive noch negative Größen, und auch nicht $= 0$ seyn können. Sie sind, wie sich Holland ausdruckt „Begriffe die aus lauter „Widersprüchen zusammengesetzt sind, sie sind eine „ungereimte Antwort des Calculs, auf eine ungereim-„te Frage, wodurch wir etwas suchen, welches durch „das angenommene bereits ausgeschlossen ist. „ Daher ist nur die Frage, ob die Untersuchung, die man über diese Größen anstellt, von Nutzen, oder ob sie nur eine unnütze Spekulation seyn würde.

§. 246.

Werden uns Aufgaben zur Auflösung vorgelegt, so ist es möglich, daß wir nicht sogleich einsehen, ob die Auflösung geschehen könne oder nicht. Wir fangen also die Auflösung an, das Resultat aber ist eine eingebildete oder unmögliche Größe. Dis ist genug um überzeugt zu seyn, daß die Auflösung nicht geschehen könne. Hieraus erhellet zugleich der Nutzen, den wir von der Untersuchung haben können, die wir mit diesen Größen anstellen.

§. 247.

Wenn m eine gerade Zahl; so ist $\sqrt[m]{-a}$ eine unmögliche Wurzelgröße (147. n. 3.) Da aber $-a = +a \times -1$ so ist $\sqrt[m]{-a} = \sqrt[m]{a} \times \sqrt[m]{-1}$, und so ist $\sqrt[m]{-b} = \sqrt[m]{b} \times \sqrt[m]{-1}$ (147. n. 3.)

§. 248

§. 248.

1) **Zusatz.** Eine Verhältniß deren Glieder unmögliche Wurzelgrößen sind, läßt sich durch eine Verhältniß ausdrücken, deren Glieder mögliche Größen sind; ja es kann Fälle geben, in welchen unmögliche Wurzelgrößen commensurabel. So ist
$$\sqrt[m]{-a} : \sqrt[m]{-b} = \sqrt[m]{a} : \sqrt[m]{b} \; (247.)$$
$$\sqrt[m]{-a} : \sqrt[m]{-b} = -a : -b \; (145. \text{ n. 2.})$$

2) Mögliche und unmögliche Wurzelgrößen sind schlechterdings incommensurabel.

3) Es ist $(\sqrt[m]{-a})^m = \sqrt[m]{-a^m} = -a.\;(145.\,\text{n. 2.})$

4) $\sqrt[m]{-a} \times \sqrt[m]{-b} = \sqrt[m]{ab}.\;(239.)$

5) $\sqrt[m]{-a} \times \sqrt[n]{-b} = \sqrt[mn]{a^n b^m}$

6) $\sqrt[m]{-a} \times \sqrt[m]{+b} = \sqrt[m]{-ab}.$

7) $\sqrt[m]{-a} : \sqrt[m]{-b} = \sqrt[m]{\frac{a}{b}}$

8) $\sqrt[m]{-a} : \sqrt[m]{b} = \sqrt[m]{-\frac{a}{b}}$

9) Wenn die gerade Zahl m zugleich eine ganze Zahl und n eine andere beliebige ganze Zahl; so kann $m = 2n$ seyn. Dann ist $\sqrt[m]{-a} = \sqrt[2n]{-a} = \sqrt{\sqrt[n]{-a}} = \sqrt{(\sqrt[n]{-a}.)}\;(145.\,\text{n. V. 4. n. III})$

§. 249.

Anmerkung. Die im vorigen §. gelieferte Zusätze werden hinreichen alle etwa vorkommende Operationen mit unmöglichen Wurzelgrößen vornehmen zu können. Man wird aber im Calkul fast immer besser thun, wenn man die Rechnungsarten mit den unmöglichen Wurzelgrößen nur durch Zeichen anzeigt, damit man am Ende der Rechnung die unmöglichen Wurzelgrößen wieder erkennen könne. In den Vorlesungen werde ich den Unterschied erklären, den einige Lehrer der Mathematik nach unter unmöglichen und eingebildeten Größen machen.

Der

Der dritte Abschnitt.

Von
Erfindung der Größen, wenn solche in einer Verhältniß betrachtet werden, durch das Calculiren.

Das erste Kapittel.

Von dem Nutzen des Calculirens bey Erfindung der Größen, welche mit andern in einer gleichen Verhältniß stehen.

§. 250.

Erklärung. Wenn Größen durch das Zeichen der Gleichheit mit einander in einer Verknüpfung, so nennt man diesen Ausdruck eine Gleichung. So ist z. B. $\frac{x}{c} - a = P$ eine Gleichung.

Die Oerter welche das Zeichen der Gleichheit von einander trennen, heißen die Seiten der Gleichung. Woraus leicht zu ersehen was man unter der ersten, oder unter der andern Seite der Gleichung versteht.

Eine Größe, sie sey negativ oder positiv ꝛc. die von einer Seite der Gleichung weggeworfen, die an dieser Seite befindliche Größe, um diese Größe vermindert, heißt ein Glied der Gleichung. So

P sind

§. 248.

1) **Zusatz.** Eine Verhältniß deren Glieder unmögliche Wurzelgrößen sind, laßt sich durch eine Verhältniß ausdrücken, deren Glieder mögliche Größen sind; ja es kann Fälle geben, in welchen unmögliche Wurzelgrößen commensurabel. So ist z. B.
$$\sqrt[m]{-a} : \sqrt[m]{-b} = \sqrt[m]{a} : \sqrt[m]{b} \;(247.)$$
$$\sqrt[m]{-a^m} : \sqrt[m]{-b^m} = -a : -b \;(145.\,\text{n. 3.}) = a : b$$

2) Mögliche und unmögliche Wurzelgrößen sind schlechterdings incommensurabel.

3) Es ist $(\sqrt[m]{-a})^m = \sqrt[m]{-a^m} = -a.$ (145. n. 3.)

4) $\sqrt[m]{-a} \times \sqrt[m]{-b} = \sqrt[m]{ab}.$ (239.)

5) $\sqrt[m]{-a} \times \sqrt[u]{-b} = \sqrt[mu]{a^u b^m}.$

6) $\sqrt[m]{-a} \times \sqrt[m]{+b} = \sqrt[m]{-ab}.$

7) $\sqrt[m]{-a} : \sqrt[m]{-b} = \sqrt[m]{\frac{a}{b}}.$

8) $\sqrt[m]{-a} : \sqrt[m]{b} = \sqrt[m]{-\frac{a}{b}}.$

9) Wenn die gerade Zahl m zugleich eine ganze Zahl und n eine andere beliebige ganze Zahl; so kann m = 2n seyn. Dann ist $\sqrt[m]{-a} = \sqrt[2n]{-a}$
$= \sqrt[n]{-a}^{\frac{1}{2}} = \sqrt{(\sqrt[n]{-a})}.$ (145. n. V. u. n. II.)

§. 249.

Anmerkung. Die im vorigen §. gelieferte Zusätze werden hinreichen alle etwa vorkommende Operationen mit unmöglichen Wurzelgrößen vornehmen zu können. Man wird aber im Calkul. fast immer besser thun, wenn man die Rechnungsarten mit den unmöglichen Wurzelgrößen nur durch Zeichen anzeigt, damit man am Ende der Rechnung die unmöglichen Wurzelgrößen wider erkennen könne. In den Vorlesungen werde ich den Unterschied erklären, den einige Lehrer der Mathematik nach unter unmöglichen und eingebildeten Größen machen.

Der

Der dritte Abschnitt.

Von
Erfindung der Größen, wenn solche in
einer Verhältniß betrachtet werden,
durch das Calculiren.

Das erste Kapittel.

Von dem Nutzen des Calculirens bey Erfindung der Größen, welche mit andern in einer
gleichen Verhältniß stehen.

§. 250.

Erklärung. Wenn Größen durch das Zeichen der Gleichheit mit einander in einer Verknüpfung, so nennt man diesen Ausdruck eine Gleichung. So ist z. B. $\frac{x}{c} - a = P$ eine Gleichung.

Die Oerter welche das Zeichen der Gleichheit von einander trennen, heißen die Seiten der Gleichung. Woraus leicht zu ersehen was man unter der ersten, oder unter der andern Seite der Gleichung versteht.

Eine Größe, sie sey negativ oder positiv ꝛc. die, von einer Seite der Gleichung weggeworfen, die an dieser Seite befindliche Größe, um diese Größe vermindert, heißt ein Glied der Gleichung. So sind

sind in der gegebenen Gleichung $\frac{x}{c}$ und $\frac{\cdot}{\cdot}$ a und P Glieder dieser Gleichung, aber nicht x oder c allein.

§. 251.

Erklärung. Wenn in einer Gleichung eine Verknüpfung bekannter und unbekannter Größen, und man hat die Gleichung dahin gebracht, daß der Werth oder die Größe der unbekannten durch die Verknüpfung der darin befindlichen bekannten Größen angegeben wird; so hat man, die Gleichung sey aufgehoben worden. Der Werth der unbekannten Größe heißt die Wurzel der Gleichung; so bald man sie gefunden, so bald ist die Hauptabsicht bey einer gegebenen Gleichung erreicht.

§. 252.

Erklärung. In einer Gleichung ist nur eine unbekannte Größe, oder es sind mehrere darin. Im ersten Fall heißt sie eine bestimmte, im andern Fall eine unbestimmte Gleichung.

§. 253.

Erklärung. Wenn in einer bestimmten Gleichung (252.) die unbekannte Größe nur der Faktor eines jeden Gliedes, worin sie befindlich, und die unbekannte Größe steht nicht in allen Gliedern, so bekommt die Gleichung noch eine besondere Benennung von der höchsten Dignität der darin vorkommenden unbekannten Größe. So heißt

z. B. $ax \pm c = p$ eine einfache Gleichung

$ax^2 \pm bx = p$ eine quadratische Gleichung oder eine Gleichung vom 2ten Grade

$ax^3 \pm bx^2 \pm p$ eine Cubische Gleichung x.

§. 254.

§. 254.

Zusatz. Will man also ausmitteln von was für einem Grade eine gegebene, bestimmte Gleichung sey, die nicht von der im vorigen §. angegebenen Beschaffenheit ist; so muß man solche zuvor in eine andere verwandeln, die diejenige Beschaffenheit hat, daß man aus der höchsten Dignität der darin vorkommenden unbekannten Größe ihren Grad beurtheilen könne. Der §. 253. gibt diese an.

§. 255.

Anm. $\frac{a}{x} + m = Px^0$ ist keine quadratische Gleichung

$c\sqrt{x} + m = x^3$, , cubische ,

$ax + bx^2 = x^4$, , biquadratische ,

weil in ihnen nicht die Bedingungen befindlich, unter denen man aus dem höchsten Grad der darin vorkommenden unbekannten Größe, einen Schluß auf den Grad der Gleichung machen kann.

§. 256.

Erklärung. In einer bestimmten Gleichung (252) deren Grad durch die in ihr vorkommende unbekannte Größe in der höchsten Dignität bestimmt ist (253) steht entweder bloß die höchste Dignität der unbekannten Größe, die ihrem Grade gemäß ist, oder es stehen in ihr noch niedrigere Grade derselben. Ist das erstere, so heißt die Gleichung eine *reine Gleichung*; ist das letztere, so heißt sie eine *unreine Gleichung*. So ist z. B.

$x^2 a = m$ eine reine und zwar quadratische Gleichung.

$ax^2 + n = bx$ eine dergleichen unreine.

$ax^3 = b$ eine reine Cubische Gleichung.

$ax^3 = cx^2 = m$ eine dergleichen unreine.

§. 257.

Erklärung. Wenn der Grad der unreinen Gleichung durch die in ihr vorkommende unbekannte Größe in der höchsten Dignität bestimmt ist, so sind neben der höchsten Dignität der unbekannten Größe noch alle niedrigere Dignitäten derselben befindlich, oder nicht. Ist das erste, so heißt die Gleichung eine vollständige, und ist das letztere, so heißt sie eine unvollständige Gleichung des bestimmten Grades. So ist z. B.
$x^3 + x^2 - mx = P$ eine vollständige Cubische Gleichung
$x^3 + cx = P$ eine dergleichen unvollständige.

§. 258.

1) Zusatz. Alle einfache Gleichungen sind auch reine Gleichungen.
2) Alle höhere Gleichungen können reine und unreine Gleichungen seyn.
3) Alle höhere reine Gleichungen sind auch unvollständige Gleichungen.
4) Unvollständige quadratische Gleichungen sind auch reine Gleichungen. Höhere unvollständige Gleichungen aber können bald reine bald unreine Gleichungen seyn. u. s. f.

§. 259.

Anmerkung. Eine Gleichung ist bestimmt. Der Grad einer Gleichung ist durch die in ihr vorkommende unbekannte Größe in der höchsten Dignität bestimmt. Die Exponenten der in einer Gleichung vorkommender unbekannten Größe sind bestimmt. Diese Ausdrücke bezeichnen verschiedene Gedanken, deren Unterschied man wohl zu merken hat.

Von

Von Verwandlung bestimmter Gleichungen deren Grad man aus der in ihr befindlichen unbekannten Größe in der höchsten Dignität nicht beurtheilen kann, in solche, die von der Beschaffenheit sind, daß ihr Grad daraus beurtheilt werden könne.

§. 260.

Es ist aus dem §. 253. klar, daß Gleichungen die so beschaffen sind, daß man aus der höchsten Dignität, der in ihr befindlichen unbekannten Größe, den Grad der Gleichung nicht schließen kann, entweder

1) In allen Gliedern die unbekannte Größe zum Faktor haben. Davon §. 261. Oder
2) daß die unbekannte Größe in einem oder dem andern Gliede, befindlich, ohne jedoch ein Faktor desselben zu seyn. Davon §. 263.

Wie sind also solche Gleichungen, in Gleichungen von entgegengesetzter Beschaffenheit zu verwandeln?

§. 261.

Steht die unbekannte Größe in allen Gliedern der Gleichung als ein Faktor des Gliedes §. 260. n. I. so steht sie

I. Entweder nur in einerley Dignität.

In diesem Fall ist die Wurzel der Gleichung eine jede willkürliche angenommene Größe, so gar $= 0$. Man sagt von einer solchen Gleichung, daß sie mehr als zu bestimmt sey, und man kann durch die Division die unbekannte Größe aus der Gleichung gänzlich fortschaffen. So giebt z. B.

ax^m

$$ax^m + n^m - cx^m = Px^m$$
Divid. durch $x^m = x^m$

die Gleichung $a + 1 - c = P$.

Da nun in derselben keine unbekannte Größe befindlich, aus derselben aber doch der Grad der Gleichung beurtheilt werden muß, (253.) so erhellet von selber, daß die gegebene Gleichung zu keinem Grade gehören müsse. Oder es ist

II. die unbekannte Größe in der Gleichung in verschiedenen Dignitäten. In einer solchen Gleichung sind entweder

1) die Exponenten der unbekannten Größe bestimmt. In diesem Fall dividire man die Glieder der Gleichung durch die in der Gleichung befindliche unbekannte Größe in der niedrigsten Dignität, so entsteht eine Gleichung, deren Grad durch die in ihr vorkommende unbekannte Größe in der höchsten Dignität bestimmt wird. So dividire man z. B. die Glieder der Gleichung

$$x^7 + ax^3 - bx^3 = px^7$$
durch $\qquad x^3 = x^3$

so entsteht $x + a - b = px^4$ welches eine biquadratische Gleichung. (253.) Oder es sind

2) die Exponenten der unbekannten Größe unbestimmt.

In diesem Fall dividire man die Glieder der Gleichung durch eine in derselben vorkommende beliebige Dignität der unbekannten Größe. So kann man z. B. die Glieder der Gleichung

$$ax^m - cx^m + px^n = dx^r$$
durch x^m, oder durch x^n, oder durch x^r dividiren
durch

durch x^m dividirt gibt $\frac{a}{x^n} - c + px^{n-m} = dx^{r-m}$

$\frac{a}{x^n} - ax^{m-n} - cx^{m+n} + p = dx^{r-n}$

$x^r \ldots ax^{m-r} - cx^{m-r} + px^{n-r} = d$

daher die Gleichung nach Möglichkeit verlangter maßen verwandelt worden. (253.)

§. 262.

1) **Zusatz.** Wenn die unbekannte Größe nur als ein Faktor in allen Gliedern der Gleichung, und zwar nur in zweyen verschiedenen Dignitäten befindlich; so geben die im vorigen §. vorgeschriebene Regeln eine reine Gleichung. (256.)

2) Wenn die unbekannte Größe nur als ein Faktor in allen Gliedern der Gleichung, und zwar nur in dreyen verschiedenen Dignitäten befindlich, und es sind die Exponenten derselben in einer arithmetischen Progreßion deren Denominator = 1 so geben die im vorigen §. vorgeschriebene Regeln eine unreine quadratische Gleichung. (ebend.) So wird z. B. aus der Gleichung $x^8 + ax^7 - cx^6 = px^5$
die Gleichung $x^2 + ax - c = p$.

§. 263.

Ist die unbekannte Größe in einem oder dem andern Gliede einer Gleichung befindlich, und doch kein Faktor desselben §. 260. n. 2.; so steht sie entweder

1) Zu dem Divisor eines oder mehrerer Glieder. Davon §. 264. Oder

2) sie steht unter einem Wurzzeichen. Davon §. 265. und 266. Oder

3) sie steht in dem Exponent einer bekannten Größe. Davon §. 267. Oder

4) sie steht in dem Wurzelexponenten einer solchen. Davon §. 268.

P 4 §. 264.

§. 264.

Steht die unbekannte Größe in dem Divisor eines oder mehrerer Glieder §. 263. n. 1. und man will die Gleichung in eine andere verwandeln, in der diß nicht ist; so multiplicire man alle Glieder durch den Divisor, worin die unbekannte Größe befindlich, und diß wiederhole man so lange, bis die unbekannte Größe nirgends mehr im Divisor eines Gliedes der Gleichung befindlich ist. So multiplicire man z. B. die Gleichung $ax^3 + cx - \dfrac{q}{x^2} = \dfrac{p}{(x+d)}$

durch $\dfrac{x^2}{x^2} = \dfrac{x^2}{x^2}$

so entsteht die Gleichung $ax^5 + cx^3 - q = \dfrac{px^2}{(x+d)}$

diese ferner multiplicirt durch $x+d = x+d$

giebt die Gleichung

$ax^6 + adx^5 + cx^4 + cdx^3 - qx - qd = px^2$

vom 6ten Grade (253.)

§. 265.

Steht die unbekannte Größe in einer Gleichung unter einem Wurzelzeichen §. 263. n. 2. und man will die Gleichung, welche aus diesem Grunde eine irrationale Gleichung genennt wird, so verwandeln, daß die unbekannte Größe nicht mehr unter dem Wurzelzeichen befindlich, welches man eine Gleichung rational machen heißt; so merke man folgende Fälle.

Der erste Fall. Wenn das Wurzelzeichen in der Gleichung nur einmal mit der unbekannten Größe in Verbindung; so wird die Beobachtung folgender Regeln die Gleichung rational machen.

1) Man

Arithmetik.

1) Man mache daß der irrationale Ausdruck, worin die unbekannte Größe verwickelt ist, auf einer Seite der Gleichung allein zu stehen komme, und dann erhebe man

2) beyde Seiten der Gleichung zu einer Dignität deren Exponent $=$ dem Wurzelexponent der unbekannten Größe; so ist die Gleichung rational.

Es sey z. B. $\dfrac{c\sqrt{ax}}{m} + dx = P$

nach der 1ten Regel subtr. $dx = dx$

gibt $\dfrac{c\sqrt{ax}}{m} = P - dx$

und multipl. durch $m = m$

gibt $c\sqrt{ax} = (P - dx)m$

und dividirt durch $c = c$

gibt $\sqrt{ax} = \dfrac{(P - dx)m}{c}$

nach d. 2t. R. $(\sqrt{ax})^2 = \left(\dfrac{(P - dx)m}{c}\right)^2$

daher $ax = \left(\dfrac{(P - dx)m}{c}\right)^2$

$= \dfrac{(P^2 - 2Pdx + d^2x^2)m^2}{c^2}$

Also $axc^2 = P^2m^2 - 2Pdxm^2 + d^2x^2m^2$ welche Gleichung rational und vom 2ten Grade ist. (253.)

Der zweyte Fall. Wenn das Wurzelzeichen in der Gleichung öfter mit der unbekannten Größe in Verbindung

Ju

In diesem Fall muß man die beym ersten Fall gegebene Regeln so lange wiederholen bis die Gleichung rational ist.

§. 266.

1) **Anmerkung.** Eine Größe mit einem gebrochenen Exponenten ist eine Wurzelgröße. (145. n. II.) Daher ist eine Gleichung, in welcher die unbekannte Größe einen gebrochenen Exponenten hat, eine irrational Gleichung, und folglich auf vorangezeigte Weise rational zu machen. (145. n. IV. 2.)

2) Wenn das Wurzelzeichen in der Gleichung einige mahle mit der unbekannten Größe in Verbindung, so wird das Rationalmachen der Gleichung verwikkelter. Man hat Methoden es in einigen Fällen ungemein abzukürzen. Es ist aber hier zu weitläuftig, sie auseinanderzusetzen.

§. 267.

Eine Gleichung in der die unbekannte Größe in dem Exponent einer bekannten Größe steht, §. 263. n. 3. wie z. B. die Gleichung $a^x = P$; läßt sich nur durch Hülfe der Logarithmen verlangtermaßen verändern. Da uns nun die Natur derselben hier noch nicht bekannt ist; so müssen wir die Verwandlung solcher Gleichungen bis dahin aufschieben.

§. 268.

Eine Gleichung in der die unbekannte Größe in dem Wurzelexponent einer bekannten Größe steht, §. 263 n. 4. wie z. B. die Gleichung $\sqrt[x]{a} = P$ läßt sich, wenn beyde Seiten der Gleichung zur xten Dignität erhoben werden, in eine Gleichung von der

Arithmetik. 235

vorigen §. angegebenen Beschaffenheit verwandeln, denn es wird dann aus der Gleichung $^x\sqrt{}a = P$ die Gleichung $a = P^x$. Da nun die verlangte Verwandlung einer solchen Gleichung von den Logarithmen abhängt, so findet bey diesen Gleichungen dasjenige statt, was bey den im §. 267. vorkommenden erinnert worden.

§. 269.

Anmerkung. Wenn in einer Gleichung die im §. 263. angegebenen Fälle verbunden sind; so muß man die zur Verwandlung einer solchen Gleichung gegebene Regeln mit einander verbinden. Es sey z. B. gegeben die Gleichung $x^3 + c\sqrt{}x = \dfrac{ax^2}{x+d}$

man subtrahire $x^3 = x^3$

so entsteht $c\sqrt{}x = \dfrac{ax^2}{x+d} - x^3$

und wenn sie durch $c = c$ dividirt worden

so entsteht $\sqrt{}x = \left(\dfrac{ax^2}{x+d} - x^3\right) : c$

$= \dfrac{ax^2 - x^4 - dx^3}{xc + dc}$

Folglich $(\sqrt{}x)^2 = \left(\dfrac{ax^2 - x^4 - dx^3}{xc + dc}\right)^2$

also $x = \dfrac{a^2x^4 - 2ax^6 + x^8 - 2adx^5 + 2dx^7 + d^2x^6}{x^2c^2 + 2xc^2d + d^2c^2}$

und $x^3c^2 + 2x^2c^2d + xd^2c^2 = a^2x^4 - 2ax^6 + x^8 - 2adx^5 + 2dx^7 + d^2x^6$

dividirt durch $x = x$

gibt $x^2c^2 + 2xc^2d + d^2c^2 = a^2x^3 - 2ax^5 + x^7 - 2adx^4 + 2dx^6 + d^2x^5$

Welches eine vollständige Gleichung vom 7ten Grade.

Vom

Vom Ordnen einer Gleichung.

§. 276.

Aufgabe. Eine Gleichung deren Grad durch die in ihr befindliche unbekannte Größe in der höchsten Dignität bestimmt ist (253.) völlig ordnen d. i. sie in die Umstände setzen, in welchen sie seyn muß, wenn man die zu ihrer Aufhebung nöthige Regeln bequem anwenden will.

Auflösung. 1) Man bringe alle Glieder der Gleichung auf die erste Seite derselben, welches durch die Subtraktion oder Addition geschehen kann; so ist die ganze Gleichung $=0$.

2) Die Coefficienten gleicher Dignitäten der unbekannten Größe addire man, schließe sie ein und verbinde die Dignität der unbekannten Größe mit denselben durch die Multiplikation. Auch können die verschiedenen Theile dieses Coefficienten in einer Columne unter einander geschrieben werden, oben an aber die Dignität der unbekannten.

3) Das Glied worin die höchste Dignität der unbekannten Größe befindlich, verwandle man so, daß es keinen andern Coefficienten als $+1$ behalte, wenn es etwa nicht schon so beschaffen ist; welches durch die Multiplikation und Division geschehen kann.

4) Die höchste Dignität der unbekannten Größe setze man zu erst zur linken, und die andern Glieder in der Ordnung nach ihr, wie die Dignitäten der in ihr befindlichen unbekannten Größe nach und nach abnehmen.

5) Ist die Gleichung eine unreine unvollständige (257.) so wird es in manchen Fällen nicht ohne

Nutzen

Nutzen seyn, wenn man die Stellen der fehlenden Glieder mit ✱ ausfüllt.
So ist die Gleichung völlig geordnet.

§. 271.

Anmerkung. Es sey folgende Gleichung vom 7ten Grade zu ordnen.

$$cdx^3 - aqx^6 - \frac{ax^7}{b} - \frac{ax^6}{b} + cax^6 + 5abx^3 - acd = bx^2 - br$$

Nach n. 1. addire man $-bx^2 + br = -bx^2 + br$ gibt

$$cdx^3 - aqx^6 - \frac{ax^7}{b} - \frac{ax^6}{b} + cax^6 + 5abx^3 - acd - bx^2 + br = 0$$

Nach n. 2.

$$(cd + 5ab)x^3 + (-aq - \frac{a}{b} + ca)x^6 - \frac{ax^7}{b} - acd - bx^2 + br = 0$$

Nach n. 3. multiplicire man durch $b = b$

gibt $(cdb + 5ab^2)x^3 + (-aqb - a + cab)x^6 - ax^7 - acdh - b^2x^2 + b^2r = 0$

und dann dividire man durch $-a = -a$

gibt $(-\frac{cdb}{a} - 5b^2)x^3 + (qb + 1 - cb)x^6 + x^7 + cdb$

$$+ \frac{b^2x^2}{a} - \frac{b^2r}{a} = 0$$

Nach n. 4. $x^7 + (qb + 1 - cb)x^6 + (-\frac{cdb}{a} - 5b^2)x^3 + \frac{b^2x^2}{a}$

$$+ cdb - \frac{b^2r}{a} = 0$$

Oder auch $x^7 + qbx^6 - \frac{cdb}{a}x^3 + \frac{b^2x^2}{a} + cdb - \frac{b^2r}{a} = 0$
nach 2. $+ 1 \quad - 5b^2$
$- cb$

Nach n. 5.
$$x^7 + qbx^6 ** - \frac{cdb}{a}x^3 + \frac{b^2}{a}x^2 * + cdb - \frac{b^2r}{a} = 0$$
$$+ 1 \quad\quad -5b^2$$
$$-cb$$

§. 272.

1) **Zusatz.** Die Größe welche für x in einer nach §. 270. geordneten Gleichung substituirt, die Gleichung auf 0 bringt ist eine Wurzel der Gleichung. (251.)

2) So läßt sich eine Gleichung, in welcher zwey unbekannte Größen sind, nach einer von ihnen ordnen, wenn man die andere mit in die Coefficienten der Glieder bringt.

§. 273.

Erklärung. Wenn eine Gleichung vom mten Grade geordnet (270.) so ist das Glied, worin die unbekannte Größe in der Dignität m steht das erste Glied, worin sie in der (m — 1)ten Dignität steht das zweyte Glied, u. s. f. und alle ganz bekannte Glieder machen zusammen das letzte und (m + 1)te Glied, weil sie anzusehen sind, als wären sie Coefficienten von x^0 (69. A. M.)

§. 274.

1) **Zusatz.** Der §. 250. gegebene Begrif eines Gliedes der Gleichung wird durch §. 273. eingeschränkt.

2) In der §. 271. gegebenen Gleichung fehlt das 3te 4te und 7te Glied und es ist schon $\left(-\frac{cdb}{a} - 5b^2\right)x^3$ das 5te Glied.

Von

Arithmetik.

Von den Veränderungen, die sich mit den Wurzeln der Gleichungen machen laßen, und die man zuweilen vornehmen muß, oder doch mit Vortheil vornehmen kann, wenn man eine Gleichung aufheben will.

§. 275.

Aufgabe. Eine Gleichung deren Wurzel $=x$ ist, in eine andere verwandeln, deren Wurzel $y=x+m$.

Auflösung 1) Man subtrahire von beyden Seiten der Gleichung $y=x+m$
$$m=m$$
so entsteht die Gleichung $y-m=x$.

2) Beyde Seiten dieser Gleichung erhebe man nach und nach zu allen den Dignitäten, in welchen x in der gegebenen Gleichung befindlich ist.

3) Den Werth dieser Dignitäten substituire man für x und deren Dignitäten in der gegebenen Gleichung, so entsteht eine Gleichung in welcher $y=x+m$.

§. 276.

Anmerkung. Es sey die Gleichung $x^3 + nx = P$ in eine Gleichung zu verwandeln, worin $y=x+m$ so ist

nach n. 1. $y-m=x$

n. 2. $y^2-2y^2m+3ym^2-m^3=x^3$

n. 3. $y^3-3y^2m+3ym^2-m^3+ny-nm=P$

oder $y^3+3my^2+3m^2y-m^3-nm-P=0$
$+n$

Welches eine Gleichung worin $y=x+m$.

§. 277

§. 277.

Aufgabe. Eine Gleichung deren Wurzel x ist, in eine andere verwandeln, deren Wurzel $y = x - m$ ist.

Auflösung. 1) Aus der Gleichung $y = x - m$ mache man, wie no. 1. §. 276. $y + m = x$, und verfahre mit dieser Gleichung wie unter no. 2. 3. ebend.; so ist die verlangte Verwandlung auch hier geschehen.

§. 278.

Anmerkung. So wird aus der Gleichung $x^3 + nx^2 = P$
die Gleichung $y^3 + my^2 + 3m^2y + m^3 + nm^2 - P = 0$
$\qquad\quad + n \qquad + 2nm$

in welcher $y = x - m$.

§. 279.

1) **Zusatz.** Die auf die §. 275. und 277. angezeigte Weise verwandelte Gleichung behält den Grad der gegebenen.

2) Durch die in eben den §§. angezeigte Verwandlung einer Gleichung, können aus unvollständigen Gleichungen vollständige, und umgekehrt werden.

3) Wenn y bekannt wird; so wird auch x bekannt. Denn es sey $y = A$
so ist im §. 275. $A = x + m$ folglich $x = A - m$
und $\quad$ §. 277. $A = x - m$ $\quad\quad$ $x = A + m$

§. 280.

Lehrsatz. Wenn man aus einer vollständigen Gleichung, eine solche unvollständige machen will, (§. 79. n. 2.) in der das zweyte Glied (273.) fehlt; so darf man nur,

wenn

Arithmetik.

Wenn die gegebene Gleichung, deren Wurzel	vom	und der Coefficient des andern Gliedes	eine Gleichung machen in der
	2t. Grade	$+c$	$y = x + \frac{c}{2}$
	2t.	$-c$	$y = x - \frac{c}{2}$
x	3t.	$+c$	$y = x + \frac{c}{3}$
	3t.	$-c$	$y = x - \frac{c}{3}$
	mt.	$+c$	$y = x + \frac{c}{m}$
	mt.	$-c$	$y = x - \frac{c}{m}$

Beweis. Ich will ihn nur von der quadratischen Gleichung $x^2 + cx = P$ führen, aber doch so, daß man ihn nach diesem Muster von einer jeden andern führen könne.

Wenn die Gleichung $x^2 + cx = P$ in eine andere zu verwandeln, in der das zweyte Glied fehlt; so sey n dasjenige was man zu x zu addiren habe, um diese Gleichung in eine andere von verlangter Beschaffenheit zu verwandeln, deren Wurzel $= y$ Folglich wird $x + n = y$ und also

$$x = y - n \text{ ferner}$$
$$x^2 = y^2 - 2ny + n^2 \quad (275. \text{n}. 2.)$$

Und aus $x^2 + cx = P$ wird $y^2 + (c-2n)y + n^2 - cn = P$ (ebend. n. 3.)

Soll nun in dieser erhaltenen Gleichung das zweyte Glied fehlen; so muß $(c-2n)y = 0$ seyn, welches geschehen kann wenn $c - 2n = 0$ (42. n. 4. A. M.)

Folglich wenn $c = $?

und also $\frac{c}{2} = n$

Wenn man also die Gleichung $x^2 + cx = P$ in eine andere verwandelt worin $y = x + \frac{c}{2}$ so muß eine quadratische Gleichung entstehen, (279. p. 1.) in welcher das zweyte Glied fehlt.

§. 281.

1) Anmerkung. Man verwandle $x^2 + cx = P$ in eine Gleichung deren Wurzel $y = x + \frac{c}{2}$ so ist

$$y - \frac{c}{2} = x \text{ und}$$

$$y^2 - cy + \frac{c^2}{4} = x^2$$

Daher die Gleichung $x^2 + cx = P$ in eine andere

$$y^2 - cy + \frac{c^2}{4} + cy - \frac{c^2}{2} = P$$ verwandelt wird, die

nach der Abkürzung $y^2 \ast - \frac{c^2}{4} = P$ gibt. Eine Gleichung in der das zweyte Glied fehlt, und in der $y = x + \frac{c}{2}$ ist.

2) So hat man Methoden das dritte, vierte, und überhaupt alle zwischen dem ersten und letzten Gliede befindliche Glieder, doch nur dergestalt fortzuschaffen, daß die übrigen fehlenden alsdann wieder zum Vorschein kommen. Diese Fortschaffung ist aber von wenigen Nutzen. Siehe Herrn H. R. Kästners Analysis endlicher Größen. §. 288. bis 290.

§. 282.

Arithmetik.

§. 282.

Aufgabe. Eine Gleichung deren Wurzel $=x$ ist, in eine andere verwandeln, deren Wurzel $y=xm$.

Auflösung. 1) Man dividire beyde Seiten der Gleichung $y=xm$ durch $m=m$ so entsteht die Gleichung $\frac{y}{m}=x$

2) Verfahre alsdann mit derselben wie unter n. 2. und 3, im §. 275. gezeigt worden, und ordne endlich

3) Die erhaltene Gleichung, in der alsdann $y=xm$ seyn wird.

§. 283.

Anmerk. Wenn die Gleichung $x^4+ax^3+bx^2+cx=P$ in eine andere zu verw. worin $y=xm$ und folgl. $y:m=x$

so ist $\frac{y^4}{m^4}+\frac{ay^3}{m^3}+\frac{by^2}{m^2}+\frac{cy}{m}=P$

eine Gleichung in der $y=xm$. Wird diese Gleichung geordnet; so muß y^4 keinen andern Coefficienten als $+1$ behalten, (270. n. 3.) daher müssen alle Glieder der Gleichung durch m^4 multiplicirt werden. Jene Gleichung verwandelt sich daher in

$$y^4+\frac{ay^3m^4}{m^3}+\frac{by^2m^4}{m^2}+\frac{cym^4}{m}=Pm^4$$

und diese in $y^4+ay^3m+by^2m^2+cym^3=Pm^4$ in welcher noch immer $y=xm$.

§. 284.

1) **Zusatz.** Es sey y bekannt und $=A$ so ist auch x bekannt. Denn dann ist $A=xm$ und folglich $x=A:m$

2) Wenn

2) Wenn $x^4 + ax^3 + bx^2 + cy = P$; und diese in eine andere zu verwandeln in der $y = xm$ ist, so entsteht
$$y^4 + ay^3 m + by^2 m^2 + cy m^3 = Pm^4$$

3) Will man eine Gleichung deren Wurzel $\frac{x}{1} = x$ in eine andere verwandeln deren Wurzel $y = xm$ werden soll; so schreibe man

   a) unter den Gliedern der gegebenen, und auf vorangezeigte Weise zu verwandelnden Gleichung von dem ersten Gliede an die geometrische Reihe $1, m, m^2, m^3, m^4$ u. s. f.

   b) Multiplicire nachher die Glieder der Gleichung durch die darunter stehenden Glieder dieser Progreßion, und setze

   c) y statt x. So entstand aus der Gleichung $x^4 + ax^3 + bx^2 + cx = P$ durch die Progreßion $1\ ;\ m\ ;\ m^2\ ;\ m^3\ ;\ m^4$

   die Gleichung $y^4 + ay^3 m + by^2 m^2 + cy m^3 = Pm^4$

   (283.) in welcher $y = xm$

   und aus der Gleichung $\quad x^4\ *\ *\ *\ + cx = P$

   durch die Progreßion $\quad 1\ ;\ m\ ;\ m^2\ ;\ m^3\ ;\ m^4$

   die Gleichung $\quad y^4\ *\ *\ + cy m^3 = Pm^4$

   (284. n. 1.)

4) Das andere Glied der Progreßion, durch deren Glieder die Glieder einer gegebenen Gleichung multiplicirt werden, zeigt an, wie vielmal die Wurzel der erhaltenen Gleichung größer sey, als die Wurzel der gegebenen.

5) Wenn man die Wurzel einer Gleichung durch eine Größe multiplicirt, so kann dies unter gewissen Umständen ein Mittel werden, aus einer Gleichung die Wurzelzeichen, welche sich vor bekannte Größen befinden, fortzuschaffen. So wird z. B.

aus

aus der Gleichung $x^2 + xy\sqrt{a} = P$ durch die Progreßion $1\ ;\ \sqrt{a}\ ;\ a$

die Gleichung $y^2 + ay = Pa$

worin $y = x\sqrt{a}$.

§. 285.

Aufgabe. Eine geordnete Gleichung, in welcher Brüche in den Coefficienten oder im letzten Gliede befindlich, in eine andere geordnete von entgegengesetzter Beschaffenheit zu verwandeln.

Auflösung. Wenn die Wurzel der gegebenen Gleichung $= x$ so verwandele man sie nach §. 283. in eine andere in der die Wurzel $y = x \times$ durch ein Produkt aus den Nennern aller Glieder; so ist geschehen was man verlangt.

§. 286.

Anmerkung. Es sey $x^2 + \dfrac{ax}{b} = \dfrac{P}{d}$ in eine andere von verlangter Beschaffenheit zu verwandeln. So setze man, da die Nenner der in der Gleichung befindlichen Coefficienten b und d, die Wurzel der verlangten Gleichung $y = xbd$. Man schreibe also unter $x^2 + \dfrac{ax}{b} = \dfrac{P}{d}$ nach 284. n. 2. die Progreßion $1\ ;\ bd\ ;\ b^2d^2$ so entsteht

$$y^2 + \dfrac{abd\,dy}{bd} = \dfrac{Pb^2d^2}{d}$$

welche sich nach gehöriger Abkürzung in

$$y^2 + ay = Pb^2d$$

eine Gleichung von verlangter Beschaffenheit verwandelt, worin $y = xbd$.

2) In einigen Fällen, besonders in dem, wenn die Nenner der Coefficienten unter sich zusammengesetzte Zahlen sind, wird es nicht nöthig seyn die Wurzel x der gegebenen Gleichung durch das Produkt der in der Gleichung vorkommenden Nenner zu multipliciren, um daraus eine andere Gleichung zu machen, die keine gebrochene Coefficienten enthält, sondern es wird sich leicht eine kleinere Zahl finden, wodurch man seine Absicht erreicht. So ist es z. B. nicht nöthig um die Gleichung

$$x^2 + \frac{3x}{4} = \frac{7}{8}$$

verlangtermaßen zu verwandeln, $y = 32 x$ zu setzen, sondern man wird seine Absicht schon erreichen, wenn man $y = 4 x$ setzt. So verwandelt man

$$x^3 - \frac{2x^2}{3} + \frac{3}{4} x = 64$$

verlangtermaßen in eine andere, worin $y = 6 x$.

§. 287.

Aufgabe. Eine Gleichung deren Wurzel $= x$ ist, in eine andere verwandeln, deren Wurzel $y = \frac{x}{m}$.

Auflösung. 1) Man multiplicire beyde Seiten der Gleichung $y = \frac{x}{m}$

durch $m = m$

so entsteht $y m = x$

2) Mit derselben verfahre man alsdann, wie unter n. 2. und 3. im §. 275. gezeiget worden, und
3) ordne endlich die erhaltene Gleichung, in der alsdann $y = \frac{x}{m}$ seyn wird.

§. 288.

Arithmetik.

§. 288.

Anmerkung. Wenn die Gleichung $x^3 + ax^2 - bx = P$ in eine andere zu verwandeln worin

$$y = \frac{x}{m}$$

so ist $ym = x$

Folglich $y^3 m^3 + ay^2 m^2 - bym = P$

und $y^3 + \frac{ay^2}{m} - \frac{by}{m^2} = \frac{P}{m^3}$

eine geordnete Gleichung worin $y = \frac{x}{m}$

§. 289.

1) **Zusatz.** Wenn y bekannt und $= A$ so ist auch x bekannt. Denn alsdann ist $A = \frac{x}{m}$ folglich $x = Am$.

2) Will man eine Gleichung deren Wurzel $= x$ in eine andere verwandeln deren Wurzel $y = \frac{x}{m}$ werden soll; so schreibe man

  a) unter den Gliedern der gegebenen Gleichung von dem ersten Gliede an, die geometrische Progreßion $1; m; m^2; m^3;$ u. s. f.

  b) Man dividire nachher die Glieder der Gleichung durch die darunter stehende Glieder dieser Progreßion und setze

  c) y statt x. So entstand aus der Gleichung
  $$x^3 + ax^2 - bx = P$$
  durch die Progreßion $1\ ;\ m\ ;\ m^2\ ;\ m^3$

  u. die Gleichung $y^3 + \frac{ay^2}{m} - \frac{by}{m^2} = \frac{P}{m^3}$

  (288.) worin $y = \frac{x}{m}$

3) Der vierte und fünfte Zusatz des §. 284. können auch hier mit gehöriger Veränderung gemacht werden.

4) Die

4) Die durch §. 287. mögliche Verwandlung einer Gleichung, kann unter gewissen Umständen ein Mittel werden, die Coefficienten einer Gleichung kleiner zu machen, ohne einige derselben in Brüche zu verwandeln, welches von großen Nutzen seyn kann.

§. 290.

Aufgabe. Eine bestimmte rationale Gleichung von einem höhern Grade, in welcher die Exponenten der Wurzel unter sich zusammengesetzte Zahlen, auf den ohne Kenntniß der Wurzel der Gleichung, möglichst niedrigsten Grad zu bringen.

Auflösung. 1) Man suche das gemeinschaftliche größte Maaß der Exponenten der Wurzel, und dividire durch dasselbe diese Exponenten, und merke die Quotienten.

2) Man nehme die in der Gleichung in der niedrigsten Dignität stehende unbekannte Größe, und mache sie $=$ einer andern unbekannten Größe, welche auf den Grad erhoben worden, dessen Exponent $=$ dem niedrigsten Quotient, welcher durch Beobachtung der unter no. 1. gegebenen Vorschrift entstanden; so werden sich hiernach auch die übrigen Dignitäten der unbekannten Größe verändern und folglich durch eine Substitution die Gleichung auf einen niedrigen Grad bringen lassen.

§. 291.

Anmerkung. Es sey $x^8 + cx^6 — mx^4 = P$ auf einen niedrigern Grad herunter zusetzen.

1) Die Exponenten 8; 6; 4; sind zusammengesetzte Zahlen unter sich, deren gemeinschaftliches größtes Maaß $=2$, und die daher entstandene Quotienten 4; 3; 2;

2) Man

a) Man sehe $x^4 = y^2$ folglich ist
$$x^6 = y^3 \text{ und}$$
$$x^8 = y^4$$
folglich $x^8 + cx^6 - mx^4 = y^4 + cy^3 - my^2 = P$
wodurch diese Gleichung von 8ten bis zum 4ten Grade heruntergesetzt worden.

§. 292.

1) *Zusatz.* Steht in einer Gleichung von der §. 290. angegebenen Beschaffenheit die unbekannte Größe nur in zweyen verschiedenen Dignitäten, und es verhält sich der Exponent der niedrigern zum Exponent der höhern wie

1 : 2 so ist die Gleichung eine quadratische, oder kann doch daraus nach den im §. 290. gegebenen Vorschriften gemacht werden,

1 : m so ist die Gleichung von mten Grade, oder ꝛc.

2) Wenn y im §. 291. bekannt und $= A$ so ist auch x bekannt. Denn da $x^4 = y^2$ so ist $x^2 = y$. Folglich $x = \sqrt{y} = \sqrt{A}$.

Von Aufhebung bestimmter und zwar einfacher Gleichungen.

§. 293.

In einer bestimmten einfachen Gleichung ist die unbekannte Größe,

A. nur einmal befindlich, und zwar
  a) befindet sie sich auf der einen Seite der Gleichung allein, und auf der andern lauter bekannte Größen. In diesem Fall ist die Gleichung aufgehoben. (251.) Oder es ist
  b) die unbekannte Größe auf der Seite, auf der sie sich befindet noch mit bekannten Größen in Verbindung, und zwar ist

1) zu

1) zu ihr eine bekannte addirt. Davon §. 294.
2) sie ist durch eine bekannte Größe multiplicirt. Davon §. 295.
3) sie hängt mit einer bekannten durch die Subtraktion zusammen, und zwar ist
   a) eine bekannte von der unbekannten subtrahirt. Davon §. 296. Oder
   b) es ist die unbekannt von einer bekannten subtrahirt. Davon §. 297.
4) Sie ist mit einer bekannten durch die Division in Verbindung, und zwar ist
   a) die unbekannte das Dividend und eine bekannte der Divisor. Davon §. 298. Oder
   b) eine bekannte ist das Dividend und die unbekannte der Divisor. Davon §. 299. Oder es ist

B. die unbekannte Größe öfter als einmal in der Gleichung befindlich. Davon §. 301.

§. 294.

Lehrsatz. Wenn $x+a=P$ so ist $x=P-a$
Beweis. Es ist $x+a=P$ nach der Bedingung.
Man subtrah. $a=a$
So ist $x=P-a$
Dis ist der Fall b. n. 1. im §. 293.

§. 295.

Lehrsatz. Wenn $xa=P$; so ist $x=P:a$
Beweis. Es ist $xa=P$ nach der Bedingung.
Man dividire durch $a=a$
So ist $x=P:a$
Dis ist der Fall b. n. 2. im §. 293.

§. 296.

Arithmetik.

§. 296.

Lehrsatz. Wenn $x-a=P$; so ist $x=P+a$.

Beweis. Es ist $x-a=P$ nach der Bedingung.

Man addire $+a=+a$

So ist $x=P+a$

Diß ist der Fall a. im §. 293.

§. 297.

Lehrsatz. Wenn $a-x=P$

so ist 1) $-x=P-a$

und 2) $+x=-P+a$

Beweis. Es ist $a-x=P$ nach der Bedingung

man subtrah. $a=a$

So ist $-x=P-a$ W. D. E. W.

man multipl. durch $-1=-1$

So ist $+x=-P+a$ W. D. A. W.

Diß ist der Fall b. im §. 293.

§. 298.

Lehrsatz. Wenn $\frac{x}{a}=P$; so ist $x=Pa$.

Beweis. Es ist $\frac{x}{a}=P$ nach der Bedingung

man multipl. durch $a=a$

So ist $x=Pa$

Welches der Fall c. im §. 293.

§. 299.

Lehrsatz. Wenn $\frac{a}{x}=P$; so ist $x=\frac{a}{P}$

Beweis. Es ist $P=\frac{a}{x}$ nach der Bedingung

man multipl. durch $x=x$

So ist $Px=a$, wenn man nun

durch $P=P$ dividirt.

So ist $x=\frac{a}{P}$

Welches der Fall d. im §. 293.

§. 300.

Zusatz.

1) Wenn $(x+a)b=P$, so ist $x=\dfrac{P-ab}{b}$
2) „ $x+a-b=P$; $x=P-a+b$
3) „ $a-x-b=P$; $x=-P+a-b$
4) „ $\dfrac{x+a}{b}=P$; $x=Pb-a$
5) „ $\dfrac{b}{x+a}=P$; $x=\dfrac{b}{P}-a$
6) „ $ax-b=P$; $x=\dfrac{P+b}{a}$
7) „ $b-ax=P$; $x=\dfrac{b-P}{a}$
8) „ $\dfrac{ax}{b}=P$; $x=\dfrac{Pb}{a}$
9) „ $\dfrac{a-x}{b}=P$; $x=a-Pb$
10) „ $\dfrac{b}{a-x}=P$; $x=a-\dfrac{b}{P}$
11) „ $x+a-b=P-C$; $x+a-b-P+C=0$

§. 301.

Lehrsatz. Wenn $ax-cx=P$, so ist $x=\dfrac{P}{a-c}$.

Beweis. Es ist $ax-cx=P$ nach der Bedingung
und $ax-cx=(a-c)x$

Folglich $(a-c)x=P$

Man dividire durch $a-c=a-c$

So ist $x=\dfrac{P}{a-c}$

§. 302.

I. Zusatz. Wenn also eine einfache Gleichung, von der Beschaffenheit wäre $ax=cx$ und

gen x aufzuheben; so wird man dis durch Beobachtung folgender Regeln bewerkstelligen.

1) Man bringe alle Glieder, welche lauter bekannte Größen enthalten auf die eine, und die übrigen auf die andere Seite der Gleichung.

2) Man verbinde die Coefficienten der unbekannten Größe mit einander durch die vor ihnen stehende Zeichen $+$ und $-$, und dividire

3) durch die dergestalt verbundene Coefficienten: die auf der andern Seite befindliche bekannte Größen; der Quotient ist der Werth der unbekannten Größe; folglich die Gleichung aufgehoben.

II. Wenn $ax = cx + x = P$; so ist $x = \frac{P}{a + 1}$

III. Wenn $\frac{ax}{c} = cdx + \frac{x}{e} = P$; so ist

$$x = \frac{P}{\frac{a}{c} + \frac{1}{e} - cd} = \frac{Pce}{a + c - cdce}$$

Von Aufhebung bestimmter reiner Gleichungen eines höhern Grades.

§. 303.

In einer bestimmten reinen Gleichung von einigen Grade ist,

A. die unbekannte Größe nur einmal befindlich. Davon §. 304. Oder

B. es ist die unbekannte Größe öfter darin enthalten. Davon §. 306.

§. 304.

Lehrsatz. Wenn $x^m = P$; so ist $x = \sqrt[m]{P}$ nach

Be-

254 **Arithmetik.**

Beweis. Es ist $x^m = P$ nach der Bedingung
und also $\sqrt[m]{x^m} = \sqrt[m]{P}$ (62. n. 3. A. M.)
Da aber $\sqrt[m]{x^m} = x$ (145. n. III.)

So ist auch $x = \sqrt[m]{P}$

Diß ist der Fall A im §. 303.

§. 305.

1) **Zusatz.** Ist m eine gerade Zahl; so ist $x = \pm\sqrt[m]{P}$ wenn $x^m = P$ (147. n. 1.) und $x = \pm\sqrt[m]{-P}$ eine unmögliche Größe, wenn $x^m = -P$ (147. n. 3.) Ist aber m eine ungerade Zahl; so ist $x = \sqrt[m]{P}$ eine positive oder negative Größe, nachdem in der Gleichung $x^m = P$, das P eine positive oder negative Größe ist. (147. n. 2.)

2) Wenn $x^m + a = P$ so ist $x = \sqrt[m]{(P-a)}$
3) $ax^m = P$ $x = \sqrt[m]{(P:a)}$
4) $x^m : a = P$ $x = \sqrt[m]{Pa}$
5) $\dfrac{ax^m}{c} - b = P$ $x = \sqrt[m]{\dfrac{(P+b)c}{a}}$

§. 306.

Lehrsatz. Wenn $ax^m - bx^m = P$; so ist $x = \sqrt[m]{\dfrac{P}{a-b}}$

Beweis. Es ist $ax^m - bx^m = P$ nach der Bedingung
und $ax^m - bx^m = (a-b)x^m$

Folglich $(a-b)x^m = P$
durch $a-b = a-b$ dividirt

gibt $x^m = \dfrac{P}{a-b}$

daher $x = \sqrt[m]{\dfrac{P}{a-b}}$ (304.)

Diß ist der Fall B im §. 303.

§. 307.

§. 307.

Anmerkung. Die im §. 302. gegebene Zusätze sind mit gehöriger Veränderung auch hier zu machen.

Von bestimmten unreinen und zwar solchen vollständigen Gleichungen, welche durch Ausziehung der Wurzel aufgehoben werden können.

§. 308.

Wenn eine vollständige Gleichung vom mten Grade nach §. 270. geordnet, so ziehe man

1) nach dem dritten Kapittel des zweyten Abschnitts der Rechenkunst, aus dieser Gleichung die Wurzel der mten Dignität, alsdann wird man sehen, ob die Glieder der gegebenen Gleichung eine vollkommene mte Dignität darstellen oder nicht.

2) Stellen die Glieder der Gleichung eine vollkommene mte Dignität dar; so ist die Wurzel der Gleichung gefunden, so bald die Wurzel der mten Dignität ausgezogen.

3) Stellen die Glieder der Gleichung keine vollkommene mte Dignität dar; so ist man da durch, daß man die Wurzel der mten Dignität aus der Gleichung gezogen in den Stand gesetzt, zu beurtheilen, ob dieser unvollkommenen Dignität von mten Grade eine bekannte oder eine unbekannte Größe fehle, und wie groß dieser Mangel sey.

4) Fehlt der Gleichung ehe sie eine vollkommene Dignität von mten Grade wird nur eine bekannte Größe; so muß man diese auf beyden Saten der Glei-

256   Arithmetik.

Gleichung hinzusetzen, und dann wie unter no. 2. verfahren; so wird man auch hier seine Absicht erreichen.

7) Fehlt der Gleichung eine unbekannte Größe, so läßt sich durch einen Zusatz derselben zur Gleichung, wie unter no. 4. vorgeschlagen wurde, die Wurzel derselben, durch Ausziehung der Wurzel nicht finden.

§. 309.

I. **Anmerkung.** Es war die Gleichung
$$2 - 2x^3 = -6x^2 + 6x$$
aufzuheben; so muß man sie zuvörderst ordnen, und es entsteht $x^3 - 3x^2 + 3x - 1 = 0$
nach I. $\sqrt[3]{(x^3 - 3x^2 + 3x - 1)} = \sqrt[3]{0} \, (140 \, a.)$
Da nun $\sqrt[3]{(x^3 - 3x^2 + 3x - 1)} = x - 1 \, (160.)$
So ist auch $\qquad x - 1 = 0$
Folglich $\qquad x = 1$

Und also ist die gegebene Gleichung durch Ausziehung der Wurzel aufgehoben.

II. Es sey ferner die aufzuhebende Gleichung
$$x^3 - 6x^2 + 12x + 1 = 0$$
Ziehen wir nach no. 1. aus dieser Gleichung die Cubik-Wurzel, so findet man daß sie ein unvollkommner Cubus sey, und zwar, daß ihr zur Vollkommenheit noch -9 fehle. (no. 3) Addirt man diese -9 nach no. 4. so wird aus obiger Gleichung
$$x^3 - 6x^2 + 12x - 8 = -9$$
In welcher die Glieder der ersten Seite einen vollkommenen Cubus ausmachen. Daher nach no. 1.
$\sqrt[3]{(x^3 - 6x^2 + 12x - 8)} = \sqrt[3]{-9}$. Da nun
$\sqrt[3]{(x^3 - 6x^2 + 12x - 8)} = x - 2$.

So ist auch $x - 2 = \sqrt[3]{-9}$
Folglich $x = 2 + \sqrt[3]{-9}$.   Also

Arithmetik.

Also ist auch diese Gleichung durch Ausziehung der Wurzel aufgehoben.

III. Es sey endlich die aufzuhebende Gleichung
$$x^3 - 6x^2 + 7x - 8 = 0$$
Sieht man aus ihr die Cubik-Wurzel, so findet sich, daß ihr zur Vollkommenheit der dritten Dignität $7x$ fehlen. Werden diese zu beyden Seiten addirt, so verändert sich jene Gleichung in diese
$$x^3 - 6x^2 + 12x - 8 = 7x$$
nach 1. $\sqrt[3]{(x^3 - 6x^2 + 12x - 8)} = \sqrt[3]{7x}$
da man $\sqrt[3]{(x^3 - 6x^2 + 12x - 8)} = x - 2$
So ist $x - 2 = \sqrt[3]{7x}$
Daher $x = 2 + \sqrt[3]{7x}$
Woraus klar daß Gleichungen von dieser Beschaffenheit durch Ausziehung der Wurzel nicht aufzuheben.

IV. Man darf auf die Aufhebung der Gleichungen durch Ausziehung der Wurzeln keine große Rechnung machen, weil die Anzahl der Fälle, in welchen dis angeht, in Vergleichung derer worin es nicht angeht sehr klein ist.

§. 310.

1) Zusatz. Es lassen sich nicht alle vollständige Gleichungen durch Ausziehung der Wurzel aufheben. (308. n. 1.)

2) Da die Glieder einer unvollständigen Gleichung keine vollkommene Dignität darstellen können, (169.) so läßt sich leicht begreifen, daß eine unvollständige Gleichung durch Ausziehung der Wurzel nicht aufgehoben werden könne.

3) Es muß also die Aufhebung unvollständiger Gleichungen, und solcher vollständigen, welche

308. untev no. 5. angezeigte Beschaffenheit haben durch ein ander Mittel bewerkstelligt werden.

Von Aufhebung bestimmter unreiner unvollständiger, und solcher vollständiger Gleichungen, die durch die Ausziehung der Wurzeln nicht aufzuheben. (§. 310. n. 3.)

§. 311.

Aufgabe. Eine solche Gleichung aufzuheben.
Auflösung. 1) Man ordne die gegebene Gleichung nach §. 270.

2) Zerstreue man das letzte Glied der Gleichung (273.) in seine Faktoren (35.) und versuche, ob einer derselben in der negativen oder in der positiven Bestimmung für x in der gegebenen Gleichung substituirt, die Gleichung auf 0 bringe.

3) Bringt einer der Faktoren die Gleichung auf 0; so ist er eine Wurzel der Gleichung. (272. n. 1.)

4) Diese gefundene Wurzel verbinde man, nachdem sie vorher mit dem entgegengesetzten Zeichen bemerkt worden, durch die Addition mit x, und dividire durch diese Summe die gegebene Gleichung. Diß wird einen Quotienten ohne Rest geben, welcher auch $= 0$.

5) Ist dieser Quotient noch eine höhere Gleichung, so wiederhole man die unter no. 2. 3. und 4. gegebene Vorschrift so lange, biß der Quotient eine einfache Gleichung; so wird man endlich, in einer gegebene Gleichung vom nten Grade, n Werthe für x erhalten, und es wird die Gleichung vollkommen aufgehoben seyn.

6) Bringt

Arithmetik. 259

Bringt keiner der Faktoren, die Gleichung auf 0, siehe n. 2. so ist dis ein Zeichen, daß die Gleichung keine rationale Wurzeln habe, daher man sich begnügen muß die Wurzel der Gleichung durch die Näherung zu suchen. (181.) Davon §. 216. und folgenden.

Beweis. Wollen wir die binomische Wurzel eines Quadrats, eines Cubus, u. s. f. aus dem Quadrate, Cubus u. s. f. einer solchen Wurzel finden, so nahmen wir eine aus zweyen Theilen bestehende Größe, erhoben sie zum Quadrat, Cubus u. s. f. und schlossen aus der Art und Weise, wie sie zusammengesetzt worden, die Methode, ihre Theile zu zerlegen, um die Wurzeln wieder zu erhalten. (165.) Wir wollen eben diese Methode bey Aufsuchung der Wurzeln einer Gleichung versuchen.

$$\text{Es sey einmal } x - a = P$$
$$\text{ferner } \quad x + b = Q$$
$$\text{endlich } \quad x - c = R$$

folgl. $(x-a) \times (x+b) \times (x-c) = PQR$ welches eine Cubische Gleichung ist. Soll diese Gleichung $= 0$ werden, so muß entweder $P = 0$ oder $Q = 0$ oder $R = 0$ seyn.

Ist $P = 0$ so ist $x = a$
$Q = 0$, $x = -b$
$R = 0$, $x = c$

Folglich sind a; $-b$; und c die Wurzeln der Cubischen Gleichung, und müssen daher für x in der Gleichung substituirt die Gleichung auf 0 bringen. Wenn man nun die Faktoren der Gleichung wirklich durch einander multiplicirt, so wird man auch überzeugt werden, daß die Wurzeln der Glei-

R 2   chung

chung in dem letzten Gliede derselben, als Faktoren enthalten.

Es werde $x-a=P$ multiplicirt
durch $x+b=Q$ so entsteht

$$x^2-ax+bx-ab=PQ$$ diese Gleichung

ferner multipl. durch $x-c=R$ so entsteht

$$x^3-ax^2+acx+abc=PQR$$
$$+b-ab$$
$$-c-bc$$

Und hieraus ersieht man auch zugleich die Wahrheit dessen, was in der Auflösung unter n. 3. und 5. behauptet worden, imgleichen die Allgemeinheit des Beweises für alle Grade, ohnerachtet er nur durch eine Cubische Gleichung geführt worden.

§. 312.

1. *Anmerkung*. Ich will die im vorigen §. gegebene Auflösung mit einem Beyspiele erläutern. Es sey die Gleichung $x^3-ax^2-23x+60=0$, nach x aufzuheben.

Nach n. 2. zerstreue man 60 in die Faktoren. Diese sind $\mp 1, 2, 3, 4, 5, 6, 10, 12, 15, 20, 30, 60$. Es bringt aber ∓ 1 und 2 für x in der Gleichung substituirt die Gleichung nicht auf 0. Aber es thut es $+3$; daher

Nach n. 3. $x=+3$.

Nach n. 4. Ist $(x^3-ax^2-23x+60) \div (x-3) = x^2+x-20=0$

Nach n. 5. Zerstreue man 20 in die Faktoren. Diese sind $\mp 1, 2, 3, 4, 5, 10, 20$, von welchen ∓ 1 und 2 schon oben vergebens versucht war

Arithmetik 261

werden, daher von den Versuch sogleich mit $+4$ anstellen kann. Wird $+4$ statt x in der Gleichung $x^2 + x - 20 = 0$ substituirt, so wird die Gleichung 0. Daher

Nach n. 2. auch $x = +4$;

Nach n. 4. Ist $(x^2 + x - 20) : (x - 4) = x + 5 = 0$ daher auch $x = -5$.

Die Wurzeln der gegebenen Gleichung sind also $+3$; $+4$; und -5.

1) Zusatz. Wenn alle Wurzeln einer Gleichung vom mten Grade gleiche Grösse, so muß die Gleichung eine vollkommene mte Dignität seyn. Da sich nun eine solche Gleichung durch Hülfe der Ausziehung der Wurzel aufheben läßt, (308.) aber auch durch die §. 311. angegebene Methode; so ist die Methode solche Gleichungen nach 308. aufzulösen gewöhnlich, da die Methode aus 311. allgemeiner, und auch bequemer, wenn man noch von einigen Wahrheiten, die ich unten vortragen werde, Gebrauch macht.

2) Der Coefficient des zweyten Gliedes der Gleichung PQR (311.) ist die Summe der Wurzeln mit dem entgegengesetzten Zeichen. Der Coefficient des dritten Gliedes ist die Summe der Produkte aus allen paaren der Wurzeln, wenn vor der Multiplikation die Zeichen der Wurzeln in entgegengesetzte verwandelt worden u. s. f.

3) Das zweyte Glied einer Gleichung zum B. $(-a+b-c)x^2$ kann $=0$ seyn und folglich aus der vollständigen Gleichung eine unvollständige werden, wenn nemlich $-a+b-c=0$ und folglich wenn

R 3 $a+c$

hung in dem letzten Gliede derselben, als Faktoren
enthalten.

Es werde $x-a=P$ multiplicirt
durch $x+b=Q$ so entsteht
$$x^2-ax+bx-ab=PQ$$ Diese Gleichung
wenn multipl. durch $x-c=R$ so entsteht
$$\begin{aligned}x^3&-ax^2+acx+abc=PQR\\&+b\quad-ab\\&-c\quad-bc\end{aligned}$$

und hieraus ersieht man auch zugleich die Wahrheit
dessen, was in der Auflösung unter n. 3. und 5. behauptet worden, imgleichen die Allgemeinheit des
Satzes für alle Grade, ohnerachtet er nur durch
eine cubische Gleichung geführt worden.

§. 312.

I. *Anmerkung.* Ich will die im vorigen §. gegebene
Auflösung mit einem Beyspiele erläutern. Es sey
die Gleichung $x^3-ax^2-23x+60=0$ nach
n. 1. aufzuheben.

Nach n. 2. zerstreue man 60 in die Faktoren. Diese sind
$\pm 1, 2, 3, 4, 5, 6, 10, 12, 15, 20, 30, 60$.
Es bringt aber $+1$ und 2 für x in der
Gleichung substituirt die Gleichung nicht auf
0. Aber es thut es $+3$; daher

Nach n. 3. $x=+3$

Nach n. 4. Ist
$(x^3-ax^2-23x+60)\div(x-3)=x^2+x-20$

Nach n. 5. Zerstreue man 20 in die Faktoren. Diese
sind $\pm 1, 2, 4, 5, 10, 20$, von welchen
± 1 und 2 schon oben vergebens versucht wor-

Arithmetik 261

... werden, daher man den Versuch sogleich mit $+4$ anstellen kann. Wird $+4$ ... in der Gleichung $x^2 + x - ... = 0$ substituirt so wird die Gleichung a. Daher ...

Nach n. 4. Ist $(x^2 + x - 20) : (x - 4) = x + ...$
daher auch $x = ...$

Die Wurzeln der gegebenen Gleichung sind also $+3$; $+4$; und -5.

1) Zusatz. Wenn alle Wurzeln einer Gleichung ... ten Grades gleiche Größen, so muß die Gleichung ... eine vollkommene mte Dignität seyn. Da sich nun eine solche Gleichung durch ... der Ausgleichung der Wurzel aufheben läßt, (308.) aber auch durch die §. 311. angegebene Methode; so ist die Methode ... Gleichungen nach 308. aufzulösen ... ..., da die Methode aus 311. allgemeiner, und auch bequemer, wenn man noch von einigen Wahrheiten, die ich unten vortragen werde, Gebrauch macht.

2) Der Coefficient des zweyten Gliedes der Gleichung PQR (311.) ist die Summe der Wurzeln mit dem entgegengesetzten Zeichen. Der Coefficient des dritten Gliedes ist die Summe der Produkte aus allen paaren der Wurzeln, wenn vor der Multiplikation die Zeichen der Wurzeln in entgegengesetzte verwandelt worden u. f. f.

3) Das zweyte Glied einer Gleichung zum B. $(-a+b-c)x$ kann $=0$ seyn und folglich aus der vollständigen Gleichung eine unvollständige werden ... $a + c$.

$a + b = b$. D. i. wenn die Summe der positiven Wurzeln einer Gleichung = der Summe der negativen Wurzeln derselben. Dieser Satz gilt auch umgekehrt. Eben so kann das dritte Glied $(+ac-ab-bc)x^2 = 0$ seyn, und folglich auch aus der vollständigen Gleichung eine unvollständige werden, wenn $ac+ab-bc=0$, und folglich wenn $\frac{ac}{a+c}=b$ ist. Dis gilt auch mit gehöriger Veränderung von den übrigen Gliedern. Es können also auf dem in dem Beweise zu §. 311. angezeigten Wege, sowal vollständige als unvollständige ja so gar reine Gleichungen entstehen, weil dis bloß von gewissen Verhältnissen der Wurzeln unter sich abhängt. Es gilt daher der §. 311. gegebene Beweis nicht bloß von vollständigen Gleichungen, wie es das Ansehn zu haben scheint.

4) Wenn alle Wurzeln einer geordneten Gleichung ganze Zahlen, so sind die Coefficienten eines jeden Gliedes und das letzte Glied ganze Zahlen. Wenn daher das letzte Glied oder der Coefficient eines Gliedes einer geordneten Gleichung ein Bruch ist; so sind wenigstens nicht alle Wurzeln der Gleichung ganze Zahlen. Zerstreut man also in diesem Fall das letzte Glied in seine Faktoren, um noch zu versuchen, ob eine darunter eine Wurzel der Gleichung sey; so ist es nicht hinreichend die Faktoren in ganzen Zahlen zu suchen; sondern man muß auch die Faktoren suchen, welche Brüche sind. Da es aber alsdann eine unendliche Anzahl Faktoren giebt, (§. 79. n. XIII.) so ist es unmöglich mit allen diesen Faktoren Versuche anzustellen; daher führt die §. 311. angezeigte Methode, die Wurzeln einer Gleichung

chung

chung zu finden. Bey einer geordneten Gleichung in welcher das letzte Glied oder die Coefficienten eines andern Gliedes der Gleichung ein Bruch ist, nicht statt, sondern nur bey solchen geordneten Gleichungen, in welchen die Coefficienten der Glieder, und auch das letzte Glied ganze Zahlen sind. Könnte man also eine geordnete Gleichung, in welcher Brüche in den Coefficienten oder im letzten Gliede befindlich in eine andere geordnete von entgegengesetzter Beschaffenheit verwandeln, deren Wurzeln die Wurzeln jener Gleichung bestimmen; so würde die §. 311. gegebene Methode auch mit Nutzen in jedem Fall angewendet werden können. Daß dis überiges gescheheu könne erhellet aus 285. und 284. n. 1.

5) Die im §. 311. angegebene Methode die rationale Wurzeln einer Gleichung, wenn es deren gibt, zu finden, ist also allgemein, und auch bequem, wenn das letzte Glied derselben wenige, aber weitläuftig, wenn es viele Faktoren hat. Man hat daher verschiedene Mittel erfunden, in dem letztern Fall die Versuche abzukürzen. Davon §. 314. und folgend.

6) Wenn das Zeichen des letzten Gliedes einer geordneten Gleichung mit in Betrachtung gezogen wird, wenn man den Ursprung desselben aus den Wurzeln der Gleichung untersucht; so ist das letzte Glied derselben ein Produkt aus den Wurzeln, wenn die vor der Multiplikation ins entgegengesetzte Zeichen verwandelt worden.

7) Man kann solche Gleichungen vom mten Grade machen, deren Wurzeln einen beliebigst bestimmten Werth haben.

R 4 §. 314.

§. 814.

Aufgabe. Aus einer Gleichung K eine L zu machen, so daß man die Wurzel von K weiß, wenn y die von L bekannt ist, und daß das letzte Glied von L weniger Faktoren hat, als das von K.

Auflösung. 1) Man setze eine willkührliche Zahl a statt x in K, und sehe was alle Glieder von H nach dieser Voraussetzung zusammen gerechnet, geben. Dis sey $= D$.

2) Ist D eine Zahl die weniger Faktoren hat, als das letzte Glied der Gleichung K, so mache man eine Gleichung L, in welcher $y = x - a$ (277.) Diese ist die verlangte Gleichung. Ist

3) D eine Zahl die mehr Faktoren hat, als das letzte Glied der Gleichung K; so muß man mit einer andern Zahl als a, Versuche anstellen.

Beweis.

Wenn $x^3 + px^2 + qx + r = 0$ die Gleichung K, so ist
$$a^3 + pa^2 + qa + r = D \text{ die Gleichung H}$$

Hat nun D weniger Faktoren als r, so macht man $y = x - a$. Daher wird $x = y + a$. Folgl. wird aus K

$$y^3 + 3ay^2 + 3a^2y + a^3 = 0 \text{ die Gleichung L,}$$
$$+ p + 2pa + pa^2$$
$$+ q + qa$$
$$+ r$$

deren letztes Glied $a^3 + pa^2 + qa + r$ weniger Faktoren hat, als r das letzte Glied von K. Da nun $y = x - a$, so ist auch x bekannt, wenn es y ist. Wir erhalten also durch die gegebene Auflösung eine verlangte Gleichung.

§. 815.

I. Anmerkung. Es sey die gegebene Gleichung
K) $x^3 - 2x^2 - 23x + 60 = 0$

Das

a) Das letzte Glied derselben hat 24. Faktoren. (312.)
Man setze 2 statt x in K so kommt
H) $8 - 8 - 46 + 60 = D$, 14.

Da nun 14 nur folgende 8 Faktoren $\pm 1; 2; 7; 14$ und folglich weniger als das letzte Glied 60 der Gleichung K hat; so mache man eine Gleichung L in welcher $y = x - 2$, (277.)

L) $y^3 + 4y^2 - 19y + 14 = 0$

Wenn man nun die Faktoren $\pm 1; 2; 7; 14$ versucht, so findet sich, daß $y = 1$ (311, n. 1. 2. 3.) Theilet man die Gleichung L durch $y - 1 = 0$ (311. n. 4.) so entsteht die Gleichung

M) $y^2 + 5y - 14 = 0$ und aus dieser nach 311, n. 5.
$y = 2$ und auch $= -7$. Wenn nun
$y = x - 2$ so ist
$x = 3$ im Fall $y = 1$.
$x = 4$, , $y = 2$ und
$x = -5$, , $y = -7$.

Welches die Wurzeln der Gleichung K, wie solche bereits im §. 312. gefunden worden.

II. Es gibt noch verschiedene Wege die Versuche abzukürzen durch welche wir die Wurzeln einer Gleichung ausmitteln wollen. Ich rechne dahin

A. die Kenntniß der Merkmale aus welchen zu schließen, wie viele unter den Wurzeln einer Gleichung positiv u. wie viel deren negativ. Denn wenn man dis weiß, so darf man zuweilen nur die Faktoren des letzten Gliedes positiv oder negativ versuchen. (311. n. 2.) Diese Kenntniß verschaft uns folgender Satz:

Eine jede geordnete vollständige Gleichung hat so viele positive Wurzeln als Abwechselungen der Zeichen, und so viele negative, als einerley Zeichen auf einander folgen.

So folgt z. B. in der Gleichung
$$x^4 + 7x^3 - 49x^2 - 463x + 840 = 0$$

1) im 1ten und 2ten Gliede $+$ auf $+$
2) - 2ten - 3ten $-$ $+$
3) - 3ten - 4ten $-$ $-$
4) - 4ten - 5ten $+$ $-$

Unter no. 1. 3. und 4. sind einerley Zeichen, die Gleichung hat also 3 negative, und da die Zeichen nur einmal abwechseln (n. 2.) nur eine positive Wurzel.

In des Herrn G. K. v. Segners Tact. II. Curſ. math. von §. 506. — 527. findet man den gegebenen Satz nicht allein hinreichend bewiesen, sondern auch das vorzüglich hieher Bemerkenswürdige, fürtrefflich auseinander gesetzt.

B. Die Bestimmung der Grenzen zwischen welchen die Wurzeln fallen. Dieß bewirkt den Vortheil, daß man nicht nöthig hat, mit den außer den Grenzen liegenden Faktoren Versuche anzustellen.

In des Zus. H. Kästners Anfang. licher Größen findet man von §. in der Kürze alles hieher gehörige beysammen.

§. 116.

Wenn die Wurzeln der Gleichung keine Rationalzahlen sind, welches man daraus ersieht, daß kei-

ner

der Factoren des letzten Gliedes einer Gleichung, die Gleichung auf 0 bringt, (311. n. 6.) so sucht man die Irrationalwurzel durch die Näherung. Wobey folgende Fragen vorkommen.

Die erste. Zwischen was für ganze Zahlen deren Unterschied = 1 liegen diese Irrationalwurzeln? Davon §. 317.

Die andere. Wie nähert man sich dem wahren Werthe dieser Irrationalwurzeln, wenn ihre Lage nach Beantwortung der ersten Frage bestimmt worden? Davon §. 320.

§. 317.

Aufgabe. Diejenigen Zahlen zu finden, deren Unterschied = 1, und zwischen welchen die Irrationalwurzeln einer Gleichung von der §. 316. angezeigten Beschaffenheit liegen.

Auflösung. 1) Man setze die gegebene Gleichung = y, wenn die Wurzel derselben, = x. Wenn man nun

2) für x nach und nach $+0, 1, 2, 3$ u. s. f. positive und negative Größen, in die gegebene Gleichung einsetzt, und es sich dann findet, daß eine Zahl einen positiven, und eine um 1 vermehrte Zahl einen negativen Werth für y gibt, so liegt zwischen solche zwey angenommene Zahlen, eine irrationale Wurzel

§. 318.

1) Anmerkung. Es sey die Gleichung in welcher man die Lage der Irrationalwurzeln zwischen zweyen ganzen Zahlen bestimmen will, $x^3 + 4x - 19 = 0$ und nach und nach $x = 0, 1, 2$. Wenn nun

der negativen Wurzel nächste	— 7.	—
Grenzen in ganzen Zahlen	— 6.	
	— 5.	
	— 4.	
	— 3.	— 21.
	— 2.	— 22.
	— 1.	
	0.	— 18.
	+ 1.	— 13.
der positiven Wurzel nächste	+ 2.	— 6.
Grenzen in ganzen Zahlen	+ 3.	+ 3.

2) In den Vorlesungen werde ich zeigen daß die Anwendung der §. 315. no. II. A. gegebenen Regel auch hier von Nutzen sey.

3) Die §. 317. vorgeschlagene Untersuchung findet auch statt, wenn der Gleichung Wurzeln rational sind. Sind sie auch ganze Zahlen; so findet man sie alsdann in der Reihe für x in dem Fall da y=0 (272. n. 1.) Sind sie Brüche so finden sich alle ihre Grenzen, wie in dem Falle da die Wurzeln irrational Zahlen sind, wenn nicht zwey oder mehrere Wurzeln zwischen einerley Grenzen in ganzen Zahlen liegen. Dis aber kann man verhüten, wenn man diese Untersuchung mit keinen Gleichungen vornimmt, die gebrochene Coefficienten, oder ein gebrochenes letztes Glied haben, welches in unserer Gewalt steht. (285.)

§. 319.

Zusatz. In der Reihe für y … mit rationalen die Werthe für y so oft abwechseln, als bey früheren Glei-

Gleichung, deren Wurzel $=x$ in sich 1 begreift, (311. n. 5.) wenn alle Wurzeln der Gleichung mögliche Grössen sind. Sind einige Wurzeln unmöglich, so wechseln sie nur so ofte ab, als es mögliche Wurzeln der Gleichung giebt; sind sie alle unmöglich, so findet gar keine Abwechselung der Zeichen für die Werthe für y statt.

§. 320.

Aufgabe. Die Irrationalwurzeln einer Gleichung durch die Näherung zu finden. (326. n. 2.)

Auflösung. 1) Man suche die Lage dieser Wurzeln zwischen zweyen ganzen Zahlen, deren Unterschied $=1$ nach §. 317. Diese ganze Zahlen werden n und $n+1$, und man setze daher

2) der Gleichung Wurzel $x = n + p$; so ist p ein Bruch, dergleichen zwischen n und $n+1$ eine unendliche Anzahl liegt. (93.)

3) Man substituire in der gegebenen Gleichung $n+p$ für x, und werfe diejenigen Glieder heraus, in welchen p in einer erhöheten Dignität vorkommt. Denn p^2; p^3 u. s. f. sind kleiner als p (72. n. 4.) und es ist ja ohnedem unmöglich p genau zu erhalten. Da nun

4) p die Grösse deren Werth zu suchen, und in der durch die Substitution erhaltenen Gleichung, wegen herausgeworfener höherer Dignität von p, die Grösse p nur in der ersten Dignität befindlich ist; so ist die Gleichung eine einfache, läßt sich aufheben, und also der Werth von p finden. Wenn man nun

5) den Werth von p zu n addirt; so hat man den Werth für x schon näher. Er sey $= N$. Verführt man also als vorhin, so ist

6) nun

6) nun mit N + p wie unter no. 2) bis 5) erhalten worden; so wird man x noch näher und durch Fortsetzung dieser Arbeit so genau erhalten als man es wünscht, und so kann man sich

7) einer jeden möglichen irrationalen Wurzel beliebigst nähern.

§. 321.

I. **Anmerkung.** Wenn man in der Gleichung $x^2 + 4x - 27 = 0$, die Wurzel x durch die Näherung bestimmen will; so ist

nach 1) x zwischen $+3$ und $+4$

2) ist $x = 3 + p$

3) ist $x^2 + 4x - 27 = 0 = p^2 + 6p + 9$
$\qquad\qquad\qquad\qquad\quad + 4p + 12$
$\qquad\qquad\qquad\qquad\quad - 27$

Wirft man nun p^2 heraus; so ist $10p - 6 = 0$

4) ist $p = \frac{6}{10} = \frac{3}{5}$ daher ist

5) $x = 3 + \frac{3}{5} = N$ verfährt man nun

6) mit $N + p$ wie mit $n + p$; so findet man $p = -\frac{9}{280}$ daher $x = 3 + \frac{3}{5} - \frac{9}{280} = 3 + \frac{?}{?}$ noch näher als $3 + \frac{3}{5}$

7) das andere x liegt zwischen -7 und zwischen -8. Daher man hier, wie vorhergezeigt worden, verfahren kann.

II. In den Vorlesungen werde ich hiebey noch etwas anmerken. In des Hrn. H. R. Kästners Analys. endlicher Grössen findet man das hieher gehörige von §. 304. bis §. 321. in möglichster Kürze aufs gründlichste auseinander gesetzt.

III. Eine sinnreiche Methode die Wurzeln einer Gleichung durch die Näherung zu erhalten, findet man in dem 1ten Abschnitt des 2ten Theils von

Arithmetik. 271

Algebra. §rn. Eulers im §. 231. des 16ten Kapitels, nachdem die, so eben, erklärte Methode im Anfange dieses Kapitels aufs deutlichste abgehandelt, und mit den besten Beyspielen erläutert worden.

Von den unmöglichen Wurzeln einer Gleichung.

§. 322.

In Ansehung der unmöglichen Wurzeln einer Gleichung wollen wir folgende Fragen beantworten.

Die erste. Woraus kann die Anwesenheit unmöglicher Wurzeln in einer Gleichung geschlossen werden? Davon §. 323.

Die andere. Wie viel unmögliche Wurzeln befinden sich unter den Wurzeln einer Gleichung. Davon §. 327.

§. 323.

Wenn aus einem Umstande in einer Gleichung eine gewisse Anzahl negativer oder positiver Wurzeln, aus einem andern darin vorkommenden Umstande aber eine andere Anzahl derselben geschlossen wird; so ist dieses ein Widerspruch, der unmöglich erfolgen könnte, wenn die Gleichung lauter mögliche Wurzeln hätte. Aus einem solchen Widerspruch läßt sich also ein untrüglicher Schluß machen, daß unter den Wurzeln einer Gleichung unmögliche befindlich sind. (§. 322. n. 1.)

§. 324.

Anmerkung. Die Gleichung $x^2 + a = 0$ mag zur Erläuterung dieses Satzes dienen. Diese hat nach

311: n. 5. zwey Wurzeln. Aus dem fehlenden zweyten Gliede schließen wir, daß eine dieser Wurzeln positiv, die andere aber negativ seyn müsse. (313. n. 3.) Das letzte Glied $+$ a ist ein Produkt aus den Wurzeln der Gleichung, wenn solche vor der Multiplikation ins entgegen gesetzte Zeichen verwandelt worden. (313. n. 6) Daher müssen beyde Wurzeln entweder positiv, oder beyde negativ seyn. (27. n. 1. und 3.) Dis widerspricht der, aus dem fehlenden zweyten Gliede gemachten Folge. Wir machen hieraus einen Schluß auf unmögliche Wurzeln der Gleichung, welches sich auch findet, wenn man die Gleichung aufhebt. Denn alsdann ist $x = \mp \sqrt{-a}$ (304.) und beyde Wurzeln sind unmöglich. (147. n. 3.)

§. 325.

1) Zusatz. Wenn in einer Gleichung ein Glied zwischen zweyen Gliedern fehlt, welche einerley Zeichen haben; so enthält die Gleichung unmögliche Wurzeln. Es kann daher die Fortschaffung des zweyten Gliedes einer Gleichung ein Mittel werden, auch von vollständigen Gleichungen zu erfahren ob sie unmögliche Wurzeln enthalten.

2) Fehlen zwey oder mehrere auf einander folgende Glieder der Gleichung; so enthält sie unmögliche Wurzeln. Daher hat jede reine Gleichung die über den zweyten Grad steigt, unter ihren Wurzeln gewiß unmögliche.

3) Wenn man eine gegebene geordnete Gleichung durch eine einfache auf 0 gebrachte Gleichung multiplicirt; so ist auch dis zuweilen ein Mittel auszumachen, ob die gegebene Gleichung unmögliche Wurzeln habe.

§. 326.

§. 326.

Anmerkung. In den Vorlesungen werde ich diese Sätze mit Beyspielen erläutern, und die Gründe worauf ihre Wahrheit beruht näher auseinandersetzen. Hr. G. R. v. Segner kann hierüber an dem bereits §. 315. angeführten Ort, mit Nutzen nachgelesen werden.

§. 327.

Folgende Sätze enthalten die Beantwortung der andern Frage §. 322.

I. Wenn eine unreine Gleichung unmögliche Wurzeln hat; so hat sie solche in gerader Anzahl. Diese Beschaffenheit hat es auch mit den reinen Gleichungen, nur daß sie bey diesen näher bestimmt wird.   Denn es hat.

II. jede reine Gleichung vom mten Grade (148.) nur höchstens zwey mögliche entgegengesetzte sonst gleiche Wurzeln.   Und

III. jede reine Gleichung vom (m+1)ten Grade nur eine mögliche Wurzel. Die übrigen Wurzeln sind unmöglich.

§. 328.

1) **Zusatz.** Eine unreine Gleichung vom mten Grade hat entweder lauter mögliche, lauter unmögliche, oder doch mögliche Wurzeln in gerader Anzahl.

2) Eine Gleichung vom (m+1)ten Grade kann nie lauter unmögliche Wurzeln haben, und ihre möglichen Wurzeln sind in ungerader Anzahl da. Hieraus lassen sich

3) noch verschiedene Folgerungen machen, wenn man m bestimmt.

§. 329.

§. 329.

Anmerkung. In des Hr. J. R. Käſtners Analyſ. endlicher Größen vom §. 228. bis §. 272. findet man dieſe Materie aufs gründlichſte auseinandergeſetzt.

Von Aufhebung beſtimmter quadratiſcher Gleichungen.

§. 330.

Beſtimmte quadratiſche Gleichungen ſind entweder rein, oder unrein. Daher wir
I. von Aufhebung reiner quadratiſcher Gleichungen im §. 331. Und
II. von Aufhebung unreiner quadratiſcher Gleichungen im §. 333. u. f.
handeln wollen.

§. 331.

Die Aufhebung reiner quadratiſcher Gleichungen folgt unmittelbar aus dem §. 304. Denn ſoll $x^m = P$ eine reine quadratiſche Gleichung ſeyn; ſo iſt $m = 2$ folglich $x^2 = P$ und daher $x = \pm \sqrt{P}$ (305. n. 1.)

§. 332.

1) **Zuſatz.** Die Wurzel einer quadratiſchen Gleichung hat zwey Werthe. (311. n. 5.)
2) Die reine quadratiſche Gleichung hat entweder zwey mögliche oder zwey unmögliche entgegengeſetzte gleiche Werthe für ihre Wurzeln. (327. h. II.)
3) Wenn $x^2 = +P$ ſo ſind beyde Werthe der Wurzel möglich, und zwar iſt einmal $x = +\sqrt{P}$ und dann iſt auch $x = -\sqrt{P}$ (147. n. 1.)

4) Wenn

Arithmetik.

4) Wenn $x^2 = -P$ so sind beyde Werthe der Wurzeln unmöglich, (147. n. 3.) und zwar ist einmal $x = +\sqrt{-P}$ und dann ist auch $x = -\sqrt{-P}$.

5) Wenn in der Gleichung $x^2 = +P$ das P ein vollkommenes Quadrat ist; so ist x rational welches klar. Ist aber P kein vollkommenes Quadrat; so ist x irrational, und kann daher nur durch die Näherung gefunden werden. Man hat in diesem Falle nicht nöthig, den im §. 320. angezeigten Weg zu betreten: sondern man wird seine Absicht nach §. 203. n. III. am geschwindesten erreichen. So findet man z. B. $x = \mp 17,7200451146$ beynahe wenn $x^2 = 314$.

6) Es ist
$\sqrt{-a} : \sqrt{-b} = (\sqrt{a} \times \sqrt{-1}) : (\sqrt{b} \times \sqrt{-1}) = \sqrt{a} : \sqrt{b}$

7) Es ist $\sqrt{-a^2} : \sqrt{-b^2} = \sqrt{a^2} : \sqrt{b^2} = a : b$.

8) Wenn $ax^2 - bx^2 = P$, so ist $(a-b)x^2 = P$ (306.) und $x^2 = \dfrac{P}{a-b}$ folglich $x = \pm\sqrt{\dfrac{P}{a-b}}$.

§. 333.

Lehrsatz. Wenn $x^2 + cx - P = 0$

so ist $x = -\dfrac{c}{2} \mp \sqrt{\left(P + \dfrac{c^2}{4}\right)}$

Beweis. Es ist $x^2 + cx - P = 0$ vermöge d. Beding. folglich $\sqrt{(x^2 + cx - P)} = \sqrt{0}$ (62. n. 3. A. M.) Da aber $x^2 + cx - P$ kein vollkommenes Quadrat ist, (150.) so läßt sich die Quadratwurzel daraus nicht genau angeben. Es frägt sich also, ob diesem unvollkommenen Quadrate zur Vollkommenheit blos eine bekannte Größe fehle; denn in diesem Falle wird man seine Absicht erreichen. (308. n. 4.) Was dem Quadrate $x^2 + cx - P$ zu seiner Vollkommenheit fehle, fehlt, erfahren, wie, wenn wir die Quadratwurzel aus demselben ziehen. (308. p. 2.) Es geschehe also.

$$\begin{array}{c|c} x^2 + cx - P & x + \frac{c}{2} \\ x^2 & \\ \hline 0 + cx - P & \\ (2x) & \\ \hline + cx + \frac{c^2}{4} & \\ \hline \text{Diff.} \quad -\frac{c^2}{4} - P & \end{array}$$

Wäre $-\frac{c^2}{4} - P = 0$ gewesen, so wäre $x^2 + cx - P$ ein vollkommenes Quadrat, dessen Wurzel $x + \frac{c}{2}$. Es wird aber $-\frac{c^2}{4} - P = 0$, wenn man dazu $\frac{c^2}{4} + P$ addiret. (15.) Daher fehlt dem Quadrate $x^2 + cx - P$ an seiner Vollkommenheit $\frac{c^2}{4} + P$. Da nun dies eine bekannte Größe ist; so werden wir dadurch, daß wir diese zu dem Quadrate addiren, unsere Absicht erreichen. Zu beyden Seiten der gegebenen Gleichung $x^2 + cx - P = 0$ addire man also $\frac{c^2}{4} + P = \frac{c^2}{4} + P$

So entsteht $x^2 + cx + \frac{c^2}{4} = \frac{c^2}{4} + P$. folglich

Arithmetik.

folglich ist $\sqrt{(x^2 + cx + \frac{c^2}{4})} = \mp\sqrt{(P + \frac{c^2}{4})}$

da nun $\sqrt{(x^2 + cx + \frac{c^2}{4})} = x + \frac{c}{2}$

So ist auch $x + \frac{c}{2} = \mp\sqrt{(P + \frac{c^2}{4})}$

folglich $x = -\frac{c}{2} \mp \sqrt{(P + \frac{c^2}{4})}$

§. 334.

Anmerkung. Der Beweis, mit dem der im vorigen §. befindliche Lehrsatz unterstützt worden, kann auch aus §. 151. n. 4. wie auch aus §. 280. und 281. geführet werden.

§. 335.

I. **Zusatz.** Aus dem Beweise erhellet, daß man um eine unreine quadratische Gleichung aufzulösen, folgende Veränderungen mit derselben nach und nach vornehmen könne. Es sey die gegebene Gleichung

z. B. $x^2 + cx - P = 0$ so wird daraus

1. $x^2 + cx = P$ addirt man nun
2. zu beyden Seiten der Gleichung das Quadrat des halben Coefficienten des 2ten Gliedes $\frac{c^2}{4} = \frac{c^2}{4}$ so entsteht

$x^2 + cx + \frac{c^2}{4} = P + \frac{c^2}{4}$

3. Man ziehe

4. aus den beyden Seiten dieser Gleichung die Quadratwurzel; so kömmt $x + \frac{c}{2} = \mp \sqrt{} (P + \frac{c^2}{4})$ und

5. von beyden Seiten $\frac{c}{2}$ subtrahirt gibt endlich
$$x = -\frac{c}{2} \mp \sqrt{} (P + \frac{c^2}{4})$$

II. Wenn $x^2 - cx - P = 0$ so ist $x = \frac{c}{2} \mp \sqrt{} (P + \frac{c^2}{4})$

folglich ist $x = -\frac{c}{2} \mp \sqrt{} (P + \frac{c^2}{4})$ und auch

$= \pm \frac{c}{2} \mp \sqrt{} (P + \frac{c^2}{4})$ nachdem das andere Glied einer geordneten quadratischen Gleichung entweder positiv oder negativ ist.

III. Wenn $x^2 - cx + P = 0$ so ist $x = +\frac{c}{2} \mp \sqrt{} (-P + \frac{c^2}{4})$

IV. Vergleicht man die vorigen Zusätze mit einander so ändert sich bey den Theilen der Wurzel, durch die Verschiedenheit der Zeichen in dem andern und dritten Gliede der gegebenen Gleichung nichts ab, als die Zeichen vor $\frac{c}{2}$ und vor P. Denn in allen Fällen bleiben $\mp$ vor $\sqrt{}$ und $+$ vor $\frac{c^2}{4}$, wovon die Ursache sehr klar ist. Es steht aber
in der Wurzel $+\frac{c}{2}$ wenn das andere Glied $-$ hat
$\frac{c}{2}$
$\mp P$ dritte $+$
$- P$ $-$

Man

Man darf also in diesen Fällen, in der Wurzel nur immer das entgegengesetzte Zeichen, von dem setzen, welches sich in den Gliedern der geordneten quadratischen Gleichung befand, aus welchen die Glieder in der Wurzel ihren Ursprung genommen.

V. Verändert man also eine aufzuhebende geordnete unreine quadratische Gleichung dergestalt, daß das Quadrat der unbekannten Größe positiv, auf einer Seite der Gleichung allein bleibt, und daß z. B. aus $x^2 - cx + P = 0$ die Gleichung $x^2 = +cx - P$ wird; so kann man in den Theilen der Wurzel die aus cx und P ihren Ursprung nehmen die Zeichen $+$ und $-$ behalten, wie sie hier vor cx und P stehen. Aus obiger Gleichung wird also

$$x = +\frac{c}{2} \mp \sqrt{\left(-P + \frac{c^2}{4}\right)}.$$

Daher ist die Stellung der Glieder einer unreinen quadratischen Gleichung, vermöge welcher das Quadrat der unbekannten Größe positiv auf einer Seite der Gleichung allein bleibt, zur mechanischen Aufhebung der Gleichung die bequemste.

§. 335. a

VI. Zusatz. Die Wurzel einer unreinen quadratischen Gleichung ist nur rational wenn $\mp P + \frac{c^2}{4}$ ein vollkommenes Quadrat. Ist dis nicht; so ist die Wurzel eine irrational Größe, die nur durch die Näherung zu finden, wenn sie möglich ist, und wovon das gilt was im §. 332. n. 5. gesagt worden.

VII. Will man also, vor Aufhebung einer unreinen quadratischen Gleichung, untersuchen, ob man rationale oder irrationale Werthe für die Wurzel derselben erhalten werde; so gebe man

1) ihren Gliedern die zur mechanischen Auflösung der Gleichung bequeme Stellung. §. 33 c.

2) Addire man zu dem letzten Gliede, P es sey positiv oder negativ den 4ten Theil des Quadrats des Coefficienten des andern Gliedes oder $\frac{c^2}{4}$. Ist diese Summe

3) ein vollkommenes Quadrat; so ist die Wurzel rational, wo nicht; so ist sie irrational.

VIII. Wenn

$$x^2 = + cx - P \text{ so ist } x = + \frac{c}{2} \mp \sqrt{(-P + \frac{c^2}{4})}$$

Wenn in diesem Fall $P = \frac{c^2}{4}$; so ist $\sqrt{(-P + \frac{c^2}{4})} = 0$

Folglich $x = + \frac{c}{2}$. Ich mache diese Folgerung um in den Vorlesungen einem durch §. 232 n. I. unmöglichen Einwurfe begegnen zu können.

IX. Wenn $x^2 = + cx - P$ u. folgl. $x = + \frac{c}{2} \mp \sqrt{(-P + \frac{c^2}{4})}$

So ist $x = $ einer unmöglichen Größe, wenn P $> \frac{c^2}{4}$; in diesem Falle unter dem Wurzelzeichen von einem geraden Exponenten eine negative Größe bleibt. (147. n. 3.) Soll also die Wurzel einer quadratischen Gleichung eine mögliche Größe seyn; so muß entweder auch P unter dem Wurzelzeichen eine positive Größe oder wenn sie ja eine negative Größe ist, doch nicht $> \frac{c^2}{4}$ seyn. Denn in beyden Fällen

Fällen, alsdann die Größe unter dem Wurzelzeichen positiv.

X. Aus dem vorigen folgt eine Methode, schon vor Aufhebung einer quadratischen Gleichung zu beurtheilen, ob die Wurzeln derselben möglich, oder unmöglich sind. Man gebe nemlich

1) den Gliedern der zu prüfenden Gleichung die zur mechanischen Aufhebung der Gleichung bequeme Stellung. Ist dann

2) P positiv; so sind die Wurzeln der Gleichung mögliche Größen. Ist aber

3) P negativ; so ist entweder $P = \frac{c^2}{4}$, oder $P < \frac{c^2}{4}$, oder endlich $P > \frac{c^2}{4}$.

In den beyden ersten Fällen sind die Wurzeln der Gleichung auch mögliche, im letztern Fall aber unmögliche Größen.

XI. Beyde Wurzeln einer unreinen quadratischen Gleichung können positiv, oder negativ, oder die eine positiv und die andere negativ seyn: (311. Bew.) Wie dieses aus einer gegebenen Gleichung zu beurtheilen, erhellet aus §. 15. u. s. f. Anders

XII. Wenn $ax^2 + bx - Q = 0$ ist,

$$x^2 + \frac{bx}{a} = \frac{Q}{a}$$

$$x = -\frac{b}{2a} \pm \sqrt{\frac{Q}{a} + \frac{b^2}{4a^2}}$$

$$x = -\frac{b}{2a} \mp \sqrt{\left(\frac{Q}{a} + \frac{b^2}{4a^2}\right)}$$

XIII. Wenn $\frac{x^2}{a} + bx - Q = 0$ so ist

$$x^2 + bax - aQ = 0 \text{ und}$$
$$x^2 = -bax + aQ \text{ endlich}$$
$$x = -\frac{ba}{2} \mp \sqrt{\left(aQ + \frac{b^2 a^2}{4}\right)}$$

XIV. Wenn $x^2 + \frac{bx}{a} - \frac{Q}{d} = 0$ so ist

$$x^2 = -\frac{bx}{a} + \frac{Q}{d} \text{ folglich}$$
$$x = -\frac{b}{2a} \mp \sqrt{\left(\frac{Q}{d} + \frac{b^2}{4a^2}\right)}$$

XV. Wenn $\frac{x^2}{a} + \frac{bx}{d} - \frac{Q}{e} = 0$ so ist

$$x^2 + \frac{abx}{d} - \frac{aQ}{e} = 0 \text{ und}$$
$$x^2 = -\frac{abx}{d} + \frac{aQ}{e} \text{ endlich}$$
$$x = -\frac{ab}{2d} \mp \sqrt{\left(\frac{aQ}{e} + \frac{a^2 b^2}{4d^2}\right)}$$

XVI. Wenn $ax^2 + bx^2 + dx - ex - Q = 0$ so ist

$$(a+b)x^2 + (d-e)x - Q = 0 \text{ folgl.}$$
$$x^2 + \frac{(d-e)x}{a+b} - \frac{Q}{a+b} = 0 \text{ u.}$$
$$x^2 = -\frac{(d-e)x}{a+b} + \frac{Q}{a+b}$$

endlich

$$x = -\frac{d-e}{2(a+b)} \mp \sqrt{\left(\frac{Q}{a+b} + \left(\frac{d-e}{2(a+b)}\right)^2\right)}$$

XVII. Wenn $x^4 + cx^2 - P = 0$; so kann diese Gleichung in eine quadratische verwandelt (292.) und aufgehoben werden.

Denn es sey $x^2 = y$ (290.)
und $x^4 = y^2$

Folglich $x^4 + cx^2 - P = y^2 + cy - P = 0$
so ist $y^2 = -cy + P$ und
$$y = -\frac{c}{2} \mp \sqrt{\left(P + \frac{c^2}{4}\right)} = x^2$$

Also $\quad x = \mp \sqrt{\left(-\frac{c}{2} \mp \sqrt{\left(P + \frac{c^2}{4}\right)}\right)}$

XVIII. Wenn sowol P als c ganze, und c über dem eine gerade Zahl; so ist $\mp P + \frac{c^2}{4}$ eine ganze Zahl; ist aber c eine ungerade Zahl; so ist $\mp P + \frac{c^2}{4}$ ein Bruch (200. n. 5.) und $\sqrt{\left(\mp P + \frac{c^2}{4}\right)}$ die Quadratwurzel aus einem Bruch. Es macht zwar die Ausziehung der Quadratwurzel aus Brüchen keine Schwürigkeiten; man hat aber doch eine Formel für die Wurzel einer quadratischen Gleichung, in welcher die Größe unter $\sqrt{\ }$ auch dann kein Bruch wird, wenn auch c eine ungerade Zahl seyn sollte. Davon §. 336. und 337. (n. 1.) Auch kann $\mp P + \frac{c^2}{4}$ ein Bruch seyn, wenn entweder P oder c oder auch P und c zugleich Brüche sind. Man kann aber auch in diesem Fall eine Formel geben,

in

in der die Größe unter $\sqrt{}$ eine ganze Zahl ist. Daher die §. 337. n. 2.

§. 336.

Lehrsatz. Wenn $x^2 - cx - P = 0$ so ist
$$x = \frac{c \mp \sqrt{(4P + c^2)}}{2}$$

Beweis. Wenn $x^2 - cx - P = 0$ so ist
$$x = \frac{c}{2} \mp \sqrt{\left(P + \frac{c^2}{4}\right)} \quad (335. \text{ n. 2.})$$

Nun ist $P + \dfrac{c^2}{4} = \dfrac{4P + c^2}{4}$

Folglich $\sqrt{\left(P + \dfrac{c^2}{4}\right)} = \sqrt{\dfrac{4P + c^2}{4}} = \dfrac{\sqrt{(4P + c^2)}}{2}$

daher ist $x = \dfrac{c}{2} \mp \dfrac{\sqrt{(4P + c^2)}}{2} = \dfrac{c \mp \sqrt{(4P + c^2)}}{2}$

§. 337.

1) **Zusatz.** Wenn P und c ganze Zahlen, c mag übrigens eine gerade oder ungerade Zahl seyn, so ist $4P + c^2$ (336.) eine ganze Zahl. Folglich $\sqrt{(4P + c^2)}$ die Quadratwurzel aus einer ganzen Zahl. Daher ist $x = \dfrac{c \mp \sqrt{(4P + c^2)}}{2}$ die §. 321.

a. n. XVIII. versprochene Formel, nach welcher man Wurzeln einer quadratischen Gleichung zu suchen ohne zu befürchten, daß ihre Anwendung die Quadratwurzel aus einem Bruche ziehen zu dürfen, wenn nur P und c ganze Zahlen sind.

2) Wenn entweder c oder P oder auch c und P zugleich Brüche sind, welches letztere der Fall in der

im

Arithmetik

In der §. 336. a. II. XIV. befindlichen Gleichung
$x^2 + \frac{bx}{a} - \frac{Q}{d} = 0$ ist, worin $x = -\frac{b}{2a} + \sqrt{\left(\frac{Q}{d} + \frac{b^2}{4a^2}\right)}$

ist, wird $\frac{Q}{d} + \frac{b^2}{4a^2}$ und zwar in den meisten Fällen ein Bruch seyn. Will man nun diese Formel auf die Erfindung einer Wurzel der quadratischen Gleichung, in der entweder c oder P, oder auch beyde zugleich, Brüche sind, anwenden; so wird man in den meisten Fällen die Quadratwurzel aus einem Bruche ziehen müssen. Will man dis nicht; so muß man diese Formel, nach der in dem Beweise zu §. 336. befindlichen Methode, verwandeln, und es findet sich, daß

$$x = \frac{-bd + \sqrt{(4Qda^2 + b^2d^2)}}{2ad}, \text{ worin}$$

$4Qda^2 + b^2d^2$ eine ganze Zahl ist; weshalb man nicht nöthig hat die Quadratwurzel aus einem Bruche zu ziehen, um die Wurzel einer solchen Gleichung zu finden.

§. 338.

Anmerkung. In den Vorlesungen, werde ich die Anwendung der allgemeinen Formeln der quadratischen Gleichungen auf besondere Fälle mit Beyspielen hinreichend erläutern.

Etwas von Ausziehung der Quadratwurzel aus Binomien.

§. 339.

Erklärung. Eine aus zweyen Theilen bestehende Zahl, wovon entweder eine, oder auch beyde das qua-

quadratische Wurzelzeichen enthalten, heißt ein Binomium.

§. 340.

1) *Zusatz.* Wenn man eine unreine quadratische Gleichung aufgelöset, und unter dem Wurzelzeichen ein unvollkommenes Quadrat erhalten hat; so ist die Wurzel der quadratischen Gleichung ein Binomium. (335. a. n. VI.)

2) Wenn aus einem Binomio die Quadratwurzel gezogen werden soll, welches z. B. der Fall ist, wenn, wie im §. 335. a. n. XVII. aus der Gleichung $x^4 + cx^2 - P = 0$ die Wurzel $x = \pm \sqrt{(-\frac{c}{2} \pm \sqrt{(P + \frac{c^2}{4})})}$ in welcher die unter dem andern $\sqrt{}$ befindliche Größe $P + \frac{c^2}{4}$ ein unvollkommnes Quadrat ist; so müßte man, um die Wurzel anzugeben die Quadratwurzel aus $P + \frac{c^2}{4}$ ziehen, zu der Wurzel $-\frac{c}{2}$ addiren, und aus dieser Summe die Quadratwurzel noch einmal ziehen. Dis führt zu unangenehmen Rechnungen. Man hat daher die Umstände untersucht, unter welchen aus einem Binomio die Quadratwurzel mit mehrerer Bequemlichkeit zu finden. Davon §. 341. und 342. n. 2.

§. 341.

Lehrsatz. Es ist
$$\sqrt{(a + \sqrt{b})} = \sqrt{\left(\frac{a + \sqrt{(a^2 - b)}}{2}\right)} + \sqrt{\left(\frac{a - \sqrt{(a^2 - b)}}{2}\right)}$$

Beweis. Es sey 1) $\sqrt{(a + \sqrt{b})} = \sqrt{x} + \sqrt{y}$
So ist $a + \sqrt{b} = x + 2\sqrt{xy} + y$
Folglich

Arithmet.

Folglich 2) $a = x + y$ und $\sqrt{b} = 2\sqrt{xy}$

Also $a^2 = x^2 + 2xy + y^2$ und 3) $b = 4xy$

Man subtr. $b = 4xy$ (n. 3.)

Soist $a^2 - b = x^2 - 2xy + y^2$ und

$\sqrt{(a^2 - b)} = x - y$. Da nun

$a = x + y$ (n. 2.)

So ist $a + \sqrt{(a^2 - b)} = 2x$

Folglich 4) $x = \dfrac{a + \sqrt{(a^2 - b)}}{2}$ und

5) $\sqrt{x} = \sqrt{\left(\dfrac{a + \sqrt{(a^2 - b)}}{2}\right)}$

Da $a = x + y$ (n. 2.) folgt $y = a - x$,

so ist auch $y = a - \left(\dfrac{a + \sqrt{(a^2 - b)}}{2}\right)$

Folglich $y = \dfrac{a - \sqrt{(a^2 - b)}}{2}$

Also $\sqrt{y} = \sqrt{\left(\dfrac{a - \sqrt{(a^2 - b)}}{2}\right)}$

Da nun $\sqrt{x} = \sqrt{\left(\dfrac{a + \sqrt{(a^2 - b)}}{2}\right)}$ (n. 5.)

So ist

$\sqrt{x} + \sqrt{y} = \sqrt{\left(\dfrac{a + \sqrt{(a^2 - b)}}{2}\right)} + \sqrt{\left(\dfrac{a - \sqrt{(a^2 - b)}}{2}\right)}$

Und da

$\sqrt{x} + \sqrt{y} = \sqrt{(a + \sqrt{b})}$ (n. 1.)

Auch

$\sqrt{(a + \sqrt{b})} = \sqrt{\left(\dfrac{a + \sqrt{(a^2 - b)}}{2}\right)} + \sqrt{\left(\dfrac{a - \sqrt{(a^2 - b)}}{2}\right)}$

§. 342.

§. 342.

3) **Zusatz.** Eben so kann bewiesen werden, daß
$$\sqrt{(a-\sqrt{b})} = \sqrt{\left(\frac{a+\sqrt{(a^2-b)}}{2}\right)} - \sqrt{\left(\frac{a-\sqrt{(a^2-b)}}{2}\right)}$$

4) Wenn $a^2 - b = c^2$ ein vollkommenes Quadrat ist
$$\sqrt{(a+\sqrt{b})} = \sqrt{\left(\frac{a+c}{2}\right)} + \sqrt{\left(\frac{a-c}{2}\right)}$$
$$\sqrt{(a-\sqrt{b})} = \sqrt{\left(\frac{a+c}{2}\right)} - \sqrt{\left(\frac{a-c}{2}\right)}$$

Diese letztere Formel ist zur Ausziehung der Quadratwurzel aus Binomien unter der Bedingung, daß a^2-b ein vollkommenes Quadrat ist, bequem. Ist aber nicht, so läßt sich statt $\sqrt{\left(\frac{a+\sqrt{(a^2-b)}}{2}\right)} + \sqrt{\left(\frac{a-\sqrt{(a^2-b)}}{2}\right)}$ nicht gebrauchen, sondern man behält alsdann die erstere.

§. 343.

5) **Anmerkung.** Ich will den Gebrauch der im vorigen §. erhaltenen Formel durch ein Beyspiel erläutern. Man suche $\sqrt{(7+\sqrt{13})}$ nach $\sqrt{(a+\sqrt{b})}$; so ist $7 = a$, $13 = b$, $49 = a^2$, und $a^2 - b = 49 - 13 = 36 = c^2$, folglich $c = 6$.

Daher $\sqrt{(7+\sqrt{13})} = \sqrt{\left(\frac{a+c}{2}\right)} + \sqrt{\left(\frac{a-c}{2}\right)}$
$= \sqrt{\left(\frac{7+6}{2}\right)} + \sqrt{\left(\frac{7-6}{2}\right)}$

Es sey ferner $\sqrt{(5+\sqrt{2})}$, so ist
$$5 = a \text{ und } 2 = b$$
$$25 = a^2 \text{ und } a^2 - b = 23 \ldots$$
Da aber 23 kein vollkommnes Quadrat ist, so läßt sich $\sqrt{(5+\sqrt{2})}$ nicht bequemer ausdrucken.

3) Man kann von dieser Materie mehreres in dem 3ten Kapitel des 1ten Abschnittes des 1ten Theils der Algebra des Herrn Eulers mit vielen Nutzen nachlesen.

Von Aufhebung bestimmter Cubischer Gleichungen.

§. 344.

Bestimmte Cubische Gleichungen sind entweder rein oder unrein. Daher wir

I. von Aufhebung reiner Cubischer Gleichungen im §. 345. u. f. Und

II. von Aufhebung unreiner Cubischer Gleichungen im §. 349. u. f.

handeln wollen.

§. 345.

a) Die Aufhebung reiner Cubischer Gleichungen folgt, (so wie die Aufhebung aller übrigen reinen Gleichungen aus 304. Denn wenn $x^m = p$ eine reine Cubische Gleichung, so ist $m = 3$, folglich $x^3 = p$ und $x = \sqrt[3]{p}$.

§. 346.

1) Zusatz. Wenn in der Gleichung $x^3 = p$ das letzte Glied p ein vollkommener Cubus, so ist ein Werth für x rational, und zwar positiv, wenn p in dieser Stellung positiv; und negativ, wenn p in dieser Stellung negativ ist. (147. n. 2.)

2) Die

Arithmetik

2) Die Wurzel einer Cubischen Gleichung hat 3 Werthe. (341. n. 5.)

3) Die reine Cubische Gleichung hat einen möglichen und zwey unmögliche Werthe für ihre Wurzel. (327. n. III.)

4) Die unreine Cubische Gleichung hat entweder lauter mögliche, oder nur einen möglichen, und zwey unmögliche Werthe für ihre Wurzel. (328. n. 2.)

§. 347.

Wenn $x^3 = p = a^3$ so ist $x = \sqrt[3]{p} = a$. Daher ist ein Werth für x gefunden. Es gibt aber für x in einer Cubischen Gleichung drey Werthe, (346. n. 2.) es fragt sich also, woher wir die beyden übrigen erhalten?

Ob $x^3 = a^3$ so ist $x^3 - a^3 = 0$. Da nun ein Werth für $x = a$ ist; so ist $x - a = 0$. Man dividire $x^3 - a^3$ durch $x - a$ (311. n. 3. 4. 5.) so entsteht $x^2 + ax + a^2 = 0$ welches eine quadratische Gleichung, worin

$$x = -\frac{a}{2} \pm \sqrt{-\frac{3}{4}a^2} = \frac{-a \pm a\sqrt{-3}}{2}$$

$$= \frac{-1 \pm \sqrt{-3}}{2} \times a. \text{ Daher I. } x = a.$$

II. $x = \dfrac{-1 + \sqrt{-3}}{2} \times a$. III. $x = \dfrac{-1 - \sqrt{-3}}{2} \times a$.

Da nun $a = \sqrt[3]{p}$, so ist in der Gleichung $x^3 = p$

I. $x = \sqrt[3]{p}$. II. $x = \dfrac{-1 + \sqrt{-3}}{2} \times \sqrt[3]{p}$.

III. $x = \dfrac{-1 - \sqrt{-3}}{2} \times \sqrt[3]{p}$.

Wir

Arithmetik.

Wir haben also auch die beyden übrigen Wurzeln der Cubischen Gleichung $x^3 = p$, welche unmöglich waren, angegeben.

§. 348.

1) **Anmerkung.** Durch Hülfe der im vorigen §. angegebenen Formel kann man die Wurzeln einer reinen Cubischen Gleichung angeben. Denn wenn z. B. $x^3 = 12$ so ist $p = 12$ folglich

I. $x = \sqrt[3]{12}$

II. $x = \dfrac{-1 + \sqrt{-3}}{2} \times \sqrt[3]{12}$

III. $x = \dfrac{-1 - \sqrt{-3}}{2} \times \sqrt[3]{12}$

2) Wenn p ein unvollkommner Cubus; so findet man den möglichen Werth für x nach 209. durch die Näherung.

§. 349.

Aufgabe. Eine unreine Cubische Gleichung aufzuheben.

Auflösung. 1) Ordne man die Cubische Gleichung. (270.)

2) Sind die Coefficienten der Glieder, oder das letzte Glied Brüche; so verwandle man die Gleichung in eine andere, in der die Coefficienten sowol als das letzte Glied ganze Zahlen sind. (285.)

3) Sind die Coefficienten der Glieder und das letzte Glied einer gegebenen Gleichung ganze Zahlen, oder doch wie vorher erinnert nach 285. in solche verwandelt; so kann man

4) nach §. 341. untersuchen ob die Gleichung rationale Wurzeln habe. Sollte

5) das

5) das letzte Glied der Gleichung viele Factoren haben, so mache man, um die Wurzel leichter zu entdecken, von §. 314. Gebrauch. Hat

6) die Gleichung keine rationale Wurzeln, so kann man die möglichen irrational Wurzeln nach 320. durch die Näherung bestimmen.

§. 350.

Anmerkung. Es ist von selber klar, daß die im vorigen §. gegebene Auflösung keine den Cubischen Gleichungen eigenthümliche, sondern die allgemeine Auflösung sey, von der im §. 311. und folgenden umständlich gehandelt worden. Es ist daher auch unnöthig, sie mit Beyspielen zu erläutern, indem wir uns zur Erläuterung der allgemeinen Auflösung schon Cubischer Gleichungen bedienet haben (312. 315.) Ich habe sie daher nur angeführt, um jene Regeln in der Kürze zu wiederholen. Eine den Cubischen Gleichungen eigenthümliche Auflösung findet statt, wenn derselben das andere Glied fehlt. Die Regel nach welcher solche Cubische Gleichungen aufgehoben werden, heißt von ihrem Erfinder die Regel des Scipio Ferreus, und von dem der sie zu erst bekannt gemacht die Regel des Cardans. Davon §. 351.

§. 351.

Lehrsatz. Wenn in der Gleichung $x^3 = fx + g$ (A) $\frac{g}{2} = p + q$ und $(\sqrt[3]{p} \times \sqrt[3]{q}) \times 3 = \sqrt[3]{pq} = f$

So ist $x = \sqrt[3]{p} + \sqrt[3]{q}$.

Beweis.

Es ist $x^3 = (3\sqrt[3]{pq})x + p + q$ Vermöge der Beding.

Folgl. $x^3 - (3\sqrt[3]{pq})x - p - q = 0$ (B)

Wenn nun $(\sqrt[3]{p} + \sqrt[3]{q})$ für x substituirt diese Gleichung

Arithmetik. 293

—— so ist dis eine Wurzel der Gleichung. (272. n. 1.)

Es ist aber $x^3 = p + 3\sqrt[3]{p^2q} + 3\sqrt[3]{pq^2} + q$
und $(3\sqrt[3]{pq})x = -3\sqrt[3]{p^2q} - 3\sqrt[3]{pq^2}$
oder $-p-q = -p-q$

Folglich ist

$x^3 - (3\sqrt[3]{pq})x - p - q = p + 3\sqrt[3]{p^2q} + 3\sqrt[3]{pq^2} + q$
$ - p - 3\sqrt[3]{p^2q} - 3\sqrt[3]{pq^2} - q = 0$

Daher ist $(\sqrt[3]{p} + \sqrt[3]{q}) = x$ eine Wurzel der Cubischen Gleichung B. und, der ihr gleichgültigen A. von angezeigter Beschaffenheit.

§. 252.

Zusatz. Könnte man also darthun, daß in einer jeden Cubischen Gleichung, die durch $x^3 = fx + g$ vorzustellen, sich g allezeit in zwey Theile p und q theilen ließe, die eine solche Beschaffenheit hätten, daß $3 (\sqrt[3]{p} \times \sqrt[3]{q}) = 3\sqrt[3]{pq} = f$; so müßte sich allezeit eine Wurzel derselben angeben laßen; so bald man p oder q bestimmt hätte. Denn wenn p bestimmt so ist $g - p = q$. Folglich $x = \sqrt[3]{p} + \sqrt[3]{q}$.

Da es uns zu Erfindung der Wurzel der Gleichung nichts helfen würde, wenn wir wüßten, daß sich g zwar immer wie erfordert wird, in p und q theilen, aber weder p noch q bestimmen ließe; so nehme (A) man an, daß sich g verlangter maßen theilen laße, und suche daher p, durch die in der Gleichung vorkommende bekannte Größe g und f zu bestimmen. Kann dis geschehen; so haben g und f in allen Cubischen Gleichungen von angegebener Beschaffenheit eine solche Relation gegen einander, daß sich p folglich q folglich $(\sqrt[3]{p} + \sqrt[3]{q}) = x$ die Wurzel der

T 3 Glei-

Gleichung hast genau, und hier hat das Wort die allgemeine Möglichkeit g nach Verlangen in p und q zu theilen, welche die erforderliche Relation gegen f haben.

§. 353.

Lehrsatz. Wenn $x^3 = fx + g$
und $g = p + q$
So ist $p = (g + \sqrt{(g^2 - \frac{4f^3}{27})}) : 2$

Beweis. Da $g = p + q$ V. d. V. so ist
1) $g^2 = p^2 + 2pq + q^2$ da ferner
$\frac{f}{3} = \sqrt[3]{pq}$ V. d. V. so ist
$\frac{f}{3} = \sqrt{pq}$ folglich $\frac{f^3}{27} = pq$ und
2) $\frac{4f^3}{27} = 4pq$

Folglich ist $g^2 - \frac{4f^3}{27} = p^2 - 2pq + q^2$ und
$\sqrt{(g^2 - \frac{4f^3}{27})} = p - q$

Da nun $g = p + q$

So ist auch $g + \sqrt{(g^2 - \frac{4f^3}{27})} = 2p$

Folglich $p = (g + \sqrt{(g^2 - \frac{4f^3}{27})}) : 2$

§. 354.

1) **Zusatz.** Da $g = p + q$ folglich $g - p = q$; p aber $= (g + \sqrt{g^2 - \frac{4f^3}{27}}) : 2$ so ist $q = (g - \sqrt{(g^2 - \frac{4f^3}{27})}) : 2$

2) Alle Cubische Gleichungen die sich durch $x^3 = fx + g$ vorstellen lassen, sind so beschaffen, daß sich g in zwey Theile p und q theilen lassen, so daß

$\tfrac{1}{2}(g+\sqrt[3]{}\,q) = \sqrt[3]{}\,pq = f.$ (354 n. 2.)

§. 355.

Lehrsatz. Wenn $x^3 = fx + g$, so ist

$$x = \sqrt[3]{\frac{g+\sqrt{(g^2-\tfrac{4f^3}{27})}}{2}} + \sqrt[3]{\frac{g-\sqrt{(g^2-\tfrac{4f^3}{27})}}{2}}$$

Beweis. Es ist $g = p+q$ und $f = 3\sqrt[3]{pq}$ (354. n. 1.)
Folglich $x = \sqrt[3]{p} + \sqrt[3]{q}$ (351.)

Da nun $p = \dfrac{g+\sqrt{(g^2-\tfrac{4f^3}{27})}}{2}$ (352.)

und $q = \dfrac{g-\sqrt{(g^2-\tfrac{4f^3}{27})}}{2}$ (354. n. 1.)

So ist auch $\sqrt[3]{p} + \sqrt[3]{q} = \sqrt[3]{\dfrac{g+\sqrt{(g^2-\tfrac{4f^3}{27})}}{2}}$

$+ \sqrt[3]{\dfrac{g-\sqrt{(g^2-\tfrac{4f^3}{27})}}{2}} = x.$

Und diese Formel ist die so berühmte Regel des Cardans oder des Scipio Ferreus.

§. 356.

1) **Zusatz.** Für die Fälle $x^3 = -fx + g$; $x^3 = -fx - g$; $x^3 = fx - g$ braucht man keine besondere Formeln, weil man f und g nach Beschaffenheit der Umstände positiv und negativ nehmen kann. Ein Beyspiel wird dis deutlich machen.

2) Man kann aus einer Cubischen Gleichung das andere Glied fortschaffen. (280.) Daher man jeder Cubischen Gleichung die Gestalt geben kann, daß

bey

Cardans Regel anzuwenden? Sie soll also für sôlche Gleichungen allgemein. Man bedienet sich ihrer aber nicht, wenn die Gleichung eine Rationalwurzel hat, weil man diese weit leichter nach 349. findet. Hat die Gleichung aber keine Rationalwurzel, so kann dieselbe auch nicht anders als auf diese Art nach Cardans Regel ausgedrückt werden, und es findet kein weitere Abkürzung statt.

§. 157.

Anmerkung. Ich will die Anwendung der Regel Cardans mit einem Beyspiele erläutern. Es sey z. B. durch sie die Wurzel der Gleichung

$$x^2 + 6x + 9 = 0$$

zu finden; so wird $x^3 = -6x - 9$, und damit die allgemeine Gleichung $x^3 = fx + g$ von der die Wurzel

$$x = \sqrt[3]{\left(\frac{g}{2} + \sqrt{\left(g^2 - \frac{4f^3}{27}\right)}\right)} + \sqrt[3]{\left(\frac{g}{2} - \sqrt{\left(g^2 - \frac{4f^3}{27}\right)}\right)}$$

mit ihr verglichen werden könne. Daher ist

$$f = -6 \quad \text{und} \quad g = -9$$

folglich $f^3 = -216$, $g^2 = 81$

$$4f^3 = -864$$

$$\frac{4f^3}{27} = -\frac{864}{27} = -32$$

Daher $g^2 - \frac{4f^3}{27} = 81 + 32 = 113$

und $\sqrt{\left(g^2 - \frac{4f^3}{27}\right)} = \sqrt{113}$.

Endlich $x = \sqrt[3]{\left(\frac{-9 + \sqrt{113}}{2}\right)} + \sqrt[3]{\left(\frac{-9 - \sqrt{113}}{2}\right)}$

$= \frac{1}{2}\sqrt[3]{(-36 + 4\sqrt{113})} + \frac{1}{2}\sqrt[3]{(-36 - 4\sqrt{113})}$

II.

Arithmetik.

Von Aufhebung bestimmter Biquadratischer Gleichungen.

§. 358.

Bestimmte Biquadratische Gleichungen sind entweder rein oder unrein. Daher wir

I. von Aufhebung reiner Biquadratscher Gleichungen im §. 359. und

II. von Aufhebung unreiner Biquadratscher Gleichungen im §. 360. u. f.

handeln wollen.

§. 359.

1) Zusatz. Wenn $x^4 = P$; so ist $x = \pm \sqrt[4]{P}$. 304.

2) Die Wurzel einer biquadratischen Gleichung hat vier Werthe.

3) Wenn P in der Stellung des 1ten Zus. positiv; so hat die biquadratische Gleichung zwey mögliche und zwey unmögliche Werthe für ihre Wurzel. (327. n. II.) Ist aber P negativ; so sind alle Werthe der Wurzel unmöglich. (147. n. 8.)

4) Wenn P (n. 1.) positiv und ein vollkommenes Biquadrat; so hat die Gleichung zwey gleiche aber entgegengesetzte rationale Werthe. Ist aber P kein vollkommenes Biquadrat, so ist der Werth der x irrational und kann nur durch die Näherung gefunden werden.

5) Wenn $x^4 = a^4$ so ist $x = \pm \sqrt[4]{a^4} = \pm a$

Daher einmal $x + a = 0$ und
auch $x - a = 0$
Folglich $x^2 - a^2 = 0$

Da nun (x^2-a^2) : $(x^2-a^2) = 0 = x^2+a^2$; so ist $x^2+a^2 = 0$ diejenige Gleichung, welche die übrigen Wurzeln der biquadratischen Gleichung liefert. Sie sind $+\sqrt{-a^2}$ und $-\sqrt{-a^2}$. Die vier Werthe der reinen biquadratischen Gleichung $x^4 = a^4$ sind also

1) $+a$
2) $-a$
3) $+\sqrt{-a^2} = +a\sqrt{-1}$
4) $-\sqrt{-a^2} = -a\sqrt{-1}$

Wenn $a^4 = P = x^4$, so sind

$x = +\sqrt[4]{P}$
$x = -\sqrt[4]{P}$ } die möglichen

$x = +\sqrt[4]{P} \times \sqrt{-1}$
$x = -\sqrt[4]{P} \times \sqrt{-1}$ } die unmöglichen

§. 360.

Unter den unreinen biquadratischen Gleichungen lassen sich diejenigen denen das andere und vierte Glied fehlt, leicht auf quadratische bringen, und folglich ihre Wurzeln bestimmen. Denn wenn

$$x^4 * + cx^2 * - P = 0; \text{ so ist}$$

$$x = \mp \sqrt{\left(-\frac{c}{2} \mp \sqrt{\left(P+\frac{c^2}{4}\right)}\right)} \quad (335. \text{ a. XVII.})$$

Daher die vier Werthe dieser biquadratischen Gleichung folgende:

I. $+\sqrt{\left(-\frac{c}{2}+\sqrt{\left(P+\frac{c^2}{4}\right)}\right)}$

II. $-\sqrt{\left(-\frac{c}{2}+\sqrt{\left(P+\frac{c^2}{4}\right)}\right)}$

III. $+\sqrt{\left(-\frac{c}{2}-\sqrt{\left(P+\frac{c^2}{4}\right)}\right)}$

IIII.

$$\text{IV.} \quad -\sqrt{\left(-\frac{c}{2}-\sqrt{\left(p\mp\frac{q}{4}\right)}\right)}+\frac{a}{x}$$

§. 361.

Anmerkung. Mit Aufhebung unreiner biquadratischer Gleichungen kann man verfahren, wie im §. 349. von den Cubischen gezeigt worden. Von welcher Aufhebung aber das gilt was im §. 350. angemerkt worden. Man hat aber auch eine besondere Auflösung für biquadratische Gleichungen. Denn es machte schon vor 200 Jahren Raphael Bombelli aus des Ludovici Ferrariensis Erfindung eine Methode bekannt die biquadratische Gleichung, durch Hülfe der Cubischen, auf quadratische zu bringen. Davon im §. 362.

§. 362.

Aufgabe. Eine biquadratische Gleichung nach Bombelli durch Hülfe einer Cubischen auf quadratische Gleichungen zu bringen, und dadurch alle vier Wurzeln derselben zu finden.

Auflösung. Es sey I.
$$x^4+ax^3+bx^2+cx+d=0=(x^2+\tfrac{1}{2}ax+p)^2-(qx+r)^2$$
da nun $(x^2+\tfrac{1}{2}ax+p)^2=x^4+ax^3+2px^2+apx+p^2$
$$+\tfrac{1}{4}a^2$$
und $-(qx+r)^2=-q^2x^2-2qrx-r^2$

So ist
$$x^4+ax^3+bx^2+cx+d=x^4+ax^3+2px^2+apx+p^2-r^2$$
$$+\tfrac{1}{4}a^2$$
$$-q^2$$

Folglich $bx^2+cx+d=2px^2+apx+p^2-r^2$
$$+\tfrac{1}{4}a^2-2qr$$
$$-q^2$$

Das

Arithmetик

Daher $b = 2p + \frac{1}{4}a^2 - q^2$
$c = ap - 2qr$
$d = p^2 - r^2$

Folglich II. $q^2 = \frac{1}{4}a^2 + 2p - b$
III. $2qr = ap - c$
IIII. $r^2 = p^2 - d$

Aus diesen dreyen Gleichungen müssen nun p, q und r bestimmt werden. Man darf aber nur eins z. B. p bestimmen, so sind auch q und r bekannt. Daher sich denn x aus $(x^2 + \frac{1}{2}ax + p)^2 - (qx - r)^2 = 0$ bestimmen läßt.

Da $q^2 = \frac{1}{4}a^2 + 2p - b$ nach no. II.
Folglich $4q^2 = a^2 + 8p - 4b$ da ferner III.
$r^2 = p^2 - d$ nach no. IIII.

So ist $4q^2 r^2 = a^2 p^2 + 8p^3 - 4bp^2 - a^2 d - 8dp + 4bd$

Da $2qr = ap - c$ nach no. III. so ist auch $4q^2 r^2 = a^2 p^2 - 2apc + c^2$

Folglich
$a^2 p^2 + 8p^3 - 4bp^2 - a^2 d - 8dp + 4bd = a^2 p^2 - 2apc + c^2$
Und V. $8p^3 - 4bp^2 - 8dp - a^2 d + 4bd - c^2 + 2ac = 0$

Welches eine Cubische Gleichung ist, in der alles bekannt außer p. Daher p zu bestimmen. Ist nun p bekannt so ist
VI. $q = \sqrt{(\frac{1}{4}a^2 + 2p - b)}$ no. II. und
$r = \frac{ap - c}{2q}$ no III.

Da $(x^2 + \frac{1}{2}ax + p)^2 - (qx - r)^2 = 0$ no. V.
So ist $(x^2 + \frac{1}{2}ax + p)^2 = (qx - r)^2$
(V) und $x^2 + \frac{1}{2}ax + p = qx - r$ oder $= -qx + r$
Folglich $x^2 + \frac{1}{2}ax + p - qx + r = 0$ und $x^2 + \frac{1}{2}ax + p + qx - r = 0$

Also

Arithmetik 305

Also $x = \frac{2q-a}{4} \mp \sqrt{(r-p+(\frac{2q-a}{4})^2)}$ 2c.

$x = -\frac{2q+a}{4} \mp \sqrt{(-r-p+(\frac{2q+a}{4})^2)}$

Die vier Wurzeln der biquadratischen Gleichung sind also

I. $\frac{2q-a}{4} + \sqrt{(r-p+(\frac{2q-a}{4})^2)}$

II. $\frac{2q-a}{4} - \sqrt{(r-p+(\frac{2q-a}{4})^2)}$

III. $-\frac{2q+a}{4} + \sqrt{(-r-p+(\frac{2q+a}{4})^2)}$

IIII. $-\frac{2q+a}{4} - \sqrt{(-r-p+(\frac{2q+a}{4})^2)}$

§. 363.

I. Anmerkung. Die Anwendung dieser allgemeinen Formeln auf die Erfindung der Wurzeln einer biquadratischen Gleichung, deren Coefficienten bestimmt sind, will ich durch ein Beyspiel zeigen. Man wollte z. B. die Wurzeln finden der Gleichung
$$x^4 - 10x^3 + 35x^2 - 50x + 24 = 0$$
Man schreibe also unter den Gliedern dieser Gleichung, die gleichnamigen Glieder der allgemeinen Formel
$$x^4 + ax^3 + bx^2 + cx + d = 0$$
So ersieht man daß
$$a = -10 \quad b = 35 \quad c = -50 \quad d = 24.$$
Da nun $8p^3 - 4bp^2 - 8dp + 4bd - c^2 = 0$ (362. Anm. V.)
So ist $8p^3 - 140p^2 + 808p - 1140 = 0$
folglich $2p^3 - 35p^2 + 202p - 385 = 0$

Zerlege man 48 in die Faktoren; so findet sich, daß solche $1;3;3;^{1}/_{2};1;4$ sind, von welchen die Gleichung auf o bringt.

Daher ist $p = \frac{5}{2}$

$q = \sqrt{(25 + 10 — 35)} = 0 \;(362.\,n.\,VI.)$
$r^2 = 25 — 24 = 1$ $(362.\,no.\,IV.)$

Daher $r = 1$.

Substituirt man nun den Werth von p, q, und r in den Formeln für die Wurzeln der biquadratischen Gleichung im §. 362; so ist

die 1te $\frac{5}{4} + \sqrt{(1 — 5 + \frac{100}{16})} = \frac{5}{2} + \sqrt{\frac{9}{4}} = 4$.

die 2te $\frac{5}{2} — \sqrt{\frac{9}{4}} = \frac{5}{2} — \frac{3}{2} = 1$.

die 3te $\frac{5}{2} + \sqrt{(— 1 — 5 + \frac{25}{4})} = \frac{5}{2} + \frac{1}{2} = 3$.

die 4te $\frac{5}{2} — \sqrt{\frac{1}{4}} = \frac{5}{2} — \frac{1}{2} = 2$.

Die vier Wurzeln der biquadratischen Gleichung sind also $+1; +2; +3; +4$.

II. Von den biquadratischen Gleichungen wird man mit dem größten Nutzen das 13te 14te und 15te Kapittel des 1ten Abschnitts im 2ten Theile der Algebra des Herrn Eulers nachlesen.

III. Weiter als bis auf den vierten Grad ist man bis jetzt in Auflösung der Gleichungen nicht gekommen, und alles was darin geleistet worden geht auf besondere Fälle, worunter derjenige der vornehmste ist, wenn eine Rationalwurzel statt finden sollte, die man nach §. 341. entdecken kann.

Von Unbestimmten Gleichungen.

§. 364.

Eine Unbestimmte Gleichung ist diejenige, in der verschiedene unbekannte Größen befindlich sind. (252.)

So ist z. B. $xy = 24$ eine unbestimmte Gleichung.

Es ist klar, daß es bey Aufhebung dieser Gleichung darauf ankomme, daß man zwey Faktoren finde, deren Produkt $= 24$. Es ist ferner klar, daß in diesem Fall der andere Faktor bestimmt ist, so bald es der erste ist.

§. 365.

Will man die Faktoren der Gleichung $xy = 24$ dergestalt bestimmen, daß sie ganze positive Größen sind, so kann der eine Faktor z. B.
$$x = 1; 2; 3; 4; 6; 8; 12; 24 \text{ und dann}$$
$$y = 24; 12; 8; 6; 4; 3; 2; 1 \text{ seyn.}$$
Dis gibt in diesem Fall für einen Faktor 8 verschiedene mögliche Werthe. Schränken wir uns nicht bloß auf ganze und positive Werthe für x oder y ein; so gibt es eine unendliche Menge Werthe für x und folglich für y. Dis findet sich bey allen unbestimmten Gleichungen. Daher unterscheiden sich auch bestimmte Gleichungen von unbestimmten darin, daß sich in jenen eine bestimmte, (§. 11. n. 5) in diesen aber nicht eine bestimmte Anzahl Werth für die in ihnen befindliche unbekannte Größe angeben lasse.

§. 366.

Fügt man einer gegebenen aufzuhebenden unbestimmten Gleichung die Bedingungen hinzu, daß die gesuchten Größen, nur ganze, positive, und rationalgrößen seyn sollen; (wie denn dis letztere allzeit eine stillschweigende Bedingung bey dieser Art Gleichungen ist,) so wird die Menge möglicher Werthe eingeschränkt. Ja, es kann unter einer solchen Bedingung oft mit vieler Mühe, ja auch wol gar kein möglicher Werth, für die unbekannte Größe angegeben werden. Daher erfordert die Aufhebung einer

solchen

Von bestimmten und unbestimmten Aufgaben und deren Auflösung durch Gleichungen.

§. 370.

Erklärung. Eine Aufgabe, nach deren Auflösung für eine jede in derselben enthaltene unbekannte Größe ein oder eine bestimmte Menge von Werthen entsteht, ohne daß man nöthig gehabt eine unbekannte Größe nach Gefallen anzunehmen, heißt eine bestimmte Aufgabe. Der Begrif einer unbestimmten Aufgabe ist hieraus von selber klar.

§. 371.

1) **Zusatz.** Eine Aufgabe die durch eine Gleichung aufzulösen, welche nur eine unbekannte Größe enthält ist eine bestimmte Aufgabe, die aufgelöst ist, sobald die gegebene Gleichung aufgehoben. Da nun die Aufhebung solcher Gleichungen bereits gelehrt worden; so dürfen wir uns hiebey nicht weiter aufhalten.

2) Eine bestimmte Aufgabe welche mehrere unbekannte Größen faßt, als eine, enthält keinen Widerspruch. Davon §. 372. u. f.

§. 372.

Soll eine bestimmte Aufgabe mehrere unbekannte Größen fassen, als eine (371. n. 2.) so liefert die Aufgabe nur eine Gleichung, durch deren Aufhebung die Auflösung verrichtet werden soll, oder mehrere. Liefert sie nur eine Gleichung; so sind in derselben entweder alle unbekannte Größen der Aufgabe enthalten, oder nicht. Ist das erste; so würde die Aufhebung einer solchen Gleichung, ohne eine oder auch wol mehrere unbekannte Größen nach Gefallen an-

U

anzunehmen, nicht geschehen können. (367.) Es würde folglich die davon abhängende Auflösung keine bestimmte Menge von Werthen für die unbekannte Größe geben. Es wär also die Aufgabe keine bestimmte Aufgabe. (370.) Welches wider die Voraussetzung. Ist das andere; wenn nehmlich in der Gleichung wodurch die Auflösung der Aufgabe geschehen soll, nicht alle unbekannte Größen enthalten sind; so ist es unmöglich den Werth der unbekannten Größen anzugeben, deren zwar in der Aufgabe gedacht, von welcher aber keine Eigenschaft durch eine Gleichung bekannt gemacht worden.

§. 373.

1) Zusatz. Faßt also eine bestimmte Aufgabe mehrere unbekannte Größen als eine; so muß sie auch, wenn sie aufgelöset werden soll, mehr als eine Gleichung, welche alle unbekannte Größen der Aufgabe in sich enthalten, dazu hergeben.

2) Es ist leicht darzuthun, daß zu diesem Ende so viele verschiedene von einander unabhängige Gleichungen durch die Aufgabe müssen gegeben seyn, als dieselbe unbekannte Größen faßt.

§. 374.

Fassen die zur Auflösung einer bestimmten Aufgabe gegebene Gleichungen alle unbekannte Größen der Aufgabe, (373.) so ist in einer jeden Gleichung, nur eine der unbekannten Größen in Verbindung mit bekannten, oder nicht. Im ersten Fall ist es offenbar, daß alle Gleichungen bestimmte Gleichungen sind, daß die Aufgabe in so viel einfache Aufgaben zerfalle, als Gleichungen vorhanden, und daß jede die-

dieser Aufgaben nur eine unbekannte Größe faßte, von welchen daher statt findet was im §. 371. n. 1. gesagt worden. Im andern Fall gibt es unter den Gleichungen durch deren Hülfe die bestimmte Aufgabe aufzulösen, unbestimmte Gleichungen, die aber, da die Aufgabe eine bestimmte seyn soll, durch die Verbindung mit den andern Gleichungen bestimmte Gleichungen werden können, hernach aufzuheben sind, und dadurch die Auflösung der Aufgabe bewürken. Diß ist der Fall welcher eine nähere Untersuchung verdienet. Davon §. 375. u. f.

§. 375.

Aufgabe. Eine bestimmte Aufgabe aufzulösen, die zwey unbekannte Größen (x und y) faßt, deren Eigenschaften durch zwey unbestimmte Gleichungen (A und B) angegeben, in deren einer (A) aber, eine der unbekannten Größen (x) nur in der ersten Dignität enthalten.

Die Gleichungen wären
$$y \mp mx - n = 0 \quad (A)$$
$$y^2 \mp axy \mp cx^2 = 0 \quad (B)$$

Auflösung. 1) In der Gleichung A worin die eine der unbekannten Größen z. B. x nur in der ersten Dignität befindlich, sehe man die andere darin befindliche unbekannte Größe y als bekannt an, und hebe diese Gleichung auf; (293. u. f.) so erhält man einen Werth für x.

2) Diesen sehe man statt x in die andere Gleichung B; so enthält diese nur y, ist also eine bestimmte Gleichung und folglich aufzuheben. Hat man

3) den Werth von y; so kann man ihn für y in die Gleichung A setzen; so wird auch diese eine bestimmte Gleichung die nur x enthält, und folglich aufgelöset werden kann. Daher ist

Arithmetik.

4) Ebenfol x als y bekannt und folglich die gegebene Aufgabe aufgelöset.

Anmerkung.

1) Nach no. 1. ist $x = (f + n - y) : m$

no. 2. $y^2 + ay \left(\frac{f-y}{m}\right) + f \left(\frac{n-y}{m}\right)^2 = g$

welches eine bestimmte Gleichung. Findet man nun $y = Q$ so ist

no. 3. $Q + mx - n = 0$

Folglich $x = \frac{n-Q}{m}$

Es ist daher die Aufgabe zu deren Auflösung die Gleichungen A und B (375.) gegeben worden, aufgelöset.

2) Wäre die Gleichung A eine bestimmte gewesen, so wär die Auflösung der Aufgabe noch weniger Weitläuftigkeiten ausgesetzt. Eben dies gilt von dem Fall, wenn in diesen Gleichungen keine der unbekannten Größen über den ersten Grad erhaben ist.

§. 377.

Erklärung. Eine Gleichung A ist niedriger als eine andere B, wenn die höchste Potenz der Größe, nachder beyde geordnet sind, in A niedriger ist, als in B.

§. 378.

Aufgabe. Aus zweyen rationalen Gleichungen (A und B) deren jede zwo unbekannte Größen (x und y) enthält; und in denen die höchste Potenz einerley ist, eine dritte Gleichung (C) zu machen, in welcher die höchste Potenz wenigstens um einen Grad erniedriget worden.

Arithmetik.

Auflösung. 1) Man suche den Werth der höchsten Potenz sowol aus A als aus B.

2) Aus diesen beyden Werthen mache man eine Gleichung (C), welche die verlangte Beschaffenheit haben muß.

§. 379.

Anmerkung. Die beyden Gleichungen wären

A) $y^3 + xy^2 + x^2 = 0$ B) $\frac{y^3}{x} - a^2 + by = 0$

Nach no. 1) $y^3 = -\frac{xy^2}{3} - \frac{x^3}{3}$; $y^3 = a^2x - byx$

Daher

Nach no. 2) C) $-\frac{xy^2}{3} - \frac{x^3}{3} = a^2x - byx$, eine Gleichung in der y nur im andern Grade befindlich. Aus ihr wird, nachdem sie geordnet:

C) $y^2 - 3by + x^2 + 3a^2 = 0$.

§. 380.

Aufgabe. Aus zwehen rationalen Gleichungen D und E deren jede zwey unbekannte Größen x und y enthält, und in deren einer D die unbekannte Größe y auf eine höhere Potenz erhoben, als in der andern E, eine dritte Gleichung G zu machen, in der die höchste Potenz von y, wenigstens einen Grad niedriger ist als in D.

Auflösung. 1) Den Exponent der höchsten Dignität von y in E ziehe man von dem Exponent der höchsten Dignität von y in D ab, und merke die Differenz.

2) Man erhebe y zur Dignität welche = der erhaltenen Differenz. Mit dieser Dignität von y multiplicire man.

3)

308 **Arithmetik.**

4) Somit x als y bekannt und folglich die gegebene Aufgabe aufgelöset.

Anmerkung.

1) Nach no. 1. ist $x = (+n - y) : m$

no. 2. $y^2 + ay \left(\frac{-y}{m}\right) + \mathfrak{c} \left(\frac{n-y}{m}\right)^2 = 0$

welches eine bestimmte Gleichung. Findet man nun $y = Q$ so ist

no. 3. $Q + mx - n = 0$

Folglich $x = \frac{n-Q}{m}$

Es ist daher die Aufgabe zu deren Auflösung die Gleichungen A und B (375.) gegeben worden, aufgelöset.

2) Wär die Gleichung A eine bestimmte gewesen, so wär die Auflösung der Aufgabe noch weniger Weitläuftigkeiten ausgesetzt. Eben die gilt von dem Fall, wenn in diesen Gleichungen keine der unbekannten Größen über den ersten Grad erhoben ist.

❋ §. 377. ❋

Erklärung. Eine Gleichung A ist niedriger als eine andere B, wenn die höchste Potenz der Größe, nachder beyde geordnet sind in A niedriger ist, als in B.

❋ §. 378. ❋

Aufgabe. Aus zweyen rationalen Gleichungen (A und B) deren jede zwo unbekannte Größen (x und y) enthält, und in denen die höchste Potenz einerley ist, eine dritte Gleichung (C) zu machen, in welcher jene höchste Potenz wenigstens um einen Grad erniedrigt worden.

Auf

Arithmetik.

Auflösung. 1) Man suche den Werth der höhern Potenz sowol aus A als aus B.

2) Aus diesen beyden Werthen mache man eine Gleichung (C), welche die verlangte Beschaffenheit haben muß.

§. 379.

Anmerkung. Die beyden Gleichungen wären

A) $y^3 + xy^2 + x = 0$ B) $\frac{y^3}{x} - a^2 + by = 0$

Nach no. 1) $y^3 = \dfrac{-xy^2 - x}{3}$; $y^3 = a^2x - byx$

Nach no. 2) C) $\dfrac{-xy^2}{3} - \dfrac{x}{3} = a^2x - byx$, eine Gleichung in der That im andern Grade beschaffen. Aus ihr wird, nachdem sie geordnet:

C) $y^2 - 3by + x + 3a^2 = 0$.

§. 380.

Aufgabe. Aus zweyen rationalen Gleichungen D und E deren jede zwey unbekannte Größen x und y enthält, und in deren einer D die unbekannte Größe y auf eine höhere Potenz erhoben, als in der andern E, eine dritte Gleichung G zu machen, in der die höchste Potenz von y, wenigstens einen Grad niedriger ist als in D.

Auflösung. 1) Den Exponent der höchsten Dignität von y in E ziehe man von dem Exponent der höchsten Dignität von y in D ab, und merke die Differenz.

2) Man erhebe y zur Dignität welche = der erhaltenen Differenz. Mit dieser Dignität von y multiplicire man

3)

Arithmetik.

3) Alle Glieder der Gleichung E, so entstehet eine Gleichung F...

4) Mit der Gleichung F und D verfahre man wie mit A und B im §. 378; so entstehet eine Gleichung G von verlangter Beschaffenheit.

§. 381.

Anmerkung. Die beyden Gleichungen woraus

D) $y^5 + a^4x = 0$ E) $y^3 - xy + b^2 = 0$ (A

Nach no. 1. ist ...

no. 2. ...

no. 3. alle Glieder von E multiplicirt werden ... und die Gleichung F) $xy^4 - by^3 = 0$

no. 4. Entsteht aus D die Gleichung $y^5 + a^4x$ und aus F ... $y^5 = xy^4 + b^2y^3$

Daher $xy^4 + b^2y^3 = a^4x$ eine Gleichung in der y um einen Grad niedriger als in D. ...

G) $y^4 + \dfrac{b^2}{x}y^3 - a^4 = 0$

§. 382.

Aufgabe. Zwey rationale Gleichungen A und B enthalten zwey unbekannte Größen x und y, die in jeder Gleichung über den ersten Grad steigen. Man soll eine Gleichung T finden, in welcher y nur in dem ersten Grade befindlich ist.

Auflösung. 1) Man ordne die gegebene Gleichungen nach y, welche in der Gleichung T nur auf den ersten Grad steigen soll. Es sey ...

2) A und B gleich hoch oder nicht, im letztern Fall sey A vom höchsten. In beyden Fällen bringt man

aus 378. oder aus 380. eine Gleichung C, die wenigstens einen Grad niedriger ist, als A.

Wenn [...] der Gleichung [...]
[...] und C gleich hoch, oder nicht. In beyden Fällen bekömmt man wiederum aus 378. oder aus 380. eine neue Gleichung D, die einen Grad niedriger ist, als die höchste von den beyden B und C. Man vergleiche

4) D mit der niedrigsten der beyden B oder C, so bekömmt man, wie schon gezeigt, eine neue Gleichung E, die gewiß einen Grad niedriger ist, als die höchste der beyden, aus der sie entstanden ist. Und so vermindert man die Grade der Gleichung beständig, bis man auf eine Gleichung T kömmt, welche y nur im ersten Grade in sich enthält.

[...]

Anmerkung. Die beyden Gleichungen wären
A) $ax^4 - y^5 + dy^3 = 0$ B) $y^3 = bx^2 + c$
Nach no. 1. A) $y^5 = ax^4 + dy^3$ B) $y^3 = bx^2 + c$:

2. C) $y^3 = \dfrac{bx^2 y^2 - cy - ax^4}{d}$ aus A u. B nach 380

[...] $\dfrac{ax^4 + dy^3}{...}$ [...] aus C und 378

[...] $\dfrac{bx^2 ...}{...}$ [...] aus A u. B nach 380

Welche letztere die verlangte Gleichung T ist [...]

Auflösung. [...] Gleichung T hat [...]
[...] y nach der Gleichung T hat mit der [...]

Aufgabe. Eine [...] Aufgabe aufzulösen, die noch unbekannte Größen x und y hat, aber [...] durch zwey unbekannte Gleichungen [...]

[illegible] in [illegible] eine der unbekannten Grössen nur in der ersten Dignität befindlich ist.

Auflösung. Mit den gegebenen Gleichungen A und B verfahre man, wie mit A und B im §. 383. Und suche eine Gleichung T. Mit der Gleichung T, und die gegebenen nöthigsten, oder wenn sie beyde gleich hoch, mit denjenigen in welcher sich der Werth von y am einfachsten bestimmen läßt, verfahre man, wie mit A und B im §. 373. so ist die Aufgabe aufgelöset.

§. 38[illegible].

Anmerkung. Wenn eine bestimmte Aufgabe aufzulösen, welche n unbekannte Grössen hat, und es werden zu deren Auflösung n von sich unabhängige Gleichungen gegeben, welche alle die n unbekannte Grössen fassen, so werden zu deren Auflösung keine andere Sätze erfordert, als diejenigen, welche bereits erkläret worden. Ich werde dieß in den Vorlesungen mit Beyspielen erläutern. Siehe des Hr. Hofrath Kästners Analys. endlicher Grössen von §. 195. bis 209.

Wenn eine Aufgabe so beschaffen ist, daß man, um sie aufzulösen, eine oder mehrere unbekannte Grössen, nach Gefallen annehmen muß; so ist sie eine unbestimmte Aufgabe. [illegible] Hieraus ist von selber klar, daß nicht alle Gleichungen, welche die unbestimmte Aufgabe liefert, bestimmte Gleichungen [illegible] durch Verbindung dieser Gleichungen, wie bey den bestimmten Aufgaben geschieht, bestimmte Gleichungen werden können. Man wird daher das Allgemeine, worauf die Auflösung unbe-

stimmtbestimmter Aufgaben überhaupt, und wie man bey dergleichen, noch von unbestimmten Gleichungen im §. 364 u. f. gesagt worden. Eine weitläuftigere Entwickelung dieses Gegenstandes verstattet der Raum nicht; ich verweise daher meine Zuhörer auf den zweyten Abschnitt des andern Theils der Algebra des H. Eulers, wo die vorzüglichsten Handgriffe der unbestimmten Analytik recht faßlich aus einander gesetzt sind.

In jeden Vorlesungen will ich diejenigen Wortheile anzeigen, deren man sich mit Vortheil bedienen kan, um aus der Aufgabe, die zur Auflösung dienliche Gleichungen herzuleiten, und die unbekannte Größen geschicklich zu bezeichnen. Zur Uebung ist es nützlich, es sey in des Herrn Wolfs Algebra oder in des Herrn v. Segners eben Theile des Curs. Math. befindliche Probleme durchzugehen, welche fast alle mit sehr nützlichen Anmerkungen begleitet sind.

Das zweyte Kapittel.

Von dem Nutzen des Calculirens bey Ersindung der Grössen, welche in einer arithmetischen Verhältniß stehen.

§. 386.

Es sey das erste Glied einer arithmetischen Progreßion

wenn sie zunimmt a; a+d; a+2d; a+3d ... a+(n-1)d
abnimmt a; a−d; a−2d; a−3d ... a−(n−1)d
(§. 74. n. 4. A. M.)

§. 387.

I. Zusatz. Die Summe des 1ten und letzten Gliedes ist = der Summe des andern und vorletzten, und überhaupt ist in einer arithmetischen Progreßion die Summe des 1ten und letzten Gliedes = der Summe zweyer Glieder, welche von den äussersten gleich weit abstehen.

II. Wenn die Anzahl der Glieder ungerade ist, das mittlere Glied halb so groß als die Summe des ersten und letzten.

III. Es enthält die Summe der Progreßion die Summe des 1ten und letzten Gliedes so oft in sich, als die halbe Anzahl der Glieder in sich begreift. Wenn also

IV. die Anzahl der Glieder $= n$
die Summe der Progreßion $= s$ und
das letzte Glied desselben $= u$ ist

(II.) $s = (a+u)\frac{n}{2}$ $\therefore$ I.

Daher 1) $\frac{s}{n} = \frac{1}{2}(a+u)$, $\frac{2s}{n} = (u+a) = 2m$

2) $u = \frac{2s}{n} - a$ = $\frac{2s-na}{n}$

brauch von der, für die zunehmende Progression; dieser ist daher:

5) $x = a + (n-1)d$

6) $a = u + d - dn$

7) $n = \frac{u-a}{d} + 1$

8) $d = \frac{u-a}{n-1}$

§. 388.

II. Anmerkung. Der 3te Zusatz des vorigen §. und die daraus hergeleitete Formel $S = (a+u)\frac{n}{2}$ im 4ten Zusatz, gilt nur den Fall, daß die Progression eine gerade Anzahl Glieder enthält. Klar.

Bey einer Progression aber von einer ungeraden Anzahl Glieder, würde folgende Erläuterung nicht ganz überflüßig seyn.

Es ist klar daß in einer Progreßion von einer ungeraden Anzahl Glieder

$$S = \left((a+u) \times \left(\frac{n-1}{2}\right)\right) + \text{dem mittlern Gliede.}$$

Ist aber das mittlere Glied $= \frac{a+u}{2}$

So ist $S = (a+u) \times \left(\frac{n-1}{2}\right) + \frac{a+u}{2}$

$= \frac{an+un}{2} = (a+u)\frac{n}{2}$

Nun ist diese Formel für S mit der Formel für S in dem Fall die Progression aus einer geraden Anzahl Glieder besteht, einerley, daher ist auch der 3te Zusatz des vorigen §. allgemein.

III. Durch die Verbindung der Gleichungen unter nö. IV. und V. des vorigen §. erhalten wir die übrigen For-

Arithmetik.

Formeln, wodurch die bey der arithmetischen Progression noch vorkommende Aufgaben aufgelöset werden. Davon §. 389. u. f.

§. 389.

Lehrsatz. Es ist $S = an + \left(\frac{n-1}{2} \times dn\right)$

Beweis. Es ist $u = \frac{2S}{n} - a$ (387. n. IV.)

und $u = a + dn - d$ (ebend. n. V.)

Folglich ist $\frac{2S}{n} - a = a + dn - d$

Daher $S = an + \left(\frac{n-1}{2} \times dn\right)$

§. 390.

Zusatz. Da $S = an + \left(\frac{n-1}{2} \times dn\right)$ so ist

10) $a = \frac{S}{n} - \left(\frac{n-1}{2} \times d\right)$

11) $d = \frac{2(S - an)}{(n-1)n}$

12) $n = \frac{d - 2a + \sqrt{8dS + (2a - d)^2}}{2d}$

§. 391.

Lehrsatz. Es ist $S = \frac{(2u + d - dn) \times n}{2}$

Beweis. Es ist $u = \frac{2S}{n} - a$ (387. n. IV.)

und $a = u + d - dn$ (ebend. n. V.)

Folglich ist $\frac{2S}{n} = 2u + d - dn$

$S = \frac{(2u + d - dn) \times n}{2}$

§. 392.

Arithmetik

§. 392.

Zusatz. ...

$$14)\ n = \frac{\frac{u}{2} - \frac{a}{2}}{d} \pm \sqrt{\ldots}$$

$$15)\ d = \frac{a(u-a)}{(u-a)n - \ldots}$$

$$16)\ u = \frac{d + 2v \pm \sqrt{(d+2u)^2 - 8dS}}{2d}$$

---

§. 393.

Lehrsatz. Es ist $S = \frac{u^2 - a^2}{(u-a)\cdot bd} \pm \frac{a+u}{n\cdot s} \cdot 2$

Beweis. Es ist $n = \frac{aS}{a+u}$ (§. 387, n. IV.)

und $n = \frac{u-a}{d} + 1$ (ebend. V.)

Folglich $\frac{2S}{a+u} = \frac{u-a}{d} + 1$

Daher $S = \frac{u^2 - a^2}{2d} + \frac{a+u}{2}$

---

§. 394.

Zusatz. Da $17)\ S = \frac{u^2 - a^2}{2d} \pm \frac{a+u}{2}$, so ist

$$18)\ d = \frac{n \times (nb - b + u) \cdot a^2}{2S - a - u}$$

$$19)\ h = \frac{d + \sqrt{(8aS + (2u - \ldots)}}{nb - b + u = \ldots}$$

$$20)\ nh = \frac{d + \sqrt{((d + au)^2 \ldots)}}{n \times (nb - b + u) \cdot a}$$

§. 394.

§. 395.

Lehrsatz. Wenn $a - x = x - b$ so ist
$$x = \frac{a+b}{2}$$

Beweis. Wenn $a - x = x - b$ so ist
$x + x = 2x = a + b$ (77. A. M.)
Daher $x = \frac{a+b}{2}$

§. 396.

Zusatz. Es ist $b = 2x - a$. Da nun b die dritte arithmetische Proportionalgröße zu a und x; da ferner x die mittlere arithmetische Proportionalgröße zwischen a und b; so sind wir nunmehro auch im Stande, die mittlere und dritte arithmetische Proportionalgröße zu finden.

§. 397.

Anmerkung. 1) Aus §. 78. der A. M. erhellt, wie die Glieder einer arithmetischen Proportion zu finden; daher die vorzüglichsten hieher gehörigen Aufgaben aufgelöset sind.

2) Die gegebenen 20. Formeln gelten auch für die abnehmende Progreßion, wenn man durch a das letzte und durch u das erste Glied bezeichnet.

3) Den Nutzen der arithmetischen Progreßion, werde ich in den Vorlesungen mit Beyspielen erläutern.

Etwas von figurirten oder vieleckigten Zahlen.

§. 398.

Erklärung. Die Summe einer arithmetischen Progreßion wird u. s. Zahl genennt, deren $a = 1$, deren d oder entweder 1, oder 2, oder 3, oder eine andere beliebige

Arithmetik. 349

bige ganze Zahl, heißt eine figurirte oder vieleckigte Zahl, und n, die Anzahl der Glieder einer Progreßion durch deren Summirung die Vieleckszahl entstanden, heißt der Vieleckszahl Seite. Insbesondere aber heißt die Vieleckszahl, eine Dreyeckszahl, wenn $d=1$; eine Vierckszahl wenn $d=2$; eine Fünfeckszahl wenn $d=3$; und überhaupt eines m-eckszahl wenn $d=m-2$.

§. 399.

Anmerkung. So ist z. B.

Die Progreßion aus deren Summirung die Fünfeckszahlen entstehen, oder deren $d=3$	Die hieraus entstehende Summirung sind der Reihe nach	Die zu der Fünfeckszahl gehörige Seite oder n
1	$1=1$	1
4	$1+4=5$	2
7	$1+4+7=12$	3
10	$1+4+7+10=22$	4
13	$1+4+7+10+13=35$	5
u.		

§. 400.

Wenn man in der 9ten Formel (390) $a=1$ und $d=m-2$ setzt; so entsteht

1) $S = n + \left(\dfrac{n-1}{1\cdot 2}\right)\times(mn-2n) = \dfrac{(m-2)n^2+(4-m)n}{2}$

Eine allgemeine Formel für die figurirten Zahlen in der $S=$ die Vieleckszahl; $n=$ deren Seite, m die Vielecke.

§. 401.

§. 401.

I. Zusaz. Es ist 2) $m = \frac{2S}{(n-1)n} + \frac{2(n-1)}{n-1}$

3) $n = \frac{m-4}{2(m-2)} + \sqrt{\left(\frac{2S}{m-2}\right) + \left(\frac{m-4}{2(m-2)}\right)^2}$

II. Sezt man für m in der allgemeinen Formel 3, oder 4, oder 5 u. s. f. so entsteht die Formel fürs Dreyeck, Viereck, Fünfeck u. s. f.

III. Die Formel fürs Dreyeck ist also $S = \frac{n^2+n}{2}$

Hieraus wird $n = -\tfrac{1}{2} + \sqrt{(2S + \tfrac{1}{4})}$

IV. Die Formel fürs Viereck ist $S = n^2$. Daher $n = \sqrt{S}$ u. s. f.

§. 402.

Anmerkung. Wenn man neben den Gliedern einer von 1 anfangenden Reihe B der Dreyeckszahlen, eine arithmetische Progreßion C schreibt, die sich mit 2 anfängt und deren Denominator $= 1$ so erhält man eine Tabelle, aus welcher zu ersehen ist, wie viele verschiedene zwiefache Verbindungen aus einer gegebenen Anzahl Gegenständen gemacht werden können, oder wie viele Ambeu eine gewisse Anzahl Zahlen, nach den Grundsäzen des Lotto di Genoua enthalte.

A. Die Progreßion durch deren Summirung die Dreyeckszahlen entstehen, ist	B. Die hiedurch entstandene Dreyeckszahlen	C. Die sich mit 2 anfangende arithmetische Progreßion
1	1	2
2	3	3
3	6	4
4	10	5
5	15	6
6	21	7

Wolln

Arithmetik.

Wollte man z. B. wissen wie viele Amben 6 Zahlen enthielten, so suche man 6 in der Reihe A, die neben ihr in der Reihe B stehende Zahl 15 zeigt die Anzahl der Amben an. So findet man umgekehrt aus einem Gliede der Reihe B, ein sich auf dasselbe beziehendes Glied in C. Das Beyspiel kann hier wenig seyn, die Möglichkeit dargethan zu haben, daß die Betrachtung über die aus arithmetischen Reihen entstehende figurirte Zahlen nützlich sey. In den Vorlesungen können noch mehrere gegeben werden.

Das dritte Kapittel.

Von

dem Nutzen des Calculirens bey Erfindung der Größen, welche in einer geometrischen Verhältniß stehen.

Von geometrischen Verhältnissen.

§. 493.

A. Die natürliche Eintheilung der geometrischen Verhältnisse.

Erklärung. Wenn der Exponent einer geometrischen Verhältniß rational ist, so heißt die Verhältniß eine rationale, und im Gegentheil eine irrationale Verhältniß.

§. 494.

1) Zusatz. Verhältnisse deren beyde Glieder Irrationalgrößen, sind nicht immer irrationale Verhältnisse. (220.)

2) Man kann Irrationalgrößen beynahe durch Rationalgrößen ausdrücken. §. 203. 4. III. 204. n. II.

Daher

322 Arithmetik.

Daher laßen sich auch irrationale Verhältnisse beynahe durch rational Verhältnisse ausdrücken.

§. 405.

Anmerkung. So ist z. B.
√314 : √157 = 17,7200451 : 12,5299641 beynahe
weil √314 = 17,7200451 beynahe
√157 = 12,5299641

Von geometrischen Proportionen.

§. 406.

Lehrsatz. Wenn a d = b c so ist
a : b = c : d.
Beweis. Es ist a c : a d = c : d

Darum a d = b c v. v. Beding.
___
So ist a c : b c = c : d Da aber auch
a c : b c = a : b.
___
So ist auch a : b = c : d.

§. 407.

Erklärung. Proportionalregeln, werden diejenigen Sätze genennet aus welchen zu erkennen, wie die Glieder einer geometrischen Proportion so zu verändern, daß sie proportional bleiben.

§. 408.

1) Zusatz. Durch Hülfe der Bestimmungskunst, und des im §. 406. befindlichen Lehrsatzes, laßen sich daher alle mögliche Proportionalregeln finden. Denn man darf nur versuchen, ob nach der Veränderung, das Produkt der äußern Glieder = dem Pro-

Arithmetik.

Produkt der mittlern, oder nicht. Im erstern Fall findet nach der Veränderung eine Proportion statt, im letztern Fall aber nicht. Von diesen Proportionalregeln wollen wir nur folgende anmerken.

Wenn $a:b = am:bm$ so ist
1) $b:a = bm:am$
2) $a:am = b:bm$
3) $(a+b):a = (am+bm):am$
4) $(a-b):a = (am-bm):am$
5) $(a-b):b = (am-bm):bm$
6) $aq:bq = am:bm$
7) $\frac{a}{q}:\frac{b}{q} = am:bm$. u. s. f.

§. 409.

Anmerkung. Zu dreyen Gliedern einer geometrischen Proportion die vierte Proportionalgröße zu finden lehrt §. 80. d. Allg. Math. Die Anwendung dieser Regel ist von unendlichem Gebrauch und unter dem Nahmen der Regel Detri bekannt. Ich will daher in den Vorlesungen dasjenige erklären, worauf es ankömmt, wenn diese Regel auf genannte Zahlen anzuwenden, imgleichen was die verkehrte Regel Detri sey.

§. 410.

Lehrsatz. Wenn $a:x = x:b$

So ist $x = \sqrt{ab}$

Beweis. Es ist $ab = xx = x^2$ (79. A. M.)

Folglich $x = \sqrt{ab}$.

§. 411.

1) **Zusatz.** Da x die mittlere geometrische Proportionalgröße zwischen a und b; so sind wir nunmehro im Stande auch diese zu finden.

2) Es ist $b = x^2 : a$, welches eine Anwendung der allgemeinen Formel für die vierte Proportionalgröße, auf die Erfindung dieses Gliedes in einer zusammenhängenden Proportion. Daher wir auch die dritte Proportionalgröße finden können.

§. 412.

Aufgabe. Eine Zahl E in zwey Theile x und y zutheilen, die sich wie zwey ganze Zahlen f und g verhalten.

Auflösung und Beweis. Es ist

1) $E = x + y$. Daher $x = E - y$
2) $x : y = f : g$. $\quad x = y f : g$

Folglich $\quad E - y = y f : g$
Daher $Eg - yg = yf$
Und $\quad Eg = yf + yg = (f+g)y$
Folglich ist $\frac{Eg}{f+g} = y = \frac{E}{f+g} \times g$
Und $x = E - \frac{Eg}{f+g}$ no. 1. $= \frac{Ef + Eg - Eg}{f+g}$
$\qquad = \frac{Ef}{f+g}$
Daher $x = \frac{Ef}{f+g} = \frac{E}{f+g} \times f$.

§. 413.

Anmerkung. Eben so kann man eine Regel finden, nach welcher E in drey Theile x, y, z und $\mathfrak{c}$ zutheilen, die sich wie $f; g;$ und h verhalten u. s. f. In den Vorlesungen werde ich die Anwendung auf die Gesellschafts und Vermischungs-Rechnung machen.

§. 414.

Lehrsatz. Wenn $a : b = c : d$
und $\quad e : f = g : h$
So ist $ae : bf = cg : dh$.

Arithmetik. 325

Beweis.

Wenn $a:b=c:d$ so ist $\frac{a}{b}=\frac{c}{d}$ (45.)

und $e:f=g:h$, $\frac{e}{f}=\frac{g}{h}$ (ebend.)

Folglich $\frac{a}{b}\times\frac{e}{f}=\frac{c}{d}\times\frac{g}{h}$

Daher $\frac{ae}{bf}=\frac{cg}{dh}$

Und also $ae:bf=cg:dh$ (46.)

§. 415.

1) **Zusatz.** Wenn $b=e$ und $d=g$
So ist $ae:ef=cg:hg$
Folglich $a:f=c:h$

2) Wenn $a:b=c:d$
und $e:f=d:h$
So ist $ae:bf=cd:dh=c:h$

Hierauf beruhet die Regel von Haufen.

§. 416.

I. **Anmerkung.** Ich will die Anwendung des im §. 414. vorkommenden Lehrsatzes mit einem Beyspiele erläutern. Man verlangte z. B. das Verhältniß eines Mgr. zu einem Dukaten zu wissen, und man wüßte das Verhältniß des Mgr. zum Ggr.; des Ggr. zum Fl.; des Fl. zum Thlr.; des Thlr. zum Dukat; so findet man das verlangte Verhältniß folgendergestalt:

Es ist Mgr. : Ggr. $= 2:3$
Ggr. : Fl. $= 1:16$
Fl. : Thlr. $= 2:3$
Thlr. : Dukat $= 4:11$

Folgl ist Mgr. : Dukat $= 2.1.2.4:3.16.3.11$
$= 1.1.2.4:3.16.3.11$
$= 1:3.3.11 = 1:99.$

Man

man nennt dis Verfahren die Kettenregel.

II. Die Regel von Fünfen ist anzuwenden, wenn die Aufgabe Ursachen, Würkungen und Zeiten, oder andere Umstände faßt, die in solchen Verhältnissen stehen, wie jene. Dergleichen sind Geschwindigkeiten, Zeiten und Räume. Es erhellen aber die Verhältnisse der Ursachen, Würkungen und Zeiten, aus folgenden Grundsätzen.

1) Bey einerley Ursachen verhalten sich die Würkungen, wie die Zeiten.

2) Bey gleichen Zeiten verhalten sich die Würkungen, wie die Ursachen.

Wenn daher eine würkende Ursache C in der Zeit T die Würkung E hervorbringt, und man bezeichnet durch c; t und e andere Ursachen, Zeiten und Würkungen, und es ist v die Würkung der Ursache C in der Zeit t; so ist nach vorigen Grundsätzen.

$$T:t = E:v \text{ und}$$
$$C:c = v:e$$

Daher $TC:tc = E:e$ (415. n. 2.)

Wir wollen dis mit einem Beyspiele erläutern. Man verlangt zu wissen, wie viel Interesse 12000 Thlr. in 7. Jahren zu 5 pro Cent bringen. Hier sind

Das Capital die Ursache.
Die Interesse die Würkung.
Die Jahre die Zeiten. Daher

$C = 100$; $T = 1$ $E = 5$.
$c = 12000$; $t = 7$; $e =$ den Interessen des Capitals von 12000 Thlr. in 7 Jahren.

Daher $1 \times 100 : 7 \times 12000 = 5 : e$
Folglich ist $e = 4200$ Rthlr.

Von Zusammensetzung der Verhältnisse.

§. 417.

Erklärung. Wenn man zwey geometrische Verhältnisse wie $a:b$ und $b:e$ hat, sie mögen gleich oder ungleich seyn; (16. A. M.) so sagt man, daß die Verhältniß $a:e$ aus den beyden gegebenen zusammengesetzt sey.

§. 418.

Anmerkung. Will man den Gedanken, daß $a:e$ aus den Verhältnissen $a:b$ und $b:e$ zusammengesetzt sey, durch Zeichen ausdrücken, so schreibt man $a:e = (a:b) + (b:e)$, bey welcher Bezeichnungsart man aber die Verhältnisse nicht als Quotienten denken muß. Denn man kann sich davon sehr leicht überzeugen, daß nicht $\frac{a}{e} = \frac{a}{b} + \frac{b}{e}$ sey.

§. 419.

Lehrsatz. Die Verhältniß zweyer Produkte ist aus den Verhältnissen der Faktoren zusammengesetzt, oder es ist $ac:bd = (a:b) + (c:d)$.

Beweis. Es ist $a:b = a:b$
und $c:d = b : \frac{bd}{c}$ (80. n. 1. A. M.)

Folglich ist $ac:bd = a : \frac{bd}{c}$ (415. n. 2.)

und $a : \frac{bd}{c} = (a:b) + (b : \frac{bd}{c})$ (417.)

Da nun $a : \frac{bd}{c} = ac:bd$

Und $b : \frac{bd}{c} = c:d$

So ist auch $ac:bd = (a:b) + (c:d)$.

§. 420.

§. 420.

1) Zusatz. Wenn a:b = a:b
c:d = b:q

So ist ac:bd = a:q (417.)
Wenn nun auch e:f = q:r

So ist auch ace:bdf = a:r
Wenn daher a:b = a:b
c:d = b:q
e:f = q:r

So ist auch ace:bdf = a:r

$$= (a:b) + (b:q) + (q:r) \ (417.)$$
$$= (a:b) + (c:d) + (e:f) \ (418.)$$

2) Die Kettenregel (416.) ist eine Zusammensetzung der Verhältnisse.

3) Es ist fg:gh = (f:h) + (g:g) = f:h, daher bey der Zusammensetzung der Verhältnisse, die gleich niedrige Verhältniß als o anzusehen.

4) Wenn $p:a = a:s$ so ist
$$p:s = (p:a) + (a:s)$$
$$= (p:a) + (p:a) = 2(p:a)$$

Das ist: die Verhältniß von $p:s$ ist die verdoppelte (duplicata) von $p:a$.

5) Wenn $p = 1$ (no. 4.) so ist $s = a^2$ (80. n. 1. V. A. M.)
Da nun $p:s = (p:a) + (p:a) = 2.(p:a)$
So ist $1:a^2 = (1:a) + (1:a) = 2.(1:a)$
Daher $\frac{1}{2}(1:a^2) = 1:a$

Die Verhältniß der 1 zum Quadrat ist daher die verdoppelte der 1 zur Wurzel, und die Verhältniß der 1 zur Wurzel halb so groß (Subduplicata) als die der 1 zum Quadrat.

6) Wenn $p:a = a:r = r:s$ so ist
$$p:s = (p:a) + (a:r) + (r:s) \text{ (no. 1.)}$$
$$= (p:a) + (p:a) + (p:a)$$
$$= 3(p:a)$$

7) Wenn $p = 1$ (no. 6.) so ist $r = a^2$ und da
$a:r = r:s$; so ist
$a:a^2 = a^2:s$
Daher $s = a^3:a = a^3$ (68. A. M.)
Da nun $p:s = (p:a) + (p:a) + (p:a)$ so ist
$$1:a^3 = (1:a) + (1:a) + (1:a) = 3.(1:a)$$
Daher $\frac{1}{3}.(1:a^3) = (1:a)$

Das ist: Die Verhältniß der 1 zum Würfel ist dreymal so groß (triplicata) als die der 1 zur Wurzel und die Verhältniß der 1 zur Wurzel ist ein Drittheil (Subtriplicata) der Verhältniß der 1 zum Würfel.

8) Eben so ist $1:a^4 = (1:a) + (1:a) + (1:a) + (1:a)$
$$= 4.(1:a)$$
Daher $\frac{1}{4}(1:a^4) = 1:a$
So ist überhaupt $1:a^m = m.(1:a)$

und

und folglich $\frac{1}{m} : (1 : a^m) = 1 : a$.

Das ist: von 1 bis a^m sind m Verhältnisse jedes so groß, als $1 : a$, oder die Verhältniß $1 : a^m$ besteht aus m solchen Verhältnissen.

9) Man kann sich daher gleichsam gleiche Schritte vorstellen die von 1 bis a, von a bis a^2, von a^2 bis a^3 und so ferner von a^{m-1} bis a^m geschehen. Daher ist zwischen 1 und a^2 eine noch einmahl so große, zwischen 1 und a^3 eine dreymahl so große, und zwischen 1 und a^m eine m mahl so große Entfernung, als zwischen 1 und a.

Von geometrischen Progreßionen.

§. 421.

Es sey das ste Glied einer geometrischen Progr. $= a$
der Exponent derselben eine ganze Zahl $= e$
so ist die Progreßion
in den Gliedern I ; II ; III ; IV ; V ; n ;
wenn sie zunimmt a ; ae ; ae^2 ; ae^3 ; ae^4 ; ae^{n-1}
abnimmt a ; $\frac{a}{e}$; $\frac{a}{e^2}$; $\frac{a}{e^3}$; $\frac{a}{e^4}$; $\frac{a}{e^{n-1}}$
(74. n. 7. A. M. und 66.)

§. 422.

I. Zusatz. Wenn $a = 1$ so ist die zunehmende Progreßion (421.) 1 ; e ; e^2 ; e^3 ; e^4 ; e^{n-1}
die abnehmende 1 ; $\frac{1}{e}$; $\frac{1}{e^2}$; $\frac{1}{e^3}$; $\frac{1}{e^4}$; $\frac{1}{e^{n-1}}$

Da nun $e^0 = 1$ (69. A. M.)

Und $\frac{1}{e^0} = \frac{1}{1} = 1$, so ist obige

zunehmende e^0 ; e^1 ; e^2 ; e^3 ; e^4 ; e^n ; e^{n+1}

abnehmende $\frac{1}{e^0}$; $\frac{1}{e^1}$; $\frac{1}{e^2}$; $\frac{1}{e^3}$; $\frac{1}{e^4}$; $\frac{1}{e^n}$; $\frac{1}{e^{n+1}}$

Die Glieder der geometrischen Progreßion, deren 1tes Glied $=1$ sind daher lauter Potenzen des Exponenten, oder des andern Gliedes der Progreßion.

II. Wenn in einer zunehmenden Progreßion das letzte Glied $=u$, die Anzahl der Glieder $=n$, so ist

1) $u = ae^{n-1}$. Folglich

2) $a = \dfrac{u}{e^{n-1}}$

3) $e = \sqrt[n-1]{\dfrac{u}{a}}$

III. Das Produkt aus dem 1ten Gliede ins letzte ist $=$ dem Produkte der beyden Glieder welche von dem 1ten und letzten gleich weit entfernt sind.

IV. Wenn die Anzahl der Glieder ungerade, so ist das mittlere Glied $= \sqrt{au}$.

§. 423.

Lehrsatz. In einer zunehmenden geometrischen Progreßion und in einer abnehmenden deren Exponent ein Bruch ist, verhält sich die Summe (s) aller Glieder weniger das letzte, zu der Summe aller Glieder weniger das erste, wie sich 1 zum Exponent.

Beweis. Es sey die Progreßion eine zunehmende und die Glieder derselben a ; ae ; ae^2 ; ae^3 ; ae^4 so ist die Summe aller Glieder weniger das letzte $a+ae+ae^2+ae^3$
erste $ae+ae^2+ae^3+ae^4$.
Da nun
$(a+ae+ae^2+ae^3) \times e = (ae+ae^2+ae^3+ae^4) \times 1$
So ist auch $a+ae+ae^2+ae^3 : ae+ae^2+ae^3+ae^4 = 1 : e$
(406.) Welches sich von der abnehmenden Progreßion

greßion deren Exponent ein Bruch ist auf eben die Weise darthun läßt.

§. 424.

Zusatz. Es ist also in einer zunehmenden G. Progression und in einer abnehmenden deren Exponent ein Bruch ist s—u:s—a=1:e Folglich

4) $s = \frac{u e - a}{e - 1} = \frac{u - a}{e - 1} + u$

5) $u = \frac{s(e-1) + a}{e}$

6) $a = ue + s - es$

7) $e = \frac{s - a}{s - u}$

§. 425.

Lehrsatz. Es ist in einer zunehmenden G. Progression und rc. $s = \frac{ae^n - a}{e - 1}$

Beweis. Es ist $u = ae^{n-1}$ (422. n. II.)

und $u = \frac{s(e-1) + a}{e}$ (425. n. 5.)

Folglich ist $\frac{s(e-1) + a}{e} = ae^{n-1}$

$s(e - 1) + a = ae^n$

$s(e - 1) = ae^n - a$

$s = \frac{(e^n - 1)a}{e - 1}$

§. 426.

Zusatz. Da 8) $s = \frac{(e^n - 1)a}{e - 1}$ so ist

9) $a = \frac{(e - 1)s}{e^n - 1}$

§. 427.

Arithmetik.

§. 427.

Lehrsatz. Es ist in einer zunehmenden G. Progreßion und rc. $s = \dfrac{(e^n - 1)u}{e^n - e^{n-1}}$

Beweis. Es ist $a = \dfrac{u}{e^{n-1}}$ (422. n. II.)

und $a = ue + s - es$ (424. n. 6.)

Daher $ue + s - es = \dfrac{u}{e^{n-1}}$

und $ue^n + se^{n-1} - se^n = u$

also $se^{n-1} - se^n = u - ue^n$

$-se^{n-1} + se^n = (e^n - e^{n-1})s = ue^n - u$

Folglich ist $s = \dfrac{ue^n - u}{e^n - e^{n-1}} = \dfrac{(e^n - 1)u}{e^n - e^{n-1}}$

§. 428.

Zusatz. Da 10) $s = \dfrac{(e^n - 1)u}{e^n - e^{n-1}}$ so ist

11) $u = \dfrac{(e^n - e^{n-1})s}{e^n - 1}$

§. 429.

Lehrsatz. Es ist in einer zunehmenden S. Progreßion und rc. $s = \dfrac{u - a}{\left(\sqrt[n-1]{\dfrac{u}{a}}\right) - 1} + u$

Beweis. Es ist $s = \dfrac{u - a}{e - 1} + u$ (424. n. 4.)

und $e = \sqrt[n-1]{\dfrac{u}{a}}$ (422. n. II.)

Folglich ist 12) $s = \dfrac{u - a}{\left(\sqrt[n-1]{\dfrac{u}{a}}\right) - 1} + u$

§. 430.

Arithmetik.

§. 430.

Es sey das andere Glied einer zunehmenden G. Progression und $x. = b = ae$ (421.)

So ist $a = \frac{b}{e}$

Da nun $a = \frac{u}{e^{n-1}}$ (422. n. II.) u. $a = ue + s - es$ (424. n. 6)

so ist $\frac{b}{e} = \frac{u}{e^{n-1}}$ $\qquad$ so ist $\frac{b}{e} = ue + s - es$

folgl. $b = \frac{u}{e^{n-2}}$ $\qquad$ folglich $b = (ue + s - es) \times e$

und $u = be^{n-2}$ $\qquad$ und $u = \frac{b + (e^2 - e)s}{e^2}$

$e = \sqrt[n-2]{\frac{u}{b}}$ u. $e = -\frac{s}{2(u-s)} + \sqrt{\left(\frac{b}{u-s}\right) + \left(\frac{s}{2(u-s)}\right)^2}$

$s = \frac{ue^2 - b}{e^2 - e}$

§. 431.

Anmerkung. Für die abnehmende G. Progression ist

1) $u = \frac{a}{e^{n-1}}$ (421.) daher

2) $a = ue^{n-1}$

3) $e = \sqrt[n-1]{\frac{a}{u}}$

Ferner kann so, wie im §. 423. von der zunehmenden geschehen, bewiesen werden, daß in einer abnehmenden worin der Exponent eine ganze Zahl

$s - u : s - a = e : 1$ Daher

4) $s = \frac{ae - u}{e - 1} = \frac{a - u}{e - 1} + a$

5) $e = \frac{s - u}{s - a}$

6) u

Arithmetik. 335

6) $u = s + ae - es$

7) $a = \frac{u+es-s}{e}$

Aus n. 1. und 6. folgt daß $\frac{a}{e^n-1} = s + ae - es$. Daher

8) $a = \dfrac{s \cdot (e^n - e^{n-1})}{e^n - 1}$

9) $s = \dfrac{(e^n - 1) \cdot a}{e^n - e^{n-1}}$

Aus n. 2. und 7. folgt, daß $ue^{n-1} = \frac{u+es-s}{e}$. Daher

10) $u = \dfrac{(e-1) \cdot s}{e^n - 1}$

11) $s = \dfrac{(e^n - 1) \cdot u}{e - 1}$

Aus n. 3. und 4. folgt, daß

12) $s = \dfrac{a-u}{\left(\sqrt[n-1]{\frac{a}{u}}\right) - 1} + a$

Diß sey genug um den Nutzen des Calculirens bey den geometrischen Progreßionen zu zeigen. Im §. 457. bis 459. wird man noch einige hieher gehörige Formeln antreffen.

Von den Reihen.

❋ §. 432. ❋

Erklärung. Wenn Größen nach einem beständigen Gesetze auf einander folgen, so macht die Ordnung in der diß geschieht eine Reihe. Ist die Anzahl der in derselben befindlichen Glieder endlich; so ist sie eine endliche Reihe, und im Gegentheil eine unendliche.

§. 433.

§. 433.

Zusatz. Die Mathematischen Progreßionen sind folglich Reihen, (2. A. M.) aber nicht umgekehrt ist jede Reihe eine mathematische Progreßion. So ist z. B. $\frac{z}{b}$; $\frac{a+d}{be}$; $\frac{a+2d}{be^2}$; $\frac{a+3d}{be^3}$ ꝛc. weder eine arithmetische noch geometrische Progreßion, wohl aber eine Reihe.

§. 434.

Lehrsatz. Es ist die Summe der Glieder einer unendlichen Reihe B. $\frac{z}{q}$; $\frac{z}{qm}$; $\frac{z}{qm^2}$; $\frac{z}{qm^3}$ --- $\frac{z}{qm^\infty}$ in welchen m eine ganze Zahl bedeutet $=\frac{z}{(m-1)q}$

Beweis. Da die Reihe unendlich fort geht und m eine ganze Zahl; so ist m^∞ und folglich qm^∞ unendlich groß, und $\frac{1}{m^\infty}$ unendlich klein (9. §. 5.) Da nun $\frac{1}{m^\infty} \times \frac{z}{q}$ auch unendlich klein ist (94. n. 6. A. M.) und $\frac{z}{qm^\infty} = \frac{1}{m^\infty} \times \frac{z}{q}$; so ist auch $\frac{z}{qm^\infty}$ unendlich klein, und kann daher in Ansehung der übrigen Glieder für 0 angesehen werden (92. n. 3. A. M.)

Es ist aber auch obige Reihe eine abnehmende geometrische Progreßion (42. n. 10.) deren erstes Glied $= \frac{z}{q} = a$

Exponent $= \frac{1}{m} = e$ (71.) und deren

Arithmetik

letztes Glied $=\dfrac{z}{q^m}=u=0$

Da nun die Summe einer solchen Progreßion oder $S=\dfrac{ac-a}{c-1}$ (424. n. 4.) aber u und folglich uc $=0$ (42. n. 4. u. M.) so ist

$S = \dfrac{-a}{c-1}=\dfrac{a}{1-c}$ (42. n. 7.) $=\dfrac{z:q}{1-\frac{1}{m}}$

$\qquad\qquad\qquad = \dfrac{z:q}{(m-1):m}=\dfrac{zm}{(m-1)\cdot q}$

§. 435.

1) **Zusatz.** Da $S=\dfrac{zm}{(m-1)\cdot q}$; so ist

$z=\dfrac{(m-1)\cdot sq}{m} \qquad q=\dfrac{zm}{(m-1)s}$

$m=\dfrac{qs}{qs-z} \qquad\quad$ und $\dfrac{1}{m}=1-\dfrac{z}{qs}$

2) Wenn m $=$ q so ist die Reihe in 434.

$\dfrac{z}{q};\dfrac{z}{q^2};\dfrac{z}{q^3};\dfrac{z}{q^4}-----\dfrac{z}{q^m}$

Daher $S=\dfrac{zq}{(q-1)\cdot q}(435.)=\dfrac{z}{q-1}$ folglich

$z=(q-1)\cdot s$ und $q=\dfrac{z}{s}+1$

3) Ist z $=1$; so ist die in n. 2. befindliche Reihe

$\dfrac{1}{q};\dfrac{1}{q^2};\dfrac{1}{q^3};\dfrac{1}{q^4}-----\dfrac{1}{q^m}$

Daher $S=\dfrac{1}{q-1}$; $q=\dfrac{1}{s}+1$; und $\dfrac{1}{q}=\dfrac{s}{s+1}$

§. 436.

I. **Anmerkung.** Wir wollen die Summirung der Reihen von der im §. 434. angezeigten Beschaffenheit mit einigen Beyspielen erläutern.

$$2) \quad \tfrac{1}{2}+\tfrac{1}{4}+\tfrac{1}{8}+\cdots = \frac{\tfrac{1}{2}}{1-\tfrac{1}{2}} \quad (§.434.)$$

$$3) \quad 1+\tfrac{1}{q}+\tfrac{1}{q^2}+\tfrac{1}{q^3}+\cdots = \frac{1}{1-\tfrac{1}{q}} = \frac{q}{q-1} \quad (§.435. n. 3.)$$

Eine weitere Ausführung dieser Lehre erfordert unsere itzige Absicht nicht.

Das vierte Kapittel.

Von

den Logarithmen.

§. 437.

Erklärung. Wenn man unter den Gliedern einer geometrischen Progreßion, deren 1tes Glied $=1$, eine arithmetische Progreßion setzt, deren 1tes Glied $=0$, und deren Denominator $=1$; so heißen die Glieder einer arithmetischen Progreßion von den Gliedern der geometrischen, unter welchen sie stehen, Logarithmen.

§. 438.

Anmerkung. Es sey

Geometr. Progr. $1, e, e^2, e^3, e^4, e^5$ ꝛc.
welches eben ist $= e^0, e^1, e^2, e^3, e^4, e^5$ ꝛc.

Arithmet. Progr. $0, 1, 2, 3, 4, 5$ ꝛc.

so ist jedes Glied in B der Logarithme, von dem Gliede in A, welches über dem Gliede in B befindlich.

2) Den Logarithme einer Zahl wollen wir künftig mit einem vor derselben geschriebenen L bezeichnen. So soll z. B. der Logarithmi von e geschrieben werden L e. Daher man sich L nicht als einen Factor vorstellen muß.

§. 439.

1) Zusatz. Der Logarithme eines jeden Gliedes der geometrischen Progression zeigt an, welche Dignität des andern Gliedes der G. P. die dem Logarithme zugehörige Zahl sey, oder es ist $Le^m = m$.

2) Da die geometrische Progression von der in §. 437. angegebenen Beschaffenheit lauter Dignitäten des andern Gliedes enthält; (422. n. I.) so läßt sich A. im §. 438. folgender, fortset: $e^6; e^7; e^m; e^{m+1}; e^{m+2}$ deren Logarithmen (Zuf. 1.) 6; 7; m; m+1; m+2

3) Da $1:e^m$ aus m Verhältnissen zusammengesetzt ist, deren jede $1:e$; (420. n. 8.) so zeigt der Logarithme einer Zahl N auch an, aus wie vielen Verhältnissen, deren jede $1:e$ die Verhältniß $1:N$ zusammengesetzt sey. Daher die Zahl in B oder der Logarithme die Menge der Verhältnisse ist, die von 1 bis auf die über ihr stehende Zahl in A geben, welche Eigenschaft den Logarithmen auch ihre Benennung gegeben.

4) Die Reihe A in 438. ist veränderlich, weil sie auf verschiedene Art bestimmt werden kann. Da aber die Reihe B worin die Logarithmen befindlich sind unveränderlich ist; so können verschiedene Zahlen einerley Logarithmen haben. Ist übrigens in Rede

und bestimmt, und sie ist es, wenn e oder irgend eine Zahl bestimmt ist, deren Logarithme es ist, so haben einerley Zahlen auch einerley Logarithmen.

§. 440.

Lehrsatz. Werden zwey Zahlen der Reihe A (438.) mit einander multiplicirt; so ist der Logarithme des Produkts, die Summe der Logarithmen der Faktoren.

Beweis. Es ist $e^m \times e^n = e^{m+n}$ (66. A. M.) Da nun
der Logarithme des einen Faktors $e^m = m$ ⎫
andern $e^n = n$ ⎬ (439. n. 1)
Produkts $e^{m+n} = m+n$ ⎭

So ist es klar daß der Logarithme des Produkts die Summe der Logarithmen der Faktoren sey, welche aus der Reihe A (438.) genommen worden.

§. 441.

Lehrsatz. Werden zwey Zahlen der Reihe A mit einander dividirt; so ist der Logarithme des Quotienten, die Differenz welche entsteht, wenn man von dem Logarithme des Dividends, den Logarithme des Divisors abzieht.

Beweis. Es ist $e^m : e^n = e^{m-n}$ (68. A. M.) Da nun
der Logarithme des Dividends $e^m = m$ ⎫
Divisors $e^n = n$ ⎬ (438. n. 1)
Quotient $e^{m-n} = m-n$ ⎭

So ist offenbar, daß der Logarithme des Quotienten die Differenz sey, welche entsteht, wenn man von dem Logarithme des Dividends welcher aus der Reihe A (438.) genommen worden den Logarithme des eben daher genommenen Divisors abzieht.

§. 442.

1. **Zusatz.** Hätte man eine Tabelle worin alle ganze Zahlen von 1 bis N, und die ihnen zugehörige Logarithmen

rühmten, so könnte man durch Hülfe dieser Tabelle alle Produkte und Quotienten, welche zwischen 1 und N befindlich durch bloßes Addiren und Subtrahiren finden, welches in großen Berechnungen allerdings vortheilhaft seyn würde. Man hat aber nur die Logarithmen derjenigen Zahlen, welche Dignitäten des andern Gliedes der geometrischen Progreßion sind. (437.) Ist es also nicht möglich, die Logarithmen der übrigen Zahlen zu finden, die keine Dignitäten des andern Gliedes der geometrischen Progreßion sind; so würde der Gebrauch der Logarithmen zu dieser Absicht ungemein eingeschränkt seyn. Wir wollen daher untersuchen, ob die Logarithmen solcher Zahlen, wenigstens so nahe, als zum Gebrauch erforderlich können bestimmt werden.

§. 443.

Zwey aufeinander folgende Glieder der Reihe A (438.) wären e^m und e^{m+1}. Man suche zwischen denselben die mittlere geometrische Proportionalgröße (410.) p; so ist

$e^m : p : e^{m+1}$ und es sind

m.   Verhältniß zwischen 1 und e^m
m+1 Verhältnisse   1 und m^{m+1} (420. n. 8.)

Daher liegt zwischen 1 und e^{m+1} ein Verhältniß mehr als zwischen 1 und e^m. Da nun das eine Verhältniß aus den beyden gleichen Verhältnissen $e^m : p$ und $p : e^{m+1}$ zusammengesetzt ist; (417.) so liegen zwischen 1 und p; $m+\frac{1}{2}$ solche Verhältnisse dergleichen zwischen 1 und e^m; m liegen. Daher ist der Logarithme von $p = m + \frac{1}{2} = \frac{2m+1}{2}$ (439. n. 3.)

Schreibt

Schreibt man nun $e^m : \ldots p \ldots : e^{m+1}$ und darüber die Logarithmen $m ; \dfrac{2m+1}{2}; m+1;$ so ist klar,

daß der Logarithme von p die mittlere arithmetische Proportionalzahl (395.) zwischen den Logarithmen der bey den Zahlen, zwischen denen p die mittlere geometrische ist.

Sucht man die mittlere geometrische Proportionalzahl zwischen p und e^{m+1} sie sey $= q$, so ist $e^m : p = q : e^{m+1}$. Daher sind in Verhältnisse zwischen 1 und e

$$\dfrac{\tfrac{2m+1}{2}}{} \ldots \ldots \ldots \ldots \ldots 1 \text{ und } p \text{ und}$$

$$\dfrac{\tfrac{4m+1}{2}+\tfrac{1}{2}}{} \ldots \ldots \ldots \ldots 1 \text{ und } q, \text{ da das}$$

halbe Verhältniß von $p : e^{m+1}$ in q halbirt worden.

Folgl. ist der Logarithme von $q = \dfrac{\tfrac{2m+1}{2}+1}{} = \dfrac{4m+3}{4}$.

Schreibt man nun unter $p \ldots \ldots q \ldots e^{m+1}$

ihre Logarithmen $\dfrac{2m+1}{2}; \dfrac{4m+3}{4}; m+1;$

so ist wie zuvor klar, daß $\dfrac{4m+3}{4}$ die mittlere arithmetische Proportionalzahl zwischen $\dfrac{2m+1}{2}$ und $m+1$

das ist zwischen den Logarithmen derjenigen Zahlen sey, zwischen denen q die mittlere geometrische ist.

§. 444.

1. Zusatz. Man kann zwischen e^m und p, zwischen p und q, zwischen q und e^{m+1} die mittlere geometrische Proportionalzahlen, $f; g; h$ und zwischen den

Logarithmen von e^m und p n; f. f. die zwischen geometrische Proportionalzahlen finden welche die Logarithmen von f; g; und h sind, und diese Arbeit ohne Ende fortsetzen. Es ist daher ganz begreiflich, wie man den Logarithme einer Zahl r welche in der Reihe A (438.) nicht befindlich, so nahe, als zum Gebrauch erforderlich bestimmen könne. Zu dem Ende suche man

1) die mittlere geometrische Proportionalzahl zwischen den Gliedern e^m und e^{m+1} der Reihe A, zwischen welchen r fällt. Diese sey p. Sucht man nun die mittlere arithmetische Proportionalzahl zwischen den Logarithmen von e^m und e^{m+1}, so ist diese der Logarithme von p, und es findet sich ob r zwischen e^m und p oder zwischen p und e^{m+1} liegt. Beydes ist gleichgültig. Liegt daher

2) r zwischen e^m und p so suche man zwischen e^m und p die mittlere geometrische Proportionalzahl q, und die mittlere arithmetische zwischen Le^m und Lp. Dis ist Lq, und r liegt entweder zwischen e^m und q oder zwischen q und p, welches wiederum gleichgültig. Liegt daher

3) r zwischen q und p so verfährt man mit denselben und deren Logarithmen wie unter no. 2. Durch Fortsetzung dieser Arbeit wird man zwar

4) r und dessen Logarithme niemahlen genau bestimmen aber demselben doch so nahe kommen als man ihn zu irgend einer Absicht nöthig hat.

II. Es läßt sich daher eine Tabelle von 1 bis N verfertigen, worin alle ganze Zahlen mit ihren Logarithmen befindlich sind, die zwar nicht alle völlig genau, aber doch zum Gebrauch genau genug bestimmt werden können.

III.

III. Die in §. 420. und 441. bewiesene Lehrsätze gelten daher von allen möglichen Größen, welche als Produkte oder als Quotienten anzusehen sind. Daher

1) $Lab = La + Lb$
2) $Labc = La + Lb + Lc$
3) $La^2 = Laa = La + La = 2La$
4) $La^3 = Laaa = La + La + La = 3La$
5) $La^m = m La.$ Ferner ist
6) $L\sqrt[n]{a^m} = La^{m:n} = (m:n)La.$ Daher
7) $L\sqrt{a} = \frac{1}{2}La$
8) $L\sqrt[3]{a} = \frac{1}{3}La$

IV. Wenn der Zehler und Nenner eines Bruchs ganze in der Tabelle von 1 bis N enthaltene Zahlen sind; so findet sich dessen Logarithmus nach 441. Denn ein Bruch ist ein Quotient dessen Zehler = dem Dividend, und der Nenner = dem Divisor (42. n. 5.) Da nun $L(c:d) = Lc - Ld$ (441.) so ist auch $L\frac{c}{d} = Lc - Ld$. Es ist daher

1) $L(a + \frac{b}{c}) = L\frac{ac+b}{c} = L(ac+b) - Lc$
2) $L\frac{ab}{c} = Lab - Lc = La + Lb - Lc$
3) $L\frac{\sqrt[n]{a^m}}{b} = L\sqrt[n]{a^m} - Lb = \frac{m}{n}La - Lb$
4) $L\sqrt[n]{\frac{a^m}{b^r}} = \frac{m}{n}La - \frac{r}{n}Lb$ u. s. f.

V. Man hat unnöthig die Logarithmen der Primzahlen durch das unter n. II angegebene mühsame Mittel zu suchen, denn die Logarithmen der zusammengesetzten Zahlen finden sich aus den Logarithmen der Primzahlen durch no. I. Zusatz III. sehr leicht.

VI.

Wenn $\frac{c}{d}$ ein eigentlicher Bruch; so ist d > c (444. n. 1.) daher auch Ld > Lc. Da nun $L\frac{c}{d} =$ Lc — Ld; so ist $L\frac{c}{d}$ oder der Logarithme eines eigentlichen Bruchs negativ, (23. n. 1. u. 2.) wenn die Logarithmen ganzer Zahlen positiv sind.

XII. Da die positiven Logarithmen für positive Zahlen die größer als 1 sind, die negativen Logarithmen aber für Brüche die kleiner als 1, aber doch größer als 0 sind; so gibt es für negative Größen keine Logarithmen. Hiebey eine nothwendige Erinnerung in den Vorlesungen.

§. 445.

Lehrsatz. Ein negativer Logarithme ist der Logarithme eines Bruchs dessen Zehler = 1 und dessen Nenner diejenige Zahl, zu welcher der negative Logarithme gehören würde, wenn er positiv wär. Oder es ist $-LN = L\frac{1}{N}$.

Beweis. Es ist $L\frac{1}{N} = L 1 - LN$ (444. n. IV.)

Da nun $L 1 = 0$ (438.)

So ist $L\frac{1}{N} = 0 - LN = -LN$.

§. 446.

Erklärung. Diejenige Bestimmung des e (439. n. 4.) wodurch die Reihe B (438.) mit einer bestimmten geometrischen A verbunden wird, heißt ein Logarithmen System.

§. 447.

In dem Logarithmen System, dessen man sich bedienet ist e, oder die Zahl deren Loga-

erstlich = 1, ..., so dadurch wird
A = 1 ; 10 ; 100 ; 1000 ; 10000 und

§. 448.

Zusatz. Die Logarithmen der zwischen 1 und 10 fallenden Zahlen sind eigentliche Brüche, der zwischen 10 und 100, zwischen 100 und 1000 u. s. f. alle vermischte Zahlen.

§. 449.

Erklärung. Aus der ganzen Zahl des Logarithme erkennt man die beyden Glieder der geometrischen Progreßion, zwischen welchen die dem Logarithme zugehörige Zahl liegt. Denn wenn die ganze Zahl des Log. $= 0$; so liegt d. dem Log. zugeh. Z. zwischen 1 u. 10
$= 1$, , , , , 10 u. 100
$= 2$, , , , , 100 u. 1000

Diß ist die Ursache warum man die im Logarithme befindliche ganze Zahl die Kennziffer des Logarithmo genannt.

§. 450.

1) Zusatz. Zwischen 1 und 10 liegen Zahlen die 1 Ort
, , , 10 und 100 , , , 2 Orter
, , , 100 und 1000 , , , 3 ,

einnehmen. (8. 9.) Wenn also die ganze Zahl oder
2) Die Kennz. des Log. $= 0$ so nimt die ihm zugeh. Z. 1 O.
, , , , , $= 1$, , , , , 2 O.
, , , , , $= 2$, , , , , 3 O.
u. s. f. Wenn also

3) der Kennziffer des Logarithme und der Anzahl der Oerter die eine Zahl einnimmt, und die zu jenem Logarithme gehört, deren Kennziffer $= c$, so ist
e+1=n und n—1=c.

4) Der Logarithme einer Zahl besteht also aus einer Kennziffer und aus einem Bruche, welcher der Bequemlichkeit halber durch Decimalbrüche ausgedruckt wird. In den gewöhnlichen Tabellen sind solche in 7 Decimalstellen ausgegeben. Wenn daher

A: 1   10   100   1000 sollst
B: 0,0000000; 0,0000002; 0,0000003; 0,0000000

5) Wenn der Logarithme L zur Zahl N gehöret, so gehört

$L+1$ oder der Logarithme dessen Kennziffer um 1 vergrößert worden ist	N
$L+2$ oder d. Log. dessen K. um 2 herg. worden ist	N
$L+m$	N
$L-1$	N
$L-2$	$N:100$
$L-m$	$N:10^m$

§. 45.

Anmerkung. Die gemeinen Logarithmischen Tabellen enthalten die Logarithmen von 1 bis 10000. Da aber in denselben die Logarithmen von 1; 10; 100; 1000; 10000 nur genau enthalten sind; so hat man die Logarithmen noch von 9995 Zahlen suchen müssen. Von denen über 300 auf dem im §. 44. n. 1. beschriebenen mühsamen Wege von unsern Vorfahren berechnet worden, da ihnen die leichtern Berechnungen der neuern noch unbekannt waren. In den Vorlesungen will ich nach Anleitung folgender Tabelle erklären, wie mittelst der §. 44. n. 1. vorgetragenen Theorie die Logarithmen solcher Zahlen, deren Logarithmen man nach dem angenommenen Logarithmen-System nicht genau hat, Z. B. der Logarithme der Zahl 9 beynahe können gefunden werden. Mit-

Arithmetik.

	Mittlere G.-Proportion-Zahlen.	Mittlere arith. Proport. Zahlen oder die Logarithmen
A.	1, 0000000	0, 0000000
B.	10, 0000000	1, 0000000
C.	3, 1622777	0, 5000000
D.	5, 6234132	0, 7500000
E.	7, 4989421	0, 8750000
F.	8, 6596432	0, 9375000
G.	9, 3057204	0, 9687500
H.	8, 9768713	0, 9531250
I.	9, 1398170	0, 9609375
K.	9, 0579777	0, 9570312
L.	9, 0173333	0, 9550781
M.	8, 9970796	0, 9541016
N.	9, 0072008	0, 9545898
O.	9, 0021388	0, 9543457
P.	8, 9996088	0, 9542236
Q.	9, 0008737	0, 9542846
R.	9, 0002412	0, 9542541
S.	8, 9999250	0, 9542388
T.	9, 0000831	0, 9542465
V.	9, 0000041	0, 9542427
X.	8, 9999650	0, 9542408
Y.	8, 9999845	0, 9542417
Z.	8, 9999943	0, 9542422
a.	8, 9999992	0, 9542424
b.	9, 0000016	0, 9542425
c.	9, 0000004	0, 9542425
d.	8, 9999998	0, 9542425
e.	9, 0000000	0, 9542425

Der

Der Logarithmus 0, 9542425 ist also der Logarithmus einer Zahl die etwas größer ist als 9 jedoch weniger als mit $\frac{1}{10000000}$. Daher kann man denselben für den Logarithme von 9 annehmen.

II. Aus dem L 9 findet man den L 3 mittelst Formel L $\sqrt{a}$ = $\frac{1}{2}$ L a §. 444. Zusatz III.

Denn wenn a = 9
so ist L $\sqrt{9}$ = L 3 = $\frac{1}{2}$ L 9

Arithmetik

4) $L\frac{5}{2} = L\frac{500}{2} = L 325 - L 100$
$= 2,5118834 - 2,0000000$
$= 0,5118834$

IV. Wird uns ein Logarithme gegeben, damit wir die ihm zugehörige Zahl finden sollen; so ist

A. der gegebene Logarithme positiv, und

a) in den Tabellen genau enthalten. In diesem Falle findet man die ihm zugehörige Zahl in den Tabellen neben demselben.

b) In den Tabellen nicht genau enthalten. In diesem Falle liegt die Verschiedenheit des gegebenen, und des in den Tabellen befindlichen Logarithme

α) nur in der Kennziffer, und die Decimalstellen sind einerley. Hier ist

a) die Kennziffer des gegebenen Logarithme größer, als des in den Tabellen gefundenen, dessen Decimalstellen mit dem in dem gegebenen einerley waren. Es wär z. B. der Logarithme 5,0402066 gegeben; man verlangt die demselben zugehörige Zahl; so suche man

1) in den Tabellen den Logarithme auf, ohne auf die Verschiedenheit der Kennziffer Rücksicht zu nehmen, und merke sich die Zahl der er zugehöret.

Der in den Tabellen befindliche Logarithme, welcher die verlangte Beschaffenheit hat ist 3,0402066, und die ihm zugehörige Zahl 1097.

2) Man ziehe die Kennziffer von einander ab, und merke die Differenz. Sie ist in dem gegebenen Fall = 2.

3) der

Arithmetik.

γ) Der Zahl für den in den Tabellen gefundenen Logarithme, hänge man so viel Nullen an, als die gefundene Differenz 1 in sich begreift. Diese ist alsdann die dem gegebenen Logarithme zugehörige Zahl.

In dem gegebenen Fall wird aus 1097 durchs Anhängen zweyer Nullen 109700, welches die Zahl des Logarithme 5,0402066 (459. n. 9.)

β) Die Kennziffer des gegebenen Logarithme kleiner, als die in den Tabellen gefundenen, dessen ꝛc.

Es sey z. B. der Logarithme 1.632697 gegeben. Man findet diesen nicht in den Tabellen, wol aber 3.632697 welcher der Zahl 4292 zugehöret. Da nun des gegebenen Logarithme Kennziffer um 2 kleiner, so gehört er der Zahl 42,92 zu (459. n. 5.) Folglich gehört der Logarithme 1.632697 zur Zahl 42,92.

B) Nur in den Decimalstellen, aber die Kennziffern sind einerley.

Hier suche man in den Tabellen den bey dem gegebenen Logarithme am nächsten kommenden kleinern auf, und merke die Zahl der er zugehört; diese gehört auch dem gegebenen Logarithme zu. Da aber der gegebene Logarithme größer, so muß auch die ihm zugehörige Zahl größer seyn. Es beträgt aber dieser Unterschied kein Ganzes, weil die um 1 vergrößerte und in den Tabellen befindliche Zahl einen größern Logarithme hat

Arithmetik.

hat als der gegebene ist. Der Unterschied muß also nur ein Bruch seyn.

Es sey z. B. der Logarithme 1.0476913 gegeben. Dieser ist in den Tabellen nicht befindlich; man sucht daher den nächst kleinern. Dis ist der Logarithme 1.0413927, welcher der Zahl 11 zugehört. Es ist aber der Logarithme von 12 nemlich 1.0791812 grösser als der gegebene; daher auch die dem gegebenen Logarithme zu gehörige Zahl zwischen 11 und 12 liegt, und daher über 11 noch einen Bruch haben muß.

Man muß zwey Fälle von einander unterscheiden, wenn man diesen Bruch mit möglichster Bequemlichkeit finden will.

Erster Fall. Wenn die Tabelle noch Logarithmen von grössern Kennziffern enthält, als die Kennziffer des gegebenen Logarithme ist.

Bey dem Gebrauch gemeiner Tabellen ist dieser Fall, wenn die Kennziffer des gegebenen Logarithme kleiner als 7 ist.

Regel. Man addirt zur Kennziffer des gegebenen Logarithmi 1, und suche den Logarithme dessen Kennziffer um 1 vermehrt worden in den Tabellen auf; der in denselben befindliche nächst kleinere Logarithme, ist der Logarithme einer Zahl die 10 mahl grösser, als die Zahl des gegebenen Logarithme, (450. n. 5.) daher dieß durch 10 dividirt, oder als Zehntheile angesehen dem Logarithme der gegebnen Zahl gleich ist.

Findet

Findet man die um 2 oder 3 ꝛc. s. f. vermehrte Kennziffer des gegebenen Logarithme noch in den Tabellen; so erhält man die dem gegebenen Logarithme zugehörige Zahl in 100 und 1000 Theilen ꝛc. s. f. So war z. B. der gegebene Logarithme 1.0476913. Macht man aus ihm 3.0476913 und sucht diesen in den Tabellen auf; so findet man den Logarithme 3.0476642 welcher von den kleinern dem Logarithme 3.0476913 am nächsten kömmt. Es gehört aber dieser gefundene Logarithme zur Zahl 1116, die aber wegen der um 2 vermehrten Kennziffer des gegebenen Logarithme durch 100 zu theilen. Daher ist die dem gegebenen Logarithme 1.0476913 zugehörige Zahl 11.16 = 11.16. Sie ist zwar zu klein, aber noch nicht um $\frac{1}{100}$tel. Sollte der nächst größere Logarithme von dem gegebenen noch weniger unterschieden seyn als der nächst kleinere, und man verlangt die Zahl nicht auf mehrere Decimalstellen; so nimmt man die Zahl des nächst größern Logarithme. In dem gegebenen Fall würde diese Zahl 11.17 seyn, die zwar zu groß, aber noch nicht um $\frac{1}{100}$tel.

Zweyter Fall. Wenn in den Tabellen keine Logarithmen enthalten die größere Kennziffern haben, als der gegebene Logarithme.

Man sollte z. B. den Logarithme der Zahl 3.506713 finden.

Regel 1) Man suche in den Tabellen den Logarithme welcher kleiner als der gehat als der gegebene ist. Der Unterschied muß also nur ein Bruch, seyn.

Es sey z. B. der Logarithme 1.0476913 gegeben. Dieser ist in den Tabellen nicht befindlich; man sucht daher den nächst kleinern. Dis ist der Logarithme 1.0413927, welcher der Zahl 11 zugehört. Es ist aber der Logarithme von 12 nemlich 1.0791812 größer als der gegebene; daher auch die dem gegebenen Logarithme zugehörige Zahl zwischen 11 und 12 liegt, und daher über 11 noch einen Bruch haben muß.

Man muß zwey Fälle von einander unterscheiden, wenn man diesen Bruch mit möglichster Bequemlichkeit finden will.

Erster Fall. Wenn die Tabelle noch Logarithmen von größern Kennziffern enthält, als die Kennziffer des gegebenen Logarithme ist.

Bey dem Gebrauch gemeiner Tabellen ist dieser Fall, wenn die Kennziffer des gegebenen Logarithme kleiner als 3. ist.

Regel. Man addire zur Kennziffer des gegebenen Logarithmi 1., und suche den Logarithme dessen Kennziffer um 1 vermehrt worden in den Tabellen auf; hat in denselben befindliche nächst kleinere Logarithme, ist der Logarithme einer Zahl die 10 mahl größer, als die Zahl des gegebenen Logarithme, (450. n. 5.) daher diese durch 10 dividirt, oder als Zehntheile angesehen dem Logarithme der gegebnen Zahl gleich ist.

Findet

Mathematik

Findet man die um 2 oder 3 z. f. f. vermehrte Kennziffer des gegebenen Logarithme noch in den Tabellen; so erhält man die dem gegebenen Logarithme zugehörige Zahl in 100 und 1000 Theilen z. f. f. So war z. B. der gegebene Logarithme 1.0476913. Macht man aus ihm 3.0476913 und sucht diesen in den Tabellen auf; so findet man den Logarithme 3.0476642 welcher von den kleinern dem Logarithme 3.0476913 am nächsten kömmt. Es gehört aber dieser gefundene Logarithme zur Zahl 1116, die aber wegen der um 2 vermehrten Kennziffer des gegebenen Logarithme durch 100 zu theilen. Daher ist die dem gegebenen Logarithme 1.047691 3 zugehörige Zahl $\frac{1116}{100}$ = 11.16. Sie ist zwar zu klein, aber noch nicht um $\frac{1}{100}$tel. Sollte der nächst größere Logarithme von dem gegebenen noch weniger unterschieden seyn als der nächst kleinere, und man verlangt die Zahl nicht auf mehrere Decimalstellen; so nimmt man die Zahl des nächst größern Logarithme. In dem gegebenen Fall würde diese Zahl 11.17 seyn, die zwar zu groß, aber noch nicht um $\frac{1}{100}$tel.

Zweyter Fall. Wenn in den Tabellen keine Logarithmen enthalten die größere Kennziffern haben, als der gegebene Logarithme.

Man sollte z. B. den Logarithme der Zahl 3.5067132 finden.

Regel 1) Man suche in den Tabellen den Logarithme, welcher kleiner als der ge-

gegebene, der aber demselben doch am nächsten kömmt. Die demselben zugehörige Zahl ist auch die Zahl des gegebenen Logarithme, zu der aber noch ein Bruch gehört, der folgendergestalt gefunden wird.

2) Man suche die Differenz der beyden in den Tabellen befindlichen Logarithmen, zwischen welchen der gegebene fält. Sie mag D heißen.

3) Suche man auch die Differenz des gegebenen Logarithme und des in den Tabellen befindlichen nächst kleinern. Sie mag d heißen.

4) Nun ist $D:d = 1:x$ und x der verlangte Bruch (n. 1.) den man in Decimalbrüchen bestimmt. Man kann daher

5) die Zahl des gegebenen Logarithme so genau angeben, als man es verlangt.

Nach 1. ist 3.5066403 der Logarithme von 3211, welcher kleiner als der gegebene 3.5067132, der aber demselben doch am nächsten kömmt.

Nach 2. ist $D = 3.5067755 - 3.5066403$
$= 0.0001352$

Nach 3. ist $d = 3.5067132 - 3.5066403$
$= 0.0000729$

Nach 4. ist $D:d = 1:x$
$1352:729 = 1.000:x$

Daher $x = 0.539$. Folglich ist der Logarithme 3.5067132 der Logarithme von 3211.539.

Dis Verfahren kann man auch beym erstern Fall anwenden, besonders wenn man
die

Arithmetik

die Zahl gerne genauer haben wollte, als man sie durch das dort vorgeschlagene Mittel haben kann.

c) Der gegebene Logarithme kömmt mit einem in den Tabellen befindlichen, weder in der Kennziffer noch in den Decimalstellen überein.

Da alle Tabellen die Logarithmen möglichst niedriger Kennziffern enthalten; so ist in diesem Fall die Kennziffer des gegebenen Logarithme größer als die Kennziffer einer in den Tabellen befindlichen. Es sey z. B. die dem Logarithme 5.9421638 zugehörige Zahl zu finden.

Regel 1) Man ziehe von der Kennziffer so viel ab, daß der Logarithme in Ansehung derselben in den Tabellen enthalten.

In dem gegebenen Fall kann man 2 von der Kennziffer abziehen; so bleibt der Logarithme 3.9421638.

2) Zu diesem Logarithme suche man (nach B) die ihm zugehörige Zahl. Sie ist 8753.139 Da nun 3.9421638 zu 8753.139 gehört, so gehört der Logarithme (3+2).9421638 zu (8753.139)×100 (450. u. s.) zu 875313.9. Man muß daher

3) die durch n. 2. erhaltene Zahl durch 10^m multipliciren, wenn man von der Kennziffer des gegebenen Logarithme m nach n. 1. abgezogen hat, um die dem gegebenen Logarithme zugehörige Zahl zu finden.

Einige noch hierher gehörige nothwendige Anmerkungen in den Vorlesungen.

B

B) Der gegebene Logarithme negativ.

Regel 1) Man suche die ihm zugehörige Zahl nach A, als ob er positiv wär.

2) Diese Zahl ist der Nenner eines Bruchs dessen Zehler $=1$, und der Bruch die Zahl für den gegebenen Logarithme. (445.)

Es sey der gegebene Logarithme -0.0969100
Nach 1. ist 0.0969100 der Logarithme von 1.25
Nach 2. ist -0.0969100 der Logarithme von $\frac{1}{1.25}$

V. Um den Logarithme einer Zahl zu finden, welche größer ist, als sie in den Tabellen enthalten, merke man folgende Fälle.

A) Wenn die gegebene Zahl sich in so kleine Faktoren zerfällen läßt, daß man einen jeden besonders in den Tabellen haben kann.

Regel. Man addire die Logarithmen aller Faktoren der gegebenen Zahl, ihre Summe ist der Logarithme derselben. (444. Zusatz III.) Man verlangte z. B. den Logarithme der Zahl 376125. Es ist $376125 = 15045 \times 25 = 3009 \times 5 \times 25$
Da nun L. $3009 = 3.4784222$
L. $5 = 0.6989700$
L. $25 = 1.3979400$ So

ist L. $376125 = 5.5753322$.

B) Wenn die gegebene Zahl entweder eine Prim oder eine solche zusammengesetzte Zahl deren Faktoren nicht alle in den Tabellen enthalten sind.

Es war der Logarithme für 4226183 zu suchen.

Regel 1) Man schreibe von der gegebenen Zahl so viele Ziffern der niedrigsten Stellen ab, daß man für die übrigen in den Tabellen den Logarithme haben könne. Schnei-